원어성경을 읽고픈 그대를 위한 책 둘

나름 친절한 헬라어 기초문법책

박 형 대 지음

나름 친절한 헬라어 기초문법책

2024년 3월 10일 초판 1쇄 인쇄
2024년 3월 15일 초판 1쇄 발행

저 자 • 박 형 대
발행인 • 조 경 혜
발행처 • 도서출판 그리심
07030 서울시 동작구 사당로2길 72 인정 B동 b-01
등록번호 • 제 7-258호(1998. 4. 23)

출 판 사 • 전화 523-7589 팩스 523-7590
전자우편 • grisimcho@hanmail.net
홈페이지 • grisim.net
• grisim.biz

값 : 책 뒷면에

ISBN 978-89-5799- 501-3 (94230)
ISBN 978-89-5799-394-1 (세트)

머리말

그리스를 가리키는 '헬라' (Ἑλλάς)와 '헬라들' (Ἕλληνες)이라는 말은 '헬렌' (Ἕλλην)이라는 사람의 이름에서 기원했다고들 합니다. 고대 데살리(Θεσσαλία) 지역의 한 도시인 프씨아(Φθιῶτις)의 씨족장이었던 헬렌은 그의 세 아들과 함께 주변을 병합하며 힘을 키웠고, 이로부터 '헬라, 헬라들' 이라는 용어가 생겨났다는 거죠. 아름다움을 사랑하면서도 절도를 지킨 헬라인들은 "지나침은 부족함만 못하다." 하는 격언을 더 마음에 두었다고 합니다. '과유불급(過猶不及)' 즉, 지나침은 미치지 못함과 같다는 동양인의 중용(中庸), 경제학의 균형(equilibrium)과는 다른 어떤 것이 있습니다.

지나치지 않고 부족함을 채우려던 헬라인들은 동쪽에서 밀려오는 페르시아 제국을 막아내고 제국을 세웁니다. 헬레니즘 사상의 기원이 되고, 올림픽의 근원지가 됩니다. 유럽 연합(European Union)의 초기에는 EU에서 가장 가난한 국가로 여겨졌던 그들이 코로나19 팬데믹을 지나면서는 가장 건실한 나라로 평가받고 있습니다. 터키의 식민지로 오랜 세월 보냈던 그들이, 독립을 계기로 에게해의 모든 섬을 장악했습니다. 그들의 힘을 유명한 메테오라(Μετέωρα) 수도원을 비롯한, 그리스 전역에 있는 수도원에서 읽습니다. 비잔틴 수도원에서 중요하게 가르쳐지는 "많이 생각하고 적게 말하라"는 금언에서 그들 저력의 비결을 얻습니다.

셈족의 언어 히브리어, 야벳족의 언어 헬라어를 한국어로 배우며, 언어 안에 문화가 담겨 있음을 확인합니다. 세 언어에 익숙해진다면, 문화에도, 세상에도, 세상을 지으신 하나님의 섭리에도 좀 더 익숙해질 거라는 기대가 더해집니다. 히브리어, 헬라어, 한국어의 글자 세트는 확연히 다릅니다. 성경 연구가 어려운 이유가 여기에 있습니다. 그러나 '많이 생각하고 적게 말하면서', '지나치기보다는 부족함을 채우는 마음으로' 공부하다 보면, 온전함에 더 가까이 다가가겠지요. "원어성경을 읽고픈 그대를 위한 책" 시리즈는 '온전함에 더 가까이 다가가려는 노력'으로 시작되었습니다.

『나름 친절한 헬라어 문법책: 헬라어 신약성경 직독직해』은 정말 신약성경을 읽고 싶은 이들을 위해 썼습니다. 그 책의 내용을 이해하면 신약성경을 헬라어로 읽을 수 있다는 기대가 있었습니다. 그런데, 어렵다는 얘기를 종종 들었습니다. 그래서 『나름 친절한 헬라어 문법책』에 앞선 책을 준비했습니다. '기초문법책' 입니다.

신약성경 헬라어를 읽기 위한 기초문법책이 많이 있습니다. 대체로 비슷한 형태와 순서를 갖습니다. 우선, 동사, 명사, 형용사, 대명사 등 여러 가지 품사를 동시에 다룹니다. 둘째, 빈도수가 높은 단어를 대체로 사용하지만, 그러지 않기도 합니다. 특히, 신약성경의 용례를 소개하는 것을 목표로 둘 때는 더 그렇습니다. 그러다 보니 단어로 인해 문법을 이해하기가 어렵기도 합니다. 단어를 알아야 문장의 의미를 알 수 있기는 하지만, '문법 체계'를 모르면 '단어와 단어가 결합하는 방식'을 모르는 것이기 때문에, 결국 의미를 알기 어렵습니다. 그래서 문법을 배웁니다. 문법은 언어의 틀입니다.

그래서 이 책에서는 알아야 하는 단어를 '최소화'한 상태에서 '문법'을 소개합니다. 품사도 하나씩 소개합니다. 동사가 가장 어렵기 때문에, '명사, 형용사, 관사'를 배운 다음에, 전치사를 다루고 동사를 다룹니다. 동사를 배운 다음에야 비로소, 동사를 수식하는 '부사'를 배우고, 문장을 연결하는 '접속사'를 배우며, '명사' 대신 쓰이는 '대명사'를 배우고, 마지막으로 문장의 양념과 같은 '소사'와 '감탄사'를 배웁니다.

더불어, 문법을 배울 때 가장 힘들어하는 '성, 수, 격, 법, 시제, 태, 인칭'은 하나씩 꼼꼼하게 다루어 익숙해지도록 최선을 다했습니다. 모든 문장이 '문법 용어가 사용된 서술형 문장' 이므로 처음에는 낯설 수 있지만, 자꾸 듣다 보면 어느덧 익숙해지는 것을 경험하실 수 있을 것입니다. 문법 용어 중심의 서술형 문장에 익숙해지면, 어떤 언어도 분석적으로 다가가실 수 있을 것입니다.

특히, 연습문제에 '독해' 문제뿐 아니라 '작문' 문제도 함께 실었습니다. '작문 문제' 를 풀면서 더욱 분명하게 헬라어를 이해하게 될 것입니다.

마지막으로, 네 개의 부록을 추가했습니다. 첫째는 '연습문제 풀이' 입니다. 매우 상세히 설명하여 책만으로도 공부할 수 있도록 하였습니다. '연습문제' 및 '연습문제 풀이' 에 번호를 붙이지 않았습니다. 독자께서 자유롭게 번호를 붙이시면 되겠습니다. 둘째는 '기본변화표' 입니다. 이 책에 쓰인 단어들은 신약성경에서 가장 많이 나오는 단어들이기에, 이들 변화의 기본형을 실었습니다. 셋째는 알파벳순으로 정리된 '단어장' 입니다. '표준국어대사전' 의 정의까지 더하여 의미를 제시하여, '헬라어 단어의 한국어 개념화' 가 가능하도록 정리했습니다. 넷째로 '성경 색인' 입니다.

이 책에 사용된 약어는 많지 않습니다. 참고한 책도 최소화했습니다.

참: 참고

박: 박형대, 『나름 친절한 헬라어 문법책: 헬라어 신약성경 직독직해』, 원어성경을 읽고픈 그대를 위한 책 하나 (서울: 그리심, 2017).

신: 신현우, 『신약 헬라어 주해 문법』 (서울: 킹덤북스, 2013).

한: 서울대학교 국어교육연구소 편, 『한국어교육학사전』 (서울: 하우, 2014).

LSJ: Henry George Liddell, and Robert Scott, and rev. and aug. Henry Stuart Jones, *A Greek-English Lexicon*, 9th ed. (Oxford: Clarendon, 1953 [1940]). [쪽으로 표시].

R: A. T. Robertson, *A Grammar of the Greek New Testament in the Light of Historical Research*, 4th ed. (Nashville: Broadman, 1934 [1923]). [쪽으로 표시].

S: Herbert Weir Smyth, revised by Gordon M. Messing, *Greek Grammar* (Cambridge: Harvard University Press, 1984). [항목으로 표시].

참고로, 표준국어대사전의 '정의'는 인용부호만 넣고 출처는 표기하지 않습니다.

단어의 의미는 박형대, 『사도행전 원문강독』, 성경66권 원문강독 주해 42 (서울: 그리심, 2015)의 것을 참고했습니다.

이 책의 출판을 위해 신영미 전도사님이 수고를 많이 해주셨습니다. 책의 초기 형태를 가지고 강의를 해주셨고, 교정 및 수정 제안을 매우 많이 해주셨습니다. 진심으로 감사드립니다. 좋은 제안을 해주시고 '성경 색인'을 만들어 주신 김건수 박사님께도 감사를 드립니다. 더불어, 2021년 집필 당시 중요한 제안을 주신 총신 신대원 신약학과 교수님들과 성지언어연구소 조교분들께 감사드립니다. 책의 초기 형태로 공부하면서 다양한 질문을 해주신 UBF 목자님들께도 감사드립니다. 2024년 총신 신대원 동계 2반 원우들의 진솔한 손 편지도 큰 힘이 되었습니다.

어려운 출판 환경에도 불구하고 출판을 위해 수고해 주신 조경혜 사장님, 장종길 장로님, 서모은 자매님께 감사드립니다. 이 책을 꼭 써야 한다며 격려해 준 조선녀 사모, 지난번 『하루에 3장씩 말씀 따라가기』에 이어 이번 책도 처음부터 끝까지 읽어 준 둘째 주성이, 이 책의 강의안으로 공부하며 고생했던 넷째 주연이, 좋은 제안을 준 첫째 주은이, 따뜻한 미소로 아빠를 격려해 준 셋째 주희와 다섯째 주하에게 사랑을 전합니다.

2024년 정초에 양지 본관 연구실에서

저자 박형대

목 차

나름 친절한 헬라어 기초문법책

1. 알파벳(alphabet)

'알파벳' 이라는 단어는 헬라어 첫 두 '문자' (음성 언어를 시각화하여 표시하는 기호 체계, 한 778)에서 비롯되었다. '알파(α)' 와 '베타(β)' 를 붙여 '알파벳' 이 되었다. 두 개의 첫 문자로 나머지 문자 모두를 표현한 것이다. 헬라어 문자는 수학이나 과학에서 종종 활용된다. '알파(α), 베타(β), 감마(γ), 시그마(σ)' 와 같은 것이 있다. 헬라어 단어를 어원으로 갖는 단어들도 많다. '전화기' 를 뜻하는 영어 단어 phone은 '소리' 를 뜻하는 헬라어 명사 '포네' (φωνή)에서 비롯되었다. '자아' 를 의미하는 ego는 헬라어 대명사 '에고' (ἐγώ)를 음역(音譯) 즉, 소리 나는 대로 번역한 것이다. '큰' 것을 가리킬 때 '메가' 라는 말을 쓰는데, 헬라어 형용사 '메가' (μέγα)의 음역이다. 뭔가를 반대하는 것을 표현할 때 '안티' 라는 말을 쓰는데, 헬라어 전치사 '안티' (ἀντί)의 음역이다. '안티' 는 '양쪽에서 바라보는 상태' 를 표현하여, '반대하여, 대신하여' 와 같은 뜻을 갖는다.

신약성경에 사용된 헬라어 알파벳은 모두 스물네 개이다. 모음이 일곱 개, 자음이 열일곱 개다. 헬라어 알파벳을 순서대로 나열하면 α β γ δ ε ζ η θ ι κ λ μ ν ξ ο π ρ σ τ υ φ χ ψ ω 이다. α는 '알파', β는 '베타', γ는 '감마', δ는 '델타', ε는 '엡실론', ζ는 '제타', η는 '에타', θ는 '쎄타', ι는 '이오타', κ는 '캅파', λ는 '람다', μ는 '뮈', ν는 '뉘', ξ는 '크시', ο은 '오미크론', π는 '피', ρ는 '흐로', σ는 '시그마', τ는 '타우', υ는 '윕실론', φ는 '휘', χ는 '히', ψ는 '프시', ω는 '오메가'

와 같이 읽는다.

α는 '알파'(ἄλφα)라고 읽고 대문자는 Α이다. '아' 소리가 나는 모음이다.
β는 '베타'(βῆτα)라고 읽고 대문자는 Β이다. '브' 소리가 나는 자음이다.
γ는 '감마'(γάμμα)라고 읽고 대문자는 Γ이다. '그' 소리가 나는 자음이다.
δ는 '델타'(δέλτα)라고 읽고 대문자는 Δ이다. '드' 소리가 나는 자음이다.
ε는 '엡실론'(ἐψιλόν)라고 읽고 대문자는 Ε이다. 짧은 '에' 소리가 나는 모음이다.
ζ는 '제타'(ζῆτα)라고 읽고 대문자는 Ζ이다. '즈' 소리가 나는 자음이다.
η는 '에타'(ἦτα)라고 읽고 대문자는 Η이다. 긴 '에' 소리가 나는 모음이다.
θ는 '쎄타'(θῆτα)라고 읽고 대문자는 Θ이다. '쓰' 소리가 나는 자음이다.
ι는 '이오타'(ἰῶτα)라고 읽고 대문자는 Ι이다. '이' 소리가 나는 모음이다.
κ는 '캅파'(κάππα)라고 읽고 대문자는 Κ이다. '크' 소리가 나는 자음이다.
λ는 '람다'(λάμδα)라고 읽고 대문자는 Λ이다. 영어의 '엘'(L)과 같은 '르' 소리가 나는 자음이다.
μ는 '뮈'(μῦ)라고 읽고 대문자는 Μ이다. '므' 소리가 나는 자음이다.
ν는 '뉘'(νῦ)라고 읽고 대문자는 Ν이다. '느' 소리가 나는 자음이다.
ξ는 '크시'(ξῖ)라고 읽고 대문자는 Ξ이다. '크스' 소리가 나는 자음이다. 자음 κ와 자음 σ를 하나의 자음으로 표기할 때 사용하는 이중자음이다.
ο은 '오미크론'(ὀμικρόν)라고 읽고 대문자는 Ο이다. 짧은 '오' 소리가 나는 모음이다. '미크론'이 '작은'을 의미하므로, '오 미크론'은 '작은 오'라는 뜻이다.
π는 '피'(πῖ)라고 읽고 대문자는 Π이다. '프' 소리가 나는 자음이다.
ρ는 '흐로'(ῥῶ)라고 읽고[1] 대문자는 Ρ이다. 영어의 '알'(R)과 같은 '르' 소리가 나는 자음이다.
σ는 '시그마'(σίγμα)라고 읽고 대문자는 Σ이다. '스' 소리가 나는 자음이다. 문장의

1) '흐로'를 영어로 rho로 표기하기에 '르호'라고 읽어야 하는지 궁금해하기도 한다. 그러나 '흐' 발음이 '숨표'에 해당하기에 먼저 발음한다. 참, 신 13.

끝에 올 때는 ς 형태를 사용한다.

τ는 '타우'(ταῦ)라고 읽고 대문자는 Τ이다. '트' 소리가 나는 자음이다.

υ는 '윕실론'(ὐψιλόν)라고 읽고 대문자는 Υ이다. '위' 소리가 나는 모음이다. 다만, 모음 ε 및 ο과 함께 이중모음을 형성할 때는 소리에 변화가 일어난다. '위'(ὐ)가 '위쪽으로'를, '프실론'(ψίλον)이 '깃털'이나 '곤충의 날개'를 의미하기에, '윕실론'은 '펼쳐진 깃털이나 날개'를 뜻한다.

φ는 '휘'(φῖ)라고 읽고 대문자는 Φ이다. 영어의 '에프'(F)와 같은 '프' 소리가 나는 자음이다.

χ는 '히'(χῖ)라고 읽고 대문자는 Χ이다. 목구멍소리인 'ㅎ' 소리가 나는 자음이다.

ψ는 '프시'(ψῖ)라고 읽고 대문자는 Ψ이다. '프스' 소리가 나는 자음이다. 자음 π와 자음 σ를 하나의 자음으로 표기할 때 사용하는 이중자음이다.

ω는 '오메가'(ὠμέγα)라고 읽고 대문자는 Ω이다. 긴 '오' 소리가 나는 모음이다. '메가'가 '큰'을 의미하므로, '오메가'는 '큰 오'라는 뜻이다.

1.1. 모음

"폐에서 나온 기류가 입안에서 어떠한 장애도 받지 않고 만들어지는 소리"를 모음이라 부른다(한 338). 한자는 '어미 모'(母)에 '소리 음'(音)을 쓴다. 홀로 발음이 가능한 소리이기도 하고, 이 소리에 기대어 여러 음절이 만들어질 수 있기에 '어머니 소리'라고 할 수 있다.

1.1.1. 모음의 종류

헬라어 알파벳 가운데, 모음은 일곱 개이다. 일곱 개의 모음은 발음할 때 혀의 위치나 입 모양이 달라지지 않는 '단모음'이다. 알파벳 순서를 따라 소문자로 나열하면, α, ε, η, ι, ο, υ, ω이다. '알파, 엡실론, 에타, 이오타, 오미크론, 윕실론, 오메가'라고 읽는다. 현대 그리스어 발음으로는 '알파, 엡실론, 에따, 이오따, 오미끄론, 윕실론, 오메가'이다.

일곱 개의 단모음을 대문자로는 Α, Ε, Η, Ι, Ο, Υ, Ω와 같이 표기한다. 에타(에따)가 영어의 '에이치(h, H)' 모양인 것과, 윕실론이 영어의 '와이(y, Y)' 모양인 것에 주의하자.

우리말로 '모음' 하면, 쉽게 '아에이오우' 이렇게 표현한다. 헬라어 단모음 일곱 개의 발음은 '아, 에, 에:, 이, 오, 위, 오:' 이다. '에:' 는 '에' 의 장음 즉, 긴소리이고, '오:' 는 '오' 의 긴소리이다. 다시 말해, 헬라어에서 '에' (ε, η)와 '오' (ο, ω) 소리는 길고 짧음에 따라 다르게 표기한다. 바꿔 말하면, '아, 이, 위' (α, ι, υ)는 소리의 장단에 따라 다르게 표기하지 않는다.

정리하면, 다음과 같다.

ε, ο: 항상 짧은소리

η, ω: 항상 긴소리

α, ι, υ: 짧은소리와 긴소리. α, ι, υ이 긴소리인 경우는 α:, ι:, υ:와 같이 표기한다.[2)]

1.1.2. 이중모음

"발음할 때 혀의 위치나 입 모양에 변화가 일어나는 모음"을 '이중모음' 이라고 부른다(한 346). 헬라어 모음의 경우, 여섯 개의 단모음 α, ε, η, ο, υ, ω에 두 개의 단모음 ι, υ이 붙어 생성된다.

α에 ι가 붙으면 αι('아이')가 된다. αι 형태뿐 아니라, ι가 α 아래에 붙어 ᾳ 형태로도 쓰인다. 이오타(ι)를 모음 아래에 붙이는 것을 '이오타 하기(下記)' 라고 부른다. ᾳ는 '아:' 로 발음한다. α에 υ가 붙으면 αυ('아우')가 된다.

ε에 ι가 붙으면 ει('에이')가 된다. ε에 υ가 붙으면 ευ('유')가 된다. 음운이 축약되어

---

2) 본래 헬라어 장모음의 경우 글자 위에 장음기호(macron, ¯)를 붙여 표기하지만, 이 책에서는 한국어에서 모음의 장음을 표기하는 방식 즉, 문자 다음에 콜론(:)를 붙이는 방식으로 표기한다.

ευ의 발음이 '유' 인 것에 주의하자.

η에 ι가 붙으면, 이오타가 하기되어 ῃ형태로만 쓰인다. 이 경우 '에:' 로 발음한다. η에 υ이 붙으면 ηυ가 되는데, '에위' 혹은 '유' 로 발음된다.

ο에 ι가 붙으면 οι('오이')가 된다. ο에 υ가 붙으면 ου('우')가 된다. 음운이 축약되어 ου의 발음이 '우' 인 것에 주의하자.

υ에 ι가 붙으면 υι('위')가 된다.

ω에 ι가 붙으면, 이오타가 하기되어 ῳ형태로만 쓰인다. 이 경우 '오:' 로 발음한다.

정리하면, 다음과 같다(박 23-24).

αι, ᾳ, αυ: 아이, 아(이), 아우

ει, ευ: 에이, 유[음운 축약]

ῃ, ηυ: 에(이), 에위[혹은 유]

οι, ου: 오이, 우[음운 축약]

υι: 위

ῳ: 오(이)

1.1.3. 개구도(開口度)와 혀의 위치에 따른 분류

일곱 개의 단모음은 '입을 벌리는 정도' 에 따라 '개모음, 반개모음, 반폐모음, 폐모음' 으로 나눈다. '개모음' 이 입을 가장 많이 벌리면서 내는 소리이고, '폐모음' 이 입을 가장 적게 벌리면서 내는 소리이다. 또한, 일곱 개의 단모음은 '혀의 위치' 에 따라 '전설 모음, 중설 모음, 후설 모음' 으로 나눌 수 있다. '전설 모음' 은 혀의 위치를 평상시보다 앞으로 내면서 발음하는 모음이고, 중설 모음은 혀를 본래의 위치에 두고 발음하는 모음이며, 후설 모음은 평상시보다 혀가 뒤로 들어간 상태에서 발음하는 모음이다(한 341). 각각 발음을 통해 '입을 벌리는 정도' 와 '혀의 위치' 를 기억해 보자. 정확하게 발음하다 보면, 모음과 모음이 만나서 발생하는 모음의 변화를 쉽게 이해할 수 있다.

α, '아' 발음으로 개모음이고 중설 모음이다.

ε, '에' 발음으로 반폐모음이고 전설 모음이다.

η, '에:' 발음으로 반개모음이고 전설 모음이다.

ι, '이' 혹은 '이:' 발음으로 폐모음이고 전설 모음이다.

ο, '오' 발음으로 반폐모음이고 후설 모음이다.

υ, '위' 발음으로 폐모음이고 전설 모음이다.

ω, '오:' 발음으로 반개모음이고 후설 모음이다.

이제 일곱 개의 단모음과 두 개의 이중모음을 삼각도로 표현해 보면 다음과 같다.

〈모음 삼각도〉

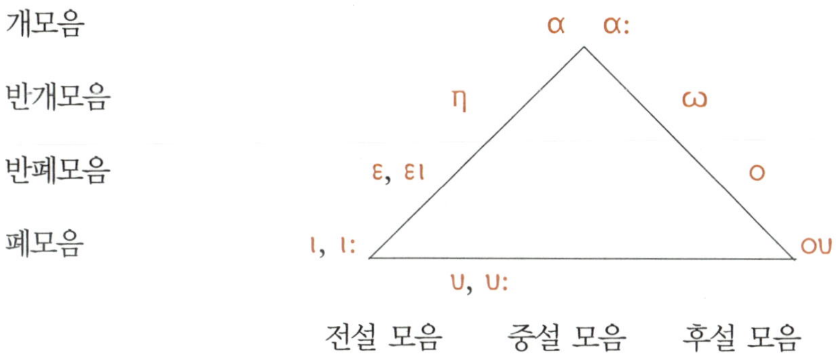

삼각도의 위쪽에 있는 모음 α, α:가 개모음, 그 아래에 있는 η, ω가 반개모음, 그 아래에 있는 ε, ει, ο가 반폐모음, 맨 아래에 있는 ι, ι:, υ, υ:, ου가 폐모음이다. 이 가운데 두 개의 모음으로 이뤄진 ει('에이')와 ου('우')는 이중모음이다. 혀의 위치에 따라 분류하면, α, α:가 중설 모음이고, 왼쪽에 있는 모음들이 전설 모음이고, 오른쪽에 있는 모음들이 후설 모음이다. 이 삼각도를 잘 기억해 두면, 모음과 모음이 만나 단축되는 원리를 쉽게 이해할 수 있다. 대체로 후설 모음으로 갈수록 발음이 어렵고, 개모음이 폐모음보다 소리를 낼 때 수고를 더 많이 해야 하므로, 후설 모음과 개모음 위주로 모음은 단축된다.

1.1.4. 모음 단축

모음과 모음이 만날 때, "두 소리가 합쳐져 제3의 소리로 변하는 것"을 '단축'이라고 부른다(한 354).

개모음과 폐모음이 만나면 개모음이 우세하고, 후설모음이 전설모음보다 우세하며, 장음이 단음보다 우세하다. 모음과 모음이 만나면, 발음하기 어려운 쪽이 살아남을 가능성이 크다.

모음 삼각도를 보면, 왼쪽에 있는 모음보다 오른쪽에 있는 모음이 우세하고, 아래쪽에 있는 모음보다 위쪽에 있는 모음이 우세하다. 몇 개만 살펴보자.

알파(α)가 엡실론(ε)을 만나면, 개모음 알파(α)가 반폐모음 엡실론(ε)을 흡수하고 길어져 장음 알파(α:)가 된다. α + ε = α:

알파(α)가 오미크론(ο)를 만나면, 후설모음 오미크론(ο)이 중설모음 알파(α)를 흡수하고 길어져 오메가(ω)가 된다. α + ο = ω

알파(α)가 오메가(ω)를 만나면, 후설모음 오메가(ω)가 중설모음 알파(α)를 흡수하고 장음을 유지한다. α + ω = ω

엡실론(ε)이 엡실론(ε)을 만나면, 전설모음이면서 거짓 이중모음인 ει가 된다. '단축을 통해 형성된 이중모음'을 '거짓 이중모음'이라고 부른다. 거짓 이중모음은 다른 모음을 만날 때 두 번째 음이 힘을 발휘하지 못해, 이오타(ι)가 하기되지 않는다. ε + ε = ει(거짓 이중모음)

엡실론(ε)이 오미크론(ο)을 만나면, 후설모음이면서 거짓 이중모음인 ου가 된다. 거짓 이중모음 ου는 다른 모음을 만날 때 두 번째 음이 힘을 발휘하지 못해, 윕실론(υ)이 남지 않는다. ε + ο = ου(거짓 이중모음)

엡실론(ε)이 오메가(ω)를 만나면, 후설모음 오메가(ω)가 전설모음 엡실론(ε)을 흡수하고 장음을 유지한다. ε + ω = ω

오미크론(ο)이 엡실론(ε)을 만나면, 거짓 이중모음 ου가 된다. 마찬가지로, 다른 모음을 만날 때 윕실론(υ)이 남지 않는다. ο + ε = ου(거짓 이중모음)

오미크론(ο)이 오미크론(ο)을 만나면, 거짓 이중모음 ου가 된다. 마찬가지로, 다른 모음을 만날 때 윕실론(υ)이 남지 않는다. ο + ο = ου(거짓 이중모음)

오미크론(ο)이 오메가(ω)를 만나면, 장음 오메가(ω)가 단음 오미크론(ο)을 흡수하고 장음을 유지한다. ο + ω = ω

1.2. 자음

자음의 한자어는 子音이다. '아들 자' 에 '소리 음' 을 썼다. 홀로 발음할 수 없고 모음에 닿아서 나는 소리이다(한 327).

1.2.1. 자음의 종류

헬라어 자음은 열일곱 개이다. 알파벳 순서를 따라 소문자로 나열하면, β, γ, δ, ζ, θ, κ, λ, μ, ν, ξ, π, ρ, σ, τ, φ, χ, ψ이다. 차례대로 읽어보면, '베타, 감마, 델타, 제타, 쎄타, 캅파, 람다, 뮈, 뉘, 크시, 피, ᄒ로, 시그마, 타우, 휘, 히, 프시' 이다. 이 가운데 '뉘(ν)' 가 영어의 '브이(v)' 와 비슷하니 주의를 요한다.

자음을 대문자로 적어 보면, Β, Γ, Δ, Ζ, Θ, Κ, Λ, Μ, Ν, Ξ, Π, Ρ, Σ, Τ, Φ, Χ, Ψ이다. 이 가운데 'ᄒ로' 의 대문자가 영어의 '피' (p)와 유사하니, 주의를 기울일 필요가 있다. '뉘(ν)' 의 대문자는 '니은(ㄴ)' 발음이 나는, 영어의 '엔(N)' 과 같아서 혼동되지 않는다. 나머지는 잘 보면 소문자와 모양이 비슷하다.

자음의 소리와 관련하여, '휘(φ)' 는 영어의 'f, ph' 발음과 같이, 위 치아로 아랫입술을 깨물었다가 놓으면서 발음한다. '히(χ)' 는 독일어의 'ch' 발음과 같이, 목구멍에서 소리를 끌어올려 발음한다.

자음의 표기와 관련하여, 시그마(σ)가 단어 끝에 오면, 영어의 '에스' (s)와 비슷한 형태인 ς를 사용한다.

이중자음인 ξ, ψ는 두 개의 음을 가진다. ξ는 캅파(κ)와 시그마(σ)가 합쳐진 형태이고, ψ는 피(π)와 시그마(σ)가 합쳐진 형태이다.

1.2.2. 조음 위치 및 음성의 종류에 따른 분류

헬라어 자음은 '조음 위치, 음성의 종류, 조음 방법' 에 따라 분류하여 익히는 것이 중요하다. '조음 위치' 에 따라서는 "두 입술을 막거나 두 입술이 접근하면서 나는 소리" 인 '양순음' 과, "혀끝을 윗잇몸에 대거나 접근시켜 조음하는 소리" 인 '치조음' 과, "혀끝을 아랫니 뒤쪽에 대고 전설은 경구개에 대거나 경구개에 접근시켜 조음하는 소리" 인 '구개음' 으로 구분된다(한 327-328). '음성의 종류' 에 따라서는 "성대의 진동 없이 만들어지는 음성" 인 '무성음' 과, "성대가 진동하면서 만들어지는 음성" 인 '유성음' 과, "조음 기관들을 폐쇄한 후 파열시키면서 입안에 갇혀 있던 공기가 빠른 속도로 방출될 때 분류되는 기류와 함께 나오는 음성" 인 '기식음' 으로 나뉜다.

조음 위치에 따라 헬라어 자음을 나눠보면 다음과 같다(S 22).
양순음: π, β, φ, μ, ψ
치조음: τ, δ, θ, σ(ς), ζ, ν, λ
구개음: κ, γ, χ, ξ, ρ

양순음 가운데, π, ψ는 무성음이고, β, μ는 유성음이고, φ는 기식음이다.
치조음 가운데, τ, σ(ς)는 무성음이고, δ, ζ, ν, λ는 유성음이고, θ는 기식음이다.
구개음 가운데, κ, ξ는 무성음이고, γ, ρ는 유성음이고, χ는 기식음이다.

	무성음	유성음	기식음
양순음	π, ψ	β, μ	φ
치조음	τ, σ(ς)	δ, ζ, ν, λ	θ
구개음	κ, ξ	γ, ρ	χ

1.2.3. 조음 방법에 따른 분류

조음 방법에 따라서는, "폐로부터 성대를 통해 나오던 공기가 완전히 폐쇄되었다가 터져 나오는 소리"인 '폐쇄음(혹은 파열음)'과, "두 조음 기관을 접근시켜 생긴 좁은 틈으로 공기를 내보내면서 내는 소리"인 '마찰음'과, "조음 기관을 접촉시켜 기류를 폐쇄했다가 두 조음 기관을 완전히 개방하지 않고 조금만 개방해서 좁은 틈 사이로 공기를 통과시키면서 내는 소리"인 '파찰음'과, "기류가 비강으로 흐르며 만들어지는 소리"인 '비음'과, "자음 중 기류가 장애를 많이 받지 않고 나오는 소리"인 '유음'으로 분류된다(한 328-332).

정리하면, 다음과 같다(박 39).
폐쇄음(파열음): π, β, φ, τ, δ, θ, κ, γ, χ
마찰음: σ(ς)
파찰음: ζ
비음: μ, ν, γ(비음: 응)
유음: λ, ρ

이중 자음의 경우에는, 만나는 소리에 따라 폐쇄음처럼 취급되기도 하고 마찰음으로 취급되기도 한다. 두 개의 소리 가운데 먼저 나는 소리가 폐쇄음(π, κ)이므로, 앞서 나오는 소리에게는 폐쇄음으로 작용한다. 두 개의 소리 가운데 나중에 나는 소리가 마찰음(σ)이므로, 뒤따라오는 소리에게는 마찰음으로 작용한다.

1.2.4. 자음 동화

자음과 자음이 만날 때 '동화'가 일어난다. 동화는 대치의 하나로, "동화를 입는 음이 동화를 시키는 음과 같거나 비슷하게 바뀌는 것"을 말한다(한 355). '자음 동화'는 "음절(音節) 끝 자음(子音)이 그 뒤에 오는 자음과 만날 때, 어느 한쪽이 다른 쪽을 닮아서 그와 비슷하거나 같은 소리로 바뀌기도 하고, 양쪽이 서로 닮아서 두 소리가 다 바뀌기도 하는 현상"으로 정의된다. '신라'가 '실라'로 발음되는 것과 같은 현상을 지칭한다.

두 가지 원칙만 살펴보자(박 40).

첫째, 양순음(π, β, φ)과 구개음(κ, γ, χ)이 치조음(τ, δ, θ)을 만나면, 음성의 종류가 같은 것으로 바뀐다(S 82). 다시 말해, 뒤에 무성음이 오면 앞에 있는 유성음과 기식음이 무성음이 되고, 뒤에 유성음이 오면 앞에 있는 무성음과 기식음이 유성음이 되며, 뒤에 기식음이 오면 앞에 있는 무성음과 유성음이 기식음이 된다는 말이다.

π, β, φ + τ = πτ　　　κ, γ, χ + τ = κτ

π, β, φ + δ = βδ　　　κ, γ, χ + δ = γδ

π, β, φ + θ = φθ　　　κ, γ, χ + θ = χθ

둘째, 양순음 π, β, φ가 σ를 만나면 ψ가 되고, 구개음 κ, γ, χ가 σ를 만나면 ξ가 된다(S 97). 먼저, 뒤따라오는 무성음 σ로 인해, 앞에 있는 음이 첫째 원칙을 따라 무성음 π와 κ로 바뀌어 πσ, κσ가 된다. 그리고 πσ와 κσ는 이중 자음 ψ와 ξ로 표기된다.

π, β, φ + σ = πσ = ψ

κ, γ, χ + σ = κσ = ξ

1.3. 숨표와 악센트

단어가 모음으로 시작하면 '숨표' 가 붙는다. 또한 대부분의 단어에는 악센트가 붙는다.

1.3.1. 숨표(박 31-32)

헬라어에는 두 가지 종류의 숨표가 있다. 약한 숨표(smooth breathing: ᾿)와 강한 숨표(rough breathing: ῾)이다. 강한 숨표는 기식[숨을 쉼. 또는 그런 기운.]이 있음을, 약한 숨표는 기식이 없음을 가리킨다. 그래서 '약한 숨표' 를 '약기식' 으로, '강한 숨표' 는 '강기식' 으로 부르기도 한다.

단모음 일곱 개에 숨표를 붙여보자.

ἀ, ἐ, ἠ, ἰ, ὀ, ὐ, ὠ

ἁ, ἑ, ἡ, ἱ, ὁ, ὑ, ὡ

이중모음은 마지막(주로 두 번째) 글자에 숨표가 붙는다.

αἰ, αἱ, ᾀ, α, αὐ, αὑ

εἰ, εἱ, εὐ, εὑ

ᾐ, ᾑ, ηὐ, ηὑ

οἰ, οἱ, οὐ, οὑ

υἱ

ᾠ

이중모음이 아닌 경우에는 첫 번째 글자에 숨표가 붙는다.

ἰα, ἰε, ἱε, ἰη, ἰο, ἰω

1.3.2. 악센트(박 33-34)

악센트와 관련하여 헬라어의 음절(音節, syllable; 분절음이 모여 이루는 언어 단위 가운데 홀로 발화할 수 있는 최소의 언어 단위, 한 349)은 세 가지 음절이 중요하다.

끝음절(ultima): 단어의 마지막 음절

끝전음절(penult, paen-ultima [거의 끝음절]): 끝에서 두 번째 음절

끝전전음절(antepenult, ante-paen-ultima [거의 끝음절의 앞]): 끝에서 세 번째 음절

헬라어 악센트에는 세 가지 종류가 있다. 애큐트(acute: ´), 써컴플렉스(circumflex: ˆ), 그리고 그레이브(grave: `)이다. 일곱 개의 단모음에 악센트를 붙여보자.

ά, έ, ή, ί, ό, ύ, ώ

ὰ, ὲ, ὴ, ὶ, ὸ, ὺ, ὼ

ᾶ, ῆ, ῖ, ῦ, ῶ

숨표와 악센트를 함께 붙여보자.

ἄ, ἔ, ἤ, ἴ, ὄ, ὔ, ὤ

ἂ, ἒ, ἢ, ἲ, ὂ, ὒ, ὢ

ἆ, ἦ, ἶ, ὖ, ὦ

ἅ, ἕ, ἥ, ἵ, ὅ, ὕ, ὥ

ἃ, ἓ, ἣ, ἳ, ὃ, ὓ, ὣ

ἇ, ἧ, ἷ, ὗ, ὧ

이중모음은 마지막(주로 두 번째) 글자에 악센트가 붙는다.

αί, ᾴ, αύ, εί, εύ, ῄ, ηύ, οί, ού, υί, ῴ

αὶ, ᾲ, αὺ, εὶ, εὺ, ῂ, ηὺ, οὶ, οὺ, υὶ, ῲ

αῖ, ᾷ, αῦ, εῖ, εῦ, ῇ, ηῦ, οῖ, οῦ, ῷ

1.4. 연습문제

※ 알파벳을 순서대로 쓰시오.

※ 모음을 쓰시오.

※ 후설모음이면서 폐모음인 이중모음을 쓰시오.

※ 자음 가운데 양순음을 쓰시오.

※ 이중자음 두 개가 어떤 자음들의 합인지 쓰시오.

※ 아래 문장의 괄호 안에 알맞은 말을 넣으시오.

폐에서 나온 기류가 입안에서 어떠한 장애도 받지 않고 만들어지는 소리를 ( )이라고 부른다. 개모음과 폐모음이 만나면 ( )이 우세하고, 전설모음과 후설모음이 만나면 ( )이 우세하며, 장음과 단음이 만나면 ( )이 우세하다.

양순음과 구개음이 치조음을 만날 때, 치조음이 무성음이면 양순음과 구개음은 ( )이 된다. 이중모음의 숨표와 악센트는 ( )에 붙인다.

2. 명사

"사물의 이름을 나타내는 품사"를 '명사' 라고 부른다(한 440). 헬라어 명사는 '성' 과 '수' 와 '격' 을 갖는다. '성' 에는 '남성, 여성, 중성' 이 있고, '수' 에는 '단수, 복수' 가 있으며, '격' 에는 '주격, 속격, 여격, 대격, 호격' 이 있다. 신약성경에 사용된 명사 단어는 모두 2419개이다.

2.1. 성

헬라어 명사는 '성(性, gender)' 을 갖는다. 헬라어의 '성' 은 문법적이고 개념적이다. 무생물도 '성' 을 갖는데, 이는 이른 시기에 헬라어를 쓰던 사람들의 "시적 상상(想像)"에 기초한다(R 252).

2.1.1. 남성명사

신약성경에 가장 많이 등장하는 남성명사 10개는 θεός, Ἰησοῦς, κύριος, ἄνθρωπος, Χριστός, πατήρ, υἱός, ἀδελφός, λόγος, οὐρανός이다. 각 단어의 의미와 빈도수는 다음과 같다.

θεός	신, 하나님 (1316회)[3]
Ἰησοῦς	예수님 (917회)
κύριος	주님 (716회)
ἄνθρωπος	사람 (550회)

3) θεός가 1회는 여성명사로 쓰였다(행 19:37). 이처럼 남성형과 여성형을 함께 가지는 단어가 있는데, 이런 단어들은 '공성(common gender)' 을 가졌다고 말한다.

Χριστός 그리스도, 메시아, 기름 부음 받은 자 (529회)
πατήρ 아버지, 조상 (413회)
υἱός 아들 (377회)
ἀδελφός 형제 (343회)
λόγος 말씀 (330회)
οὐρανός 하늘 (273회)

2.1.2. 여성명사

신약성경에 가장 많이 등장하는 여성명사 10개는 ἡμέρα, γῆ, πίστις, γυνή, χείρ, ἁμαρτία, δόξα, πόλις, βασιλεία, καρδία이다. 각 단어의 의미와 빈도수는 다음과 같다.

ἡμέρα 날, 낮 (389회)
γῆ 땅 (250회)
πίστις 믿음, 신실함, 충성 (243회)
γυνή 아내, 부인(婦人), 여자 (215회)
χείρ 손 (177회)
ἁμαρτία 죄 (173회)
δόξα 영광 (166회)
πόλις 성, 도시 (163회)
βασιλεία 나라 (162회)
καρδία 마음 (156회)

2.1.3. 중성명사

신약성경에 가장 많이 등장하는 중성명사 10개는 πνεῦμα, ὄνομα, ἔργον, ἔθνος, σῶμα, τέκνον, αἷμα, στόμα, σημεῖον, εὐαγγέλιον이다. 각 단어의 의미와 빈도수는 다음과 같다.

πνεῦμα	영, 성령, 바람, 숨 (379회)
ὄνομα	이름 (230회)
ἔργον	일, 행위 (169회)
ἔθνος	민족 (162회)
σῶμα	몸 (142회)
τέκνον	아이, 자녀 (99회)
αἷμα	피 (97회)
στόμα	입 (78회)
σημεῖον	표적(表迹) (77회)
εὐαγγέλιον	복음, 좋은 소식 (76회)

2.2. 수

'수(數, number)'는 수량을 표시한다. 하나는 '단수(單數, single)'로, 둘 이상은 '복수(複數, plural)'로 표현한다. 두 개를 표현하는 '쌍수(雙數, dual)'도 있지만, 신약성경에는 단수와 복수만 쓰인다. 헬라어의 '수' 역시 '성'과 같이 문법적이고 개념적이다. 지시하는 대상이 둘 이상이라고 해도 통일성을 가진 개체로 여겨 단수로 표현하기도 하고, 지시하는 대상이 하나라고 해도 구성요소를 고려하여 복수로 표현하기도 한다.

2.2.1. 단수

앞서 소개한 30개의 단어는 모두 단수 형태이다. 단수라는 것을 어떻게 알 수 있는가? 어미를 보면 알 수 있다.

우선, 남성명사10개(θεός, Ἰησοῦς, κύριος, ἄνθρωπος, Χριστός, πατήρ, υἱός, ἀδελφός, λόγος, οὐρανός)를 보면, 대부분 어미가 ος이다. Ἰησοῦς는 본래 히브리어 음을 헬라어로 표현하여 만들어진 단어이다. '예수아' 혹은 '여호수아'를 표현하는 '예수(Ἰησου)'에 ος를 붙였으나 모음 단축이 일어나 Ἰησοῦς가 되었다. '오

(o)' 보다 '우(ου)' 가 더 후설모음이기 때문이다. 남은 단어 πατήρ는 ρ로 끝난다. ος는 주로 남성명사의 어미로 쓰이지만, 여성명사와 중성명사의 어미로도 나타난다. ρ는 남성과 여성명사 어미로 쓰인다.

다음으로, 여성명사 10개(ἡμέρα, γῆ, πίστις, γυνή, χείρ, ἁμαρτία, δόξα, πόλις, βασιλεία, καρδία)를 보면, 어미가 α인 명사가 다섯 개, 어미가 η인 명사가 두 개, 어미가 ις인 명사가 두 개, 어미가 ρ인 명사가 하나이다. α, η, ις는 여성명사 어미로만 쓰이고, ρ는 앞서 언급한 대로 남성과 여성명사 어미로 쓰인다.

마지막으로 중성명사 10개(πνεῦμα, ὄνομα, ἔργον, ἔθνος, σῶμα, τέκνον, αἷμα, στόμα, σημεῖον, εὐαγγέλιον)를 보면, 어미가 μα인 명사가 다섯 개, 어미가 ον인 명사가 네 개, 어미가 ος인 명사가 하나이다. μα, ον은 중성명사 어미로만 쓰인다. ος는 앞서 언급한 대로, 주로 남성명사 어미로 쓰이지만, 여성명사와 중성명사의 어미로도 사용된다.

2.2.2. 복수

앞서 소개된 명사들의 둘 이상을 어떻게 표현할 것인가? 이때 사용하는 것이 복수 형태이다.

2.2.2.1. 남성명사의 복수

우선, 남성명사의 복수 형태를 살펴보자. '단수형, 복수형, 복수형의 의미' 순으로 정리해보자. 참고로, Ἰησοῦς(예수님)은 고유명사이므로 단수로만 쓰인다. Χριστός(그리스도, 메시아, 기름 부음 받은 자)도 직함처럼 쓰여서 단수로만 쓰인다. 이 단어들의 단수 변화형은 명사의 성수격에 대해 정리한 다음, 이 과의 끝(2.4.)에서 다루도록 한다.

θεός, θεοί	신들
κύριος, κύριοι	주인들

ἄνθρωπος, ἄνθρωποι	사람들
πατήρ, πατέρες	조상들
υἱός, υἱοί	아들들
ἀδελφός, ἀδελφοί	형제들
λόγος, λόγοι	말씀들
οὐρανός, οὐρανοί	하늘들

어미가 ος 인 남성명사들은 복수 어미로 οι 를 취한다. 다른 변화는 없다. θεός 는 θεοί 가, κύριος 는 κύριοι 가, ἄνθρωπος 는 ἄνθρωποι 가, υἱός 는 υἱοί 가, ἀδελφός 는 ἀδελφοί 가, λόγος 는 λόγοι 가, οὐρανός 는 οὐρανοί 가 된다. ός 에 악센트가 있는 경우 οί 가 되는 것은, οι 가 이중모음이기 때문이다. 이중모음은 마지막 글자에 악센트를 붙인다.

πατήρ 의 복수 형태인 πατέρες 를 보면, 우선 ρ 앞에 있는 모음이 η 에서 ε 으로 짧아졌고 어미 ες 가 붙었다. 우선, 음절이 '파테-르' 에서 '파테레스' 로 바뀌어 모음이 η 에서 ε 으로 짧아졌다. 유음인 ρ 로 인해 길어진 모음 η 가 본래의 모음 ε 으로 돌아간 것이다. ρ 로 끝나는 모든 명사는 복수에서 어미 ες 를 갖는다.

2.2.2.2. 여성명사의 복수

이제, 여성명사의 복수 형태를 살펴보자. 여성명사도 '단수형, 복수형, 복수형의 의미' 순으로 정리해본다. 앞서 살펴본 여성명사 가운데 γῆ (땅)와 πίστις (믿음, 신실함, 충성)는 신약성경에서 복수 형태로 쓰이지 않는다. 이 단어들의 단수 변화형은 명사의 성수격에 대해 정리한 다음, 이 과의 끝(2.4.)에서 다루도록 한다.

ἡμέρα, ἡμέραι	날들
γυνή, γυναῖκες	부인들, 여자들
χείρ, χεῖρες	손들
ἁμαρτία, ἁμαρτίαι	죄들

δόξα, δόξαι	영광들
πόλις, πόλεις	성들, 도시들
βασιλεία, βασιλεῖαι	나라들
καρδία, καρδίαι	마음들

어미가 α인 여성명사들은 복수 어미로 αι를 취한다. ἡμέρα는 ἡμέραι가 되고, ἁμαρτία는 ἁμαρτίαι가 되며, καρδία는 καρδίαι가 되고, βασιλεία는 βασιλεῖαι가 된다.

γυνή는 복수 형태에서 본래 어간인 αικ가 드러나고 어미 ες가 붙어 γυναῖκες가 된다. '폐쇄음 가운데 구개음이 드러나는 명사' 라고 부를 수 있다(박 183-184).

마지막 글자가 ρ인 χείρ는 어미 ες가 붙어 χεῖρες가 된다. ρ로 끝나는 모든 명사는 복수에서 어미 ες를 갖는다.

πόλις는 어미 ις가 εις로 바뀌어 πόλεις가 된다.

2.2.2.3. 중성명사의 복수

이제, 중성명사의 복수 형태를 살펴보자. 중성명사도 '단수형, 복수형, 복수형의 의미' 순으로 정리해본다.

πνεῦμα, πνεύματα	영들
ὄνομα, ὀνόματα	이름들
ἔργον, ἔργα	일들, 행위들
ἔθνος, ἔθνη	민족들
σῶμα, σώματα	몸들
τέκνον, τέκνα	아이들, 자녀들
αἷμα, αἵματα	혈액들
στόμα, στόματα	입들

σημεῖον, σημεῖα	표적들
εὐαγγέλιον, εὐαγγέλια	복음들, 좋은 소식들

어미가 μα 인 중성명사들은 복수 어미로 ματα를 취한다. πνεῦμα는 πνεύματα가, ὄνομα는 ὀνόματα가, σῶμα는 σώματα가, αἷμα는 αἵματα가, στόμα는 στόματα가 된다.
어미가 ον인 중성명사들은 복수 어미로 α를 취한다. ἔργον은 ἔργα가, τέκνον은 τέκνα가, σημεῖον은 σημεῖα가, εὐαγγέλιον은 εὐαγγέλια가 된다.

어미가 ος 인 중성명사들은 복수 어미로 η를 취한다. ἔθνος가 ἔθνη가 된다. 어미가 ος 인 남성명사들이 복수 어미로 οι를 취하는 것과 비교된다.[4)]

	단수	복수
남성	ος	οι
	ηρ	ερες
여성	α (η)[5)]	αι
	νη	ναικες
	ις	εις
중성	μα	ματα
	ον	α
	ος	η

2.3. 격

헬라어의 격에는 주격(nominative), 속격(genitive), 여격(dative), 대격(accusative), 호격(vocative)이 있다(S 201). 한국어에서 격(格)이 품사 가운데 하나인 조사(助詞)로 표현되는 것과 달리, 헬라어의 격은 어미의 차이로 표현된다.

4) 어미가 ος 인 여성명사들도 복수 어미로 οι를 취한다.

5) 어미가 η인 여성명사의 복수 어미도 αι이다.

2.3.1. 주격

주격은 주어가 되거나 주어의 보어가 될 때 사용된다. 앞서 우리는 서른 개 명사들의 단수와 스물여덟 개 명사의 복수 형태를 알아보았다. 이 형태들은 모두 주격이다. 이제 스물여덟 개 명사 각각의 단어에 한국어 주격조사를 붙여본다. 한국어 주격조사에는 '이, 가, 께서'가 있다(한 481).

2.3.1.1. 남성명사의 주격

θεός 하나님께서, 신이,	θεοί 신들이
κύριος 주님께서, 주님이,	κύριοι 주인들이
ἄνθρωπος 사람이,	ἄνθρωποι 사람들이
πατήρ 아버지께서, 아버지가,	πατέρες 조상들이
υἱός 아들이,	υἱοί 아들들이
ἀδελφός 형제가,	ἀδελφοί 형제들이
λόγος 말씀이,	λόγοι 말씀들이
οὐρανός 하늘이,	οὐρανοί 하늘들이

2.3.1.2. 여성명사의 주격[6)]

ἡμέρα 날이,	ἡμέραι 날들이
γυνή 부인이, 여자가,	γυναῖκες 부인들이, 여자들이
χείρ 손이,	χεῖρες 손들이
ἁμαρτία 죄가,	ἁμαρτίαι 죄들이
δόξα 영광이,	δόξαι 영광들이
πόλις 성이, 도시가,	πόλεις 성들이, 도시들이
βασιλεία 나라가,	βασιλεῖαι 나라들이
καρδία 마음이,	καρδίαι 마음들이

---

6) 신약성경에서 복수형이 쓰이지 않는 γῆ와 πίστις는 2.4.를 보라.

2.3.1.3. 중성명사의 주격

πνεῦμα	영이,	πνεύματα	영들이
ὄνομα	이름이,	ὀνόματα	이름들이
ἔργον	일이, 행위가,	ἔργα	일들이, 행위들이
ἔθνος	민족이,	ἔθνη	민족들이
σῶμα	몸이,	σώματα	몸들이
τέκνον	아이가, 자녀가,	τέκνα	아이들이, 자녀들이
αἷμα	피가,	αἵματα	혈액들이
στόμα	입이,	στόματα	입들이
σημεῖον	표적이,	σημεῖα	표적들이
εὐαγγέλιον	복음이, 좋은 소식이,	εὐαγγέλια	복음들이, 좋은 소식들이

2.3.2. 속격

헬라어 속격은 기원이나 출처, 소유나 소속 관계, 혹은 부분을 나타낸다. 기원이나 출처는 '부터, 에서' 로, 소유나 소속 관계는 '의' 로, 부분은 '의 일부' 로 표현할 수 있다. 주격 설명에 사용된 스물여덟 개 단어에 단수 속격과 복수 속격형을 추가해보자.

2.3.2.1. 남성명사의 속격

θεός, θεοῦ 하나님의,	θεοί, θεῶν 신들의
κύριος, κυρίου 주님의,	κύριοι, κυρίων 주인들의
ἄνθρωπος, ἀνθρώπου 사람의,	ἄνθρωποι, ἀνθρώπων 사람들의
πατήρ, πατρός 아버지의,	πατέρες, πατέρων 조상들의
υἱός, υἱοῦ 아들의,	υἱοί, υἱῶν 아들들의
ἀδελφός, ἀδελφοῦ 형제의,	ἀδελφοί, ἀδελφῶν 형제들의
λόγος, λόγου 말씀의,	λόγοι, λόγων 말씀들의
οὐρανός, οὐρανοῦ 하늘의,	οὐρανοί, οὐρανῶν 하늘들의

어미가 ος 인 남성명사의 속격은 형태가 매우 일관적이다. 단수 속격은 어미 ου를 갖고, 복수 속격은 어미 ων을 갖는다.

πατήρ는 단수 속격에서 πατέρος 혹은 πατρός가 된다. 어미가 ος 이다. 신약성경에서는 πατρός가 쓰인다. 복수 주격인 πατέρες 의 속격은 πατέρων이다. 복수 속격 어미는 남성, 여성, 중성 모두 ων이다.

2.3.2.2. 여성명사의 속격

ἡμέρα, ἡμέρας 날의,	ἡμέραι, ἡμερῶν 날들의
γυνή, γυναικός 부인의, 여자의,	γυναῖκες, γυναικῶν 부인들의, 여자들의
χείρ, χειρός 손의,	χεῖρες, χειρῶν 손들의
ἁμαρτία, ἁμαρτίας 죄의,	ἁμαρτίαι, ἁμαρτιῶν 죄들의
δόξα, δόξης 영광의,	δόξαι, δοξῶν 영광들의
πόλις, πόλεως 성의, 도시의,	πόλεις, πόλεων 성들의, 도시들의
βασιλεία, βασιλείας 나라의,	βασιλεῖαι, βασιλειῶν 나라들의
καρδία, καρδίας 마음의,	καρδίαι, καρδιῶν 마음들의

단어가 '모음+α' 혹은 'ρ+α'로 끝나는 여성명사의 단수 속격 어미는 ας 이고, 복수 속격 어미는 ων이다.

γυνή는 단수 속격에서도 본래 어간인 αικ가 드러나고 어미 ος 가 붙는다. 복수 속격에서도 본래 어간인 αικ가 드러나고 어미 ων이 붙는다.

단어가 'ρ 외의 자음+α'로 끝나는 여성명사의 단수 속격 어미는 ης 이고, 복수 속격 어미는 ων이다. 왜 '모음+α' 혹은 'ρ+α'로 끝나는 여성명사의 단수 속격 어미는 ας 이고 'ρ 외의 자음+α'로 끝나는 여성명사의 단수 속격 어미는 ης 일까? 발음을 고려하면 이해가 쉽다. 본래, α가 ας 로 변하는 것보다는 ης 로 변해야 인식이 쉽다. 그러나 모음이나 ρ 다음에 η를 발음하기는 어렵다. 그러므로 ρ 이외의 자음 다음에서는 ης 로 속격을 표기하고, 모음과 ρ 다음에서는 ας 로 속격을 표기하게 된 듯하다.

어미가 ρ 인 χείρ 는 남성명사 πατήρ 와 같이 단수 속격에 어미 ος 가 붙고, 복수 속격에 어미 ων 이 붙는다.

어미가 ις 인 여성명사의 단수 속격 어미는 εως 이고, 복수 속격 어미는 εων 이다. 그래서 πόλις 의 단수 속격은 πόλεως 이고, 복수 속격은 πόλεων 이다.

2.3.2.3. 중성명사의 속격

πνεῦμα, πνεύματος 영의,	πνεύματα, πνευμάτων 영들의
ὄνομα, ὀνόματος 이름의,	ὀνόματα, ὀνομάτων 이름들의
ἔργον, ἔργου 일의, 행위의,	ἔργα, ἔργων 일들의, 행위들의
ἔθνος, ἔθνους 민족의,	ἔθνη, ἐθνῶν 민족들의
σῶμα, σώματος 몸의,	σώματα, σωμάτων 몸들의
τέκνον, τέκνου 아이의, 자녀의,	τέκνα, τέκνων 아이들의, 자녀들의
αἷμα, αἵματος 피의,	αἵματα, αἱμάτων 혈액들의
στόμα, στόματος 입의,	στόματα, στομάτων 입들의
σημεῖον, σημείου 표적의,	σημεῖα, σημείων 표적들의
εὐαγγέλιον, εὐαγγελίου	εὐαγγέλια, εὐαγγελίων
복음의, 좋은 소식의,	복음들의, 좋은 소식들의

어미가 μα 인 중성명사의 단수 속격 어미는 ματος 이고, 복수 속격 어미는 μάτων 이다.

어미가 ον 인 중성명사의 단수 속격 어미는 ου 이고, 복수 속격 어미는 ων 이다.

어미가 ος 인 중성명사의 단수 속격 어미는 ους 이고, 복수 속격 어미는 ων 이다.

2.3.3. 여격

헬라어 여격은 행위 주체가 수행하는 동작으로 인해 수여, 영향 등의 작용을 받는 간접목적어, 장소, 시간, 수단을 표현할 때 사용된다. 간접목적어는 '에게', 장소는 '에서', 시간은 '에', 수단은 '(으)로'로 표현할 수 있다. 주격과 속격 형태에 여격 형태를 추가해보자.

2.3.3.1. 남성명사의 여격

θεός, θεοῦ, θεῷ 하나님께, θεοί, θεῶν, θεοῖς 신들에게

κύριος, κυρίου, κυρίῳ 주님께, κύριοι, κυρίων, κυρίοις 주인들에게

ἄνθρωπος, ἀνθρώπου, ἀνθρώπῳ 사람에게,
ἄνθρωποι, ἀνθρώπων, ἀνθρώποις 사람들에게

πατήρ, πατρός, πατρί 아버지께,
πατέρες, πατέρων, πατράσι 조상들에게

υἱός, υἱοῦ, υἱῷ 아들에게, υἱοί, υἱῶν, υἱοῖς 아들들에게

ἀδελφός, ἀδελφοῦ, ἀδελφῷ 형제에게,
ἀδελφοί, ἀδελφῶν, ἀδελφοῖς 형제들에게

λόγος, λόγου, λόγῳ 말씀으로, λόγοι, λόγων, λόγοις 말씀들로

οὐρανός, οὐρανοῦ, οὐρανῷ 하늘에서,
οὐρανοί, οὐρανῶν, οὐρανοῖς 하늘들에서

어미가 ος인 남성명사의 여격도 형태가 매우 일관적이다. 단수 여격은 어미 ῳ를 갖고, 복수 여격은 어미 οις를 갖는다.

πατήρ는 단수 여격에서 πατρί가 된다. 어미는 ι이다. 복수 여격은 πατράσι이다. 어미는 ασι이다. 단수와 복수 여격 둘 다 어간에서 ε가 생략되고 각각의 어미가 붙었다.

참고로, 복수 여격의 경우, 뒤따르는 단어가 모음으로 시작하거나, 이 단어로 문장이

끝날 때는 자음 ν가 추가된다. 단어를 구분짓기 위해 자음이 추가되는 현상을 '끝자음 추가' 라고 하고, 이때 자음 ν를 '변칙자음 뉘' 라고 부른다. 이는 복수 여격 어미가 모음으로 끝나기 때문에 생기는 현상이다.

2.3.3.2. 여성명사의 여격

ἡμέρα, ἡμέρας, ἡμέρᾳ 날에, 낮에, ἡμέραι, ἡμερῶν, ἡμέραις 날들에

γυνή, γυναικός, γυναικί 부인에게, 여자에게,
γυναῖκες, γυναικῶν, γυναιξί 부인들에게, 여자들에게

χείρ, χειρός, χειρί 손으로, χεῖρες, χειρῶν, χερσί 손들로

ἁμαρτία, ἁμαρτίας, ἁμαρτίᾳ 죄로,
ἁμαρτίαι, ἁμαρτιῶν, ἁμαρτίαις 죄들로

δόξα, δόξης, δόξῃ 영광으로, δόξαι, δοξῶν, δόξαις 영광들로

πόλις, πόλεως, πόλει 성에서, 도시에서,
πόλεις, πόλεων, πόλεσι 성들에서, 도시들에서

βασιλεία, βασιλείας, βασιλείᾳ 나라에서,
βασιλεῖαι, βασιλειῶν, βασιλείαις 나라들에서

καρδία, καρδίας, καρδίᾳ 마음으로,
καρδίαι, καρδιῶν, καρδίαις 마음들로

단어가 '모음+α' 혹은 'ρ+α' 로 끝나는 여성명사의 단수 여격 어미는 ᾳ이고, 복수 여격 어미는 αις이다.

γυνή는 단수 여격에서도 본래 어간인 αικ가 드러나고 어미 ι가 붙는다. 복수 여격에서도 본래 어간인 αικ가 드러나고 어미 σι가 붙는다. κ와 σ가 합쳐져 이중자음 ξ가 된다(1.2.1. 참고). γυναικσί를 이중자음을 사용하여 γυναιξί로 표기하였다. 이 단어로 문장이 끝나거나, 뒤따르는 단어가 모음으로 시작하면, 변칙자음 ν가 추가되어

γυναιξίν이 된다.

단어가 'ρ 외의 자음+α'로 끝나는 여성명사의 단수 여격 어미는 ῃ이고, 복수 여격 어미는 αις이다. '모음+α' 혹은 'ρ+α'로 끝나는 여성명사의 단수 여격 어미는 ᾳ이고 'ρ 외의 자음+α'로 끝나는 여성명사의 단수 여격 어미는 ῃ가 되는 이유도 발음을 통해 쉽게 이해할 수 있다. 본래, α가 ᾳ로 변하는 것보다는 ῃ로 변해야 인식이 쉽다. 그러나 모음이나 ρ 다음에 η를 발음하기는 어렵다. 그러므로 ρ 이외의 자음 다음에서는 ῃ로 여격을 표기하고, 모음과 ρ 다음에서는 ᾳ로 여격을 표기하게 된 듯하다.

어미가 ρ인 χείρ의 단수 여격 어미는 ι이고, 복수 여격 어미는 σι이다. 복수 여격에서는 발음상의 이유로 어간에서 ι가 빠져 χερσί가 되었다.

어미가 ις인 여성명사의 단수 여격 어미는 ει이고, 복수 여격 어미는 εσι이다. 그래서 πόλις의 단수 여격은 πόλει이고, 복수 여격은 πόλεσι이다. 복수 여격의 경우, 이 단어로 문장이 끝나거나, 뒤따르는 단어가 모음으로 시작하면, 변칙자음 ν가 추가되어 πόλεσιν이 된다.

2.3.3.3. 중성명사의 여격

πνεῦμα, πνεύματος, πνεύματι 영으로,
πνεύματα, πνευμάτων, πνεύμασι 영들로

ὄνομα, ὀνόματος, ὀνόματι 이름으로,
ὀνόματα, ὀνομάτων, ὀνόμασι 이름들로

ἔργον, ἔργου, ἔργῳ 일로, 행위로,
ἔργα, ἔργων, ἔργοις 일들로, 행위들로

ἔθνος, ἔθνους, ἔθνει 민족에게, ἔθνη, ἐθνῶν, ἔθνεσι 민족들에게

σῶμα, σώματος, σώματι 몸으로, σώματα, σωμάτων, σώμασι 몸들로

τέκνον, τέκνου, τέκνῳ 아이에게, 자녀에게,
τέκνα, τέκνων, τέκνοις 아이들에게, 자녀들에게

αἷμα, αἵματος, αἵματι 피로,
αἵματα, αἱμάτων, αἵμασι 혈액들로

στόμα, στόματος, στόματι 입으로,
στόματα, στομάτων, στόμασι 입들로

σημεῖον, σημείου, σημείῳ 표적으로,
σημεῖα, σημείων, σημείοις 표적들로

εὐαγγέλιον, εὐαγγελίου, εὐαγγελίῳ 복음으로, 좋은 소식으로,
εὐαγγέλια, εὐαγγελίων, εὐαγγελίοις 복음들로, 좋은 소식들로

어미가 μα인 중성명사의 단수 여격 어미는 ματι이고, 복수 여격 어미는 μασι이다. 복수 여격의 경우, 이 단어로 문장이 끝나거나, 뒤따르는 단어가 모음으로 시작하면, 변칙자음 ν가 추가되어 πνεύμασιν, ὀνόμασιν, σώμασιν, αἵμασιν, στόμασιν 이 된다.

어미가 ον인 중성명사의 단수 여격 어미는 ῳ이고, 복수 여격 어미는 οις이다.

어미가 ος인 중성명사의 단수 여격 어미는 ει이고, 복수 여격 어미는 εσι이다. 복수 여격의 경우, 이 단어로 문장이 끝나거나, 뒤따르는 단어가 모음으로 시작하면, 변칙자음 ν가 추가되어 ἔθνεσιν이 된다.

2.3.4. 대격

헬라어 대격은 타동사의 직접목적어가 되거나 동사를 수식한다. 직접목적어는 '을' 혹은 '를'로 표현할 수 있다. 동사를 수식하는 경우에는 문맥에 맞게 번역하면 된다. 주격, 속격 및 여격 형태에 대격을 추가해보자.

2.3.4.1. 남성명사의 대격

θεός, θεοῦ, θεῷ, θεόν 하나님을,
θεοί, θεῶν, θεοῖς, θεούς 신들을

κύριος, κυρίου, κυρίῳ, κύριον 주님을,
κύριοι, κυρίων, κυρίοις, κυρίους 주인들을

ἄνθρωπος, ἀνθρώπου, ἀνθρώπῳ, ἄνθρωπον 사람을,
ἄνθρωποι, ἀνθρώπων, ἀνθρώποις, ἀνθρώπους 사람들을

πατήρ, πατρός, πατρί, πατέρα 아버지를,
πατέρες, πατέρων, πατράσι, πατέρας 조상들을

υἱός, υἱοῦ, υἱῷ, υἱόν 아들을,
υἱοί, υἱῶν, υἱοῖς, υἱούς 아들들을

ἀδελφός, ἀδελφοῦ, ἀδελφῷ, ἀδελφόν 형제를,
ἀδελφοί, ἀδελφῶν, ἀδελφοῖς, ἀδελφούς 형제들을

λόγος, λόγου, λόγῳ, λόγον 말씀을,
λόγοι, λόγων, λόγοις, λόγους 말씀들을

οὐρανός, οὐρανοῦ, οὐρανῷ, οὐρανόν 하늘을,
οὐρανοί, οὐρανῶν, οὐρανοῖς, οὐρανούς 하늘들을

어미가 ος 인 남성명사의 대격도 형태가 매우 일관적이다. 단수 대격은 어미 ον을 갖고, 복수 대격은 어미 ους 를 갖는다.

πατήρ는 단수 대격에서 πατέρα가 된다. 어미는 α 이다. 복수 대격은 πατέρας 이다. 어미는 ας 이다.

2.3.4.2. 여성명사의 대격

ἡμέρα, ἡμέρας, ἡμέρᾳ, ἡμέραν 날을, 낮을,
ἡμέραι, ἡμερῶν, ἡμέραις, ἡμέρας 날들을

γυνή, γυναικός, γυναικί, γυναῖκα 부인을, 여자를,
γυναῖκες, γυναικῶν, γυναιξί, γυναῖκας 부인들을, 여자들을

χείρ, χειρός, χειρί, χεῖρα 손을,
χεῖρες, χειρῶν, χερσί, χεῖρας 손들을

ἁμαρτία, ἁμαρτίας, ἁμαρτίᾳ, ἁμαρτίαν 죄를,
ἁμαρτίαι, ἁμαρτιῶν, ἁμαρτίαις, ἁμαρτίας 죄들을

δόξα, δόξης, δόξῃ, δόξαν 영광을,
δόξαι, δοξῶν, δόξαις, δόξας 영광들을

πόλις, πόλεως, πόλει, πόλιν 성을, 도시를,
πόλεις, πόλεων, πόλεσι, πόλεις 성들을, 도시들을

βασιλεία, βασιλείας, βασιλείᾳ, βασιλείαν 나라를,
βασιλεῖαι, βασιλειῶν, βασιλείαις, βασιλείας 나라들을

καρδία, καρδίας, καρδίᾳ, καρδίαν 마음을,
καρδίαι, καρδιῶν, καρδίαις, καρδίας 마음들을

단어가 '모음+α' 혹은 'ρ+α'로 끝나는 여성명사와 단어가 'ρ 외의 자음+α'로 끝나는 여성명사의 단수 대격 어미는 αν이고, 복수 대격 어미는 ας이다.

γυνή는 단수 대격에서도 본래 어간인 αικ가 드러나고 어미 α가 붙는다. 복수 대격에서도 본래 어간인 αικ가 드러나고 어미 ας가 붙는다.

어미가 ρ인 χείρ의 단수 대격 어미는 α이고, 복수 대격 어미는 ας이다.

어미가 ις인 여성명사의 단수 대격 어미는 ιν이고, 복수 대격 어미는 복수 주격 어미와 동일하게 εις이다. 그래서 πόλις의 단수 대격은 πόλιν이고, 복수 대격은 πόλεις이다.

2.3.4.3. 중성명사의 대격

πνεῦμα, πνεύματος, πνεύματι, πνεῦμα 영을,
πνεύματα, πνευμάτων, πνεύμασι, πνεύματα 영들을

ὄνομα, ὀνόματος, ὀνόματι, ὄνομα 이름을,
ὀνόματα, ὀνομάτων, ὀνόμασι, ὀνόματα 이름들을

ἔργον, ἔργου, ἔργῳ, ἔργον 일을, 행위를,
ἔργα, ἔργων, ἔργοις, ἔργα 일들을, 행위들을

ἔθνος, ἔθνους, ἔθνει, ἔθνος 민족을,
ἔθνη, ἐθνῶν, ἔθνεσι, ἔθνη 민족들을

σῶμα, σώματος, σώματι, σῶμα 몸을,
σώματα, σωμάτων, σώμασι, σώματα 몸들을

τέκνον, τέκνου, τέκνῳ, τέκνον 아이를, 자녀를,
τέκνα, τέκνων, τέκνοις, τέκνα 아이들을, 자녀들을

αἷμα, αἵματος, αἵματι, αἷμα 피를,
αἵματα, αἱμάτων, αἵμασι, αἵματα 혈액들을

στόμα, στόματος, στόματι, στόμα 입을,
στόματα, στομάτων, στόμασι, στόματα 입들을

σημεῖον, σημείου, σημείῳ, σημεῖον 표적을,
σημεῖα, σημείων, σημείοις, σημεῖα 표적들을

εὐαγγέλιον, εὐαγγελίου, εὐαγγελίῳ, εὐαγγέλιον 복음을, 좋은 소식을,
εὐαγγέλια, εὐαγγελίων, εὐαγγελίοις, εὐαγγέλια 복음들을, 좋은 소식들을

중성 대격은 주격과 같다. 단수 대격은 단수 주격과, 복수 대격은 복수 주격과 형태가 같다.

어미가 μα인 중성명사들은 복수 대격 어미로 ματα를 취한다. πνεῦμα는 πνεύματα가, ὄνομα는 ονόματα가, σῶμα는 σώματα가, αἷμα는 αἵματα가, στόμα는 στόματα가 된다.

어미가 ον인 중성명사들은 복수 대격 어미로 α를 취한다. ἔργον은 ἔργα가, τέκνον은 τέκνα가, σημεῖον은 σημεῖα가, εὐαγγέλιον은 εὐαγγέλια가 된다.

어미가 ος인 중성명사들은 복수 대격 어미로 η를 취한다. ἔθνος가 ἔθνη가 된다. 어미가 ος인 남성과 여성 명사들이 복수 어미로 οι를 취하는 것과 비교된다.

2.3.5. 호격

호격은 말하는 사람이 듣는 사람을 부를 때 사용하는 격이다. 한국어 호격 조사에는 '아'와 '야'가 있다. 모음 뒤에는 '야'가, 자음 뒤에는 '아'가 쓰인다(한 482). 대용 호칭(예. 어르신), 부름말(예. 형제, 아버지, 어머니), 직함(예. 총독, 임금)의 경우에는, 존칭접미사 '님'을 사용하거나 아무것도 붙이지 않아도 된다.

호격 형태를 먼저 정리해보자. 일단, 모든 단어의 복수 호격은 복수 주격과 형태가 같다. 단수 호격의 경우는 성에 따라 다르다. 남성명사의 경우, 단수 호격은 단수 주격과 다르다. 여성명사의 경우, '모음, ρ+α'로 끝나는 단어와 η로 끝나는 단어(단, 격변화 과정에서 어간이 드러나는 γυνή와 같은 단어는 예외)는 단수 주격과 단수 호격의 형태가 같다. 나머지 단어는 단수 주격과 단수 호격의 형태가 남성명사처럼 다르다. 중성명사의 경우, 단수 주격과 단수 호격은 형태가 같다. 결과적으로, 중성명사는 단수와 복수 둘 다, 주격, 대격, 호격 형태가 같다. 다만, 여성명사와 중성명사의 경우, 의미상 호격이 쓰이지 않는 경우가 대부분이다.

그럼, 주격, 속격, 여격 및 대격 형태에 호격을 추가해보자. 참고로, 여성명사 ἡμέρα, χείρ, ἁμαρτία, βασιλεία, καρδία와, 중성명사 ὄνομα, ἔργον, σῶμα, αἷμα, στόμα, σημεῖον, εὐαγγέλιον는 호격 형태로 쓰이지 않지만, 전체 격변화를 익힐 수 있도록 형태를 소개한다.

2.3.5.1. 남성명사의 호격

θεός, θεοῦ, θεῷ, θεόν, θεέ 하나님,
θεοί, θεῶν, θεοῖς, θεούς, θεοί 신들아

κύριος, κυρίου, κυρίῳ, κύριον, κύριε 주님,
κύριοι, κυρίων, κυρίοις, κυρίους, κύριοι 주인들아

ἄνθρωπος, ἀνθρώπου, ἀνθρώπῳ, ἄνθρωπον, ἄνθρωπε 사람아,
ἄνθρωποι, ἀνθρώπων, ἀνθρώποις, ἀνθρώπους, ἄνθρωποι 사람들아

πατήρ, πατρός, πατρί, πατέρα, πάτερ 아버지,
πατέρες, πατέρων, πατράσι, πατέρας, πατέρες 아버님들

υἱός, υἱοῦ, υἱῷ, υἱόν, υἱέ 아들아,
υἱοί, υἱῶν, υἱοῖς, υἱούς, υἱοί 아들들아

ἀδελφός, ἀδελφοῦ, ἀδελφῷ, ἀδελφόν, ἀδελφέ 형제야,
ἀδελφοί, ἀδελφῶν, ἀδελφοῖς, ἀδελφούς, ἀδελφοί 형제들아

λόγος, λόγου, λόγῳ, λόγον, λόγε 말씀님,[7]
λόγοι, λόγων, λόγοις, λόγους, λόγοι 말들아[8]

οὐρανός, οὐρανοῦ, οὐρανῷ, οὐρανόν, οὐρανέ 하늘아,
οὐρανοί, οὐρανῶν, οὐρανοῖς, οὐρανούς, οὐρανοί 하늘들아

어미가 ος 인 남성명사의 호격도 형태가 매우 일관적이다. 단수 호격은 어미 ε를 갖는다. 복수 호격은 복수 주격과 같이 어미 οι를 갖는다.

πατήρ는 단수 호격에서 πάτερ가 된다. 주격이 되면서 길어진 모음 η가 본래대로 짧아져 ε이 되면서 악센트가 이동하였다. 복수 호격은 복수 주격과 같이 어미 ες를 갖는다.

2.3.5.2. 여성명사의 호격

ἡμέρα, ἡμέρας, ἡμέρᾳ, ἡμέραν, ἡμέρα 날아, 낮아,
ἡμέραι, ἡμερῶν, ἡμέραις, ἡμέρας, ἡμέραι 날들아

γυνή, γυναικός, γυναικί, γυναῖκα, γύναι 부인, 여자여,
γυναῖκες, γυναικῶν, γυναιξί, γυναῖκας, γυναῖκες 부인들아, 여자들아

---

7) λόγος 의 호격이 신약성경에는 나오지 않는다. 성경관련 문서를 통틀어 한 번(『마카비4서』 5장 35절)만 나온다. 그럼에도, 신약성경에서 λόγος 가 예수님을 가리키는 단어로 쓰이기에, '말씀님' 이라는 의미로 표현해 보았다.

8) 예수님을 λόγος 의 복수로 표현하지는 않기에, '말들아' 로 표현해 보았다.

χείρ, χειρός, χειρί, χεῖρα, χείρ 손아,
χεῖρες, χειρῶν, χερσί, χεῖρας, χεῖρες 손들아

ἁμαρτία, ἁμαρτίας, ἁμαρτίᾳ, ἁμαρτίαν, ἁμαρτία 죄야,
ἁμαρτίαι, ἁμαρτιῶν, ἁμαρτίαις, ἁμαρτίας, ἁμαρτίαι 죄들아

δόξα, δόξης, δόξῃ, δόξαν, δόξα 영광아,
δόξαι, δοξῶν, δόξαις, δόξας, δόξαι 영광들아

πόλις, πόλεως, πόλει, πόλιν, πόλι 성아, 도시야,
πόλεις, πόλεων, πόλεσι, πόλεις, πόλεις 성들아, 도시들아

βασιλεία, βασιλείας, βασιλείᾳ, βασιλείαν, βασιλεία 나라야,
βασιλεῖαι, βασιλειῶν, βασιλείαις, βασιλείας, βασιλεῖαι 나라들아

καρδία, καρδίας, καρδίᾳ, καρδίαν, καρδία 마음아,
καρδίαι, καρδιῶν, καρδίαις, καρδίας, καρδίαι 마음들아

어미가 α 인 여성명사는, 앞 글자가 무엇이든지 단수 주격과 단수 호격의 형태가 같다. ἡμέρα, ἁμαρτία, δόξα, βασιλεία, καρδία가 여기에 속한다.

γυνή는 어미가 η로 끝나는 단어이지만, 격변화 과정에서 어간이 드러나는 단어이므로 단수 주격과 단수 여격 형태가 다르다. γυνή의 단수 호격 어미는 αι 이다.

어미가 ρ 인 χείρ는 ρ 앞의 모음이 이중모음이므로 πατήρ처럼 모음이 짧아지지 않기에, 단수 주격과 단수 호격의 형태가 같다.

어미가 ις 인 여성명사의 단수 호격은 마지막 자음 ς 가 빠진 ι 이다.

2.3.5.3. 중성명사의 호격

πνεῦμα, πνεύματος, πνεύματι, πνεῦμα, πνεῦμα 영아,
πνεύματα, πνευμάτων, πνεύμασι, πνεύματα, πνεύματα 영들아

ὄνομα, ὀνόματος, ὀνόματι, ὄνομα, ὄνομα 이름아,
ὀνόματα, ὀνομάτων, ὀνόμασι, ὀνόματα, ὀνόματα 이름들아

ἔργον, ἔργου, ἔργῳ, ἔργον, ἔργον 일아, 행위야,
ἔργα, ἔργων, ἔργοις, ἔργα, ἔργα 일들아, 행위들아

ἔθνος, ἔθνους, ἔθνει, ἔθνος, ἔθνος 민족아,
ἔθνη, ἐθνῶν, ἔθνεσι, ἔθνη, ἔθνη 민족들아

σῶμα, σώματος, σώματι, σῶμα, σῶμα 몸아,
σώματα, σωμάτων, σώμασι, σώματα, σώματα 몸들아

τέκνον, τέκνου, τέκνῳ, τέκνον, τέκνον 아이야, 자녀야,
τέκνα, τέκνων, τέκνοις, τέκνα, τέκνα 아이들아, 자녀들아

αἷμα, αἵματος, αἵματι, αἷμα, αἷμα 피야,
αἵματα, αἱμάτων, αἵμασι, αἵματα, αἵματα 혈액들아

στόμα, στόματος, στόματι, στόμα, στόμα 입아,
στόματα, στομάτων, στόμασι, στόματα, στόματα 입들아

σημεῖον, σημείου, σημείῳ, σημεῖον, σημεῖον 표적아,
σημεῖα, σημείων, σημείοις, σημεῖα, σημεῖα 표적들아

εὐαγγέλιον, εὐαγγελίου, εὐαγγελίῳ, εὐαγγέλιον, εὐαγγέλιον
복음아, 좋은 소식아,
εὐαγγέλια, εὐαγγελίων, εὐαγγελίοις, εὐαγγέλια, εὐαγγέλια
복음들아, 좋은 소식들아

중성 호격은 주격 및 대격과 형태가 같다.

헬라어 명사 곡용을 요약하면 아래와 같다.

구분		단수				복수			
		주격	속격	여격	대격	주격	속격	여격	대격
남성	어미 ος	θεός	−ου	−ω	−ον	−οι	−ων	−οις	−ους
	ρ	πατήρ[1]	−ος	−ι	−α	−ες	−ων	−ασι	−ας
여성	어미 ος	ἡμέρα	−ας	−ᾳ	−αν	−αι	−ων	−αις	−ας
	η[2]	γυνη	−αικος	−αικι	−αικα	−αικες	−αικων	−αιξι	−αικας
	마지막 글자 ρ	χείρ	−ος	−ι	−α	−ες	−ων	−σι[4]	−ας
	어미 ις	πόλις	−εως	−ει	−ιν	−εις[3]	−εων	−εσι	−εις
중성	어미 μα	πνεῦμα	−ματος	−ματι	단수 주격과 동일	−ματα	−ματων	−μασι	복수 주격과 동일
	어미 ον	ἔργον	−ου	−ῳ	단수 주격과 동일	−α	−ων	−οις	복수 주격과 동일
	어미 ος	ἔθνος	−ους	−ει	단수 주격과 동일	−η	−ων	−εσι	복수 주격과 동일

(1) πατήρ의 경우, 단수 주격을 제외하고는 유음인 ρ로 인해 길어진 모음 η가 본래의 모음 ε으로 돌아간다.

(2) γυνή는 곡용에서 본래 어간인 αικ가 드러난다. 폐쇄음 가운데 구개음이 곡용 과정에서 드러난 예이다. 가령, 복수 주격은 어미 ες가 붙어 γυναῖκες가 된다.

(3) πόλις는 어미 ις가 εις로 바뀌어 πόλεις가 된다.

(4) 복수 여격에서는 발음상의 이유로 어간에서 ι가 빠져 χερσί가 된다.

2.4. 단수로만 쓰이는 명사 변화 추가

여기서는 명사를 시작할 때 의미는 배웠지만, 복수 형태로 쓰이지 않아 그간 사용하지 않은 네 단어의 변화를 살펴본다. 앞으로 빈도수가 가장 높은 30개의 명사를 용례로 살펴보기 위함이다.

2.4.1. Ἰησοῦς와 Χριστός의 단수 변화

먼저, 남성명사는 두 개를 추가한다. Ἰησοῦς(예수님)와 Χριστός(그리스도, 메시야, 기름 부음 받은 자)이다.

Ἰησοῦς	예수님께서
Ἰησοῦ	예수님의
Ἰησοῦ	예수님께
Ἰησοῦν	예수님을
Ἰησοῦ	예수님!

Χριστός	그리스도께서
Χριστοῦ	그리스도의
Χριστῷ	그리스도께
Χριστόν	그리스도를
Χριστέ	그리스도님!

2.4.2. γῆ 와 πίστις의 단수 변화

이제 신약성경에서 복수형이 쓰이지 않아 변화를 살펴보지 않은 γῆ(땅)와 πίστις(믿음, 신실함, 충성)의 단수 변화형을 살펴본다.

'땅' 을 의미하는 γῆ의 단수 주격은 γῆ이다. 단수 속격은 γῆς이고, 단수 여격은 γῇ 이며, 단수 대격은 γῆν, 단수 호격은 γῆ이다. 단어가 η로 끝나는 여성명사의 단수형 어미는 η, ης, ῃ, ην, η이다. 참고로, 어미가 α나 η로 끝나는 여성명사의 복수 어미는 모두 똑같이 αι, ῶν, αις, ας, αι이다.

γῆ	땅이
γῆς	땅의
γῇ	땅에서
γῆν	땅을
γῆ	땅이여

'믿음, 신실함, 충성' 을 의미하는 πίστις의 단수 주격은 πίστις이다. 단수 속격은 πίστεως이고, 단수 여격은 πίστει이며, 단수 대격은 πίστιν이다. 그리고 단수 호격의 경우, 용례는 없지만 πίστι이다.[9] πίστις는 πόλις와 같이 곡용된다.

πίστις	믿음이
πίστεως	믿음의
πίστει	믿음으로
πίστιν	믿음을
πίστι	믿음아

2.5. 연습문제

※ 다음 단어의 뜻을 쓰되, 성과 수와 격을 고려하여 쓰시오.

ἔθνεσι

ἁμαρτίαν

πόλεως

πατέρας

τέκνῳ

※ 다음의 의미를 갖는 헬라어 단어를 쓰시오.

복음들을

마음의

사람들에게

날에, 낮에

영들로

9) 헬라어 발음으로 인해 이 형태가 쓰이기도 한다. 이 경우, πίστι는 단수 여격이다.

※ 아래 문장의 괄호 안에 알맞은 말을 넣으시오.

헬라어 명사는 (   )과 (   )와 (   )을 갖는다.

헬라어의 격에는 주격, (   ), 여격, (   ), 호격이 있다.

헬라어 격 가운데 기원이나 출처, 소유나 소속 관계, 혹은 부분을 나타내는 격은 (   )이다.

3. 형용사

헬라어 형용사는 우리말의 관형사처럼, 명사를 수식하거나, 명사의 성질이나 상태를 한정하거나, 수량을 나타낸다(한 476). 신약성경에 사용된 형용사 단어는 모두 750개 정도이다.

형용사는 명사와 관계되기에, 명사처럼 성과 수와 격에 따라 변화된다. 그래서 앞서 명사를 다룰 때 언급된, 남성 여성 중성, 단수 복수, 주격 속격 여격 대격 호격에 대한 개념이 모두 형용사와도 관계된다. 형용사는 이에 더해 한 가지 개념이 더 있다. 원급, 비교급, 최상급이 그것이다(참. 박 224-228). 수량 및 정도에 따라 급이 달라진다.

한국어에 수사(數詞)가 있기에 헬라어의 수 형용사를 수사로 분류하기도 한다. 그러나 헬라어에서 수를 표현하는 단어들이 형용사 변화를 하기에, 수를 표현하는 헬라어 단어들을 형용사로 분류하는 것이 맞을 것이다.

명사와 마찬가지로 신약성경에서 가장 많이 쓰이는 30개의 형용사를 통해 헬라어 형용사에 대해 배워보자. 가장 많이 나오는 순으로 정리하면, πᾶς, πολύς, εἷς, μέγας, ἅγιος, οὐδείς, Ἰουδαῖος, δύο, νεκρός, ἴδιος, ὅλος, ἀγαθός, καλός, ἕτερος, πρῶτος, μηδείς, ἑπτά, ἕκαστος, δίκαιος, πονηρός, δώδεκα, αἰώνιος, τρεῖς, πιστός, πρεσβύτερος, ἀγαπητός, δεξιός, μέσος, ἔσχατος, κακός 이다.[10] 나열된 형태는 모두 남성 단수 주격이다. 관계되는 명사에 따라 형용사의 성과 수와 격이 달라지기에, 기본형으로 남성 단수 주격 형

---

10) 이 문법책에서 ἄλλος 는 지시 대명사로, ἐμός 는 소유대명사로 분류한다.

태가 사용된다. 형용사는 명사를 수식하지 않고 독립적으로 쓰일 수 있다.[11] 이 경우, 한국어로는 형용사의 본래 의미에 의존명사 '자(者), 이, 분, 것, 개, 편' 등을 사용하여 의미를 표현할 수 있다. 그럼, 위 형용사의 '기본 의미'와 '의존명사가 가미된 의미'를 살펴본다. 의존명사의 경우, '자, 이, 분, 것, 개, 편' 가운데 하나만 선택하여 가미해 보았다.

πᾶς	모든, 모든 것 (1243회)
πολύς	많은, 많은 이 (396회)
εἷς	하나, 한 분 (345회)
μέγας	큰, 큰 것 (242회)
ἅγιος	거룩한, 거룩한 자 (233회)
οὐδείς	아무도 (227회)
Ἰουδαῖος	유대의, 유대인 (194회)
δύο	둘, 두 개 (135회)
νεκρός	죽은, 죽은 자 (128회)
ἴδιος	자기의, 자기 것 (114회)
ὅλος	전체 (109회)
ἀγαθός	선한, 선한 분 (102회)
καλός	좋은, 좋은 것 (100회)
ἕτερος	다른, 다른 이 (98회)
πρῶτος	으뜸이 되는, 으뜸이 되는 이 (95회)
μηδείς	아무도 (90회)
ἑπτά	일곱, 일곱 개 (88회)
ἕκαστος	각각, 각자 (82회)
δίκαιος	의로운, 의로운 이 (79회)

11) 이런 경우에 '독립적 용법'이 쓰였다고 표현하기도 한다.

πονηρός	나쁜, 나쁜 것 (78회)
δώδεκα	열둘, 열두 개 (75회)
αἰώνιος	영원한, 영원한 것 (71회)
τρεῖς	세, 세 개 (69회)
πιστός	신실한, 신실한 이 (67회)
πρεσβύτερος	늙은, 늙은이 (66회)
ἀγαπητός	사랑하는, 사랑하는 자 (61회)
δεξιός	오른, 오른편 (54회)
μέσος	가운데 (54회)
ἔσχατος	마지막, 마지막 것 (50회)
κακός	해치는, 해치는 것 (50회)[12]

이제, 위에 소개된 30개의 단어를 '숨겨진 어간이 드러나는 형용사, 어간이 ρ 외의 자음으로 끝나는 형용사, 어간이 ε, ι, ρ로 끝나는 형용사, 수 형용사' 네 가지로 나누어 정리해보자.

3.1. 숨겨진 어간이 드러나는 형용사

위에 나열한 30개의 단어 가운데 '숨겨진 어간이 드러나는 형용사'를 먼저 다루고자 한다. 해당되는 단어는 하나이지만, 그 단어가 형용사 가운데 가장 많이 쓰이는 단어이기 때문이다. 그 단어는 πᾶς이다. 문맥에 따라 "온, 온갖 종류의, 매, 어떤 것이든, 마다, 모두, 많이들, 범사, 모든 일, 만물, 만유, 전부"라는 뜻을 갖는다. πᾶς가 복수형을 갖는 이유는 헬라어 복수 개념에 기초한다. '통일성이 없는 다수'이거나 '확정할 수 없는 다수'인 경우에는 단수로 쓰기 어렵기 때문이다.

---

12) 참고로, 신약성경에 50회 쓰인 형용사는 두 개 더 있다. μακάριος(복된)와 τυφλός(시각장애인, 맹인, 눈먼 사람)이다. 알파벳 순서로 ἔσχατος와 κακός를 선택했다.

πᾶς가 남성명사와 관련하여 쓰이면 남성명사처럼 변한다. 단수 주격, 단수 속격, 단수 여격, 단수 대격, 단수 호격 순으로 나열하면 πᾶς, παντός, παντί, πάντα, πᾶς이다. 앞서 살펴본 명사 가운데, '아버지'를 의미하는 πατήρ와 유사하게 변한다. 두 단어로 '모든 아버지가, 모든 아버지의, 모든 아버지에게, 모든 아버지를, 모든 아버지여'를 표현하면, πᾶς πατήρ, παντὸς πατρός, παντὶ πατρί, πάντα πατέρα, πᾶς πάτερ가 된다. 잘 보면, παντὸς πατρός와 παντὶ πατρί의 경우, 악센트에 변화가 있다. 앞 단어 끝음절에 있는 악센트 '애큐트'가 악센트 '그레이브'로 바뀐 것이다. 단어가 조합되면서 뒷 단어와 이어지는 악센트에 변화를 준 것이다.

πᾶς의 남성 복수 형태도 주격, 속격, 여격, 대격, 호격 순으로 나열하면, πάντες, πάντων, πᾶσι, πάντας, πάντες이다.[13] 의미는 '모든 것들이, 모든 것들의, 모든 것들에게, 모든 것들을, 모든 것들아' 정도가 될 것이다.

πᾶς가 여성명사와 관련하여 쓰이면 여성명사처럼 변한다. 단수를 주격, 속격, 여격, 대격, 호격 순으로 나열하면, πᾶσα, πάσης, πάσῃ, πᾶσαν, πᾶσα이다. 어미가 α, ης, ῃ, αν, α이다. 앞서 '명사' 부분에서, 어미가 α인 여성명사의 어간이 모음이거나 자음 ρ로 끝나면, 다시 말해, 단어가 '모음+α' 혹은 'ρ+α'로 끝나는 여성명사는 어미가 α, ας, ᾳ, αν, α인 것을 보았다. 또한, 어미가 α인 여성명사의 앞 글자가 ρ 외의 자음이면, 다시 말해, 단어가 'ρ 외의 자음+α'로 끝나는 여성명사는 어미가 α, ης, ῃ, αν, α인 것을 보았다. πᾶσα의 경우, 'ρ 외의 자음+α'로 끝나는 여성명사이므로, 어미가 α, ης, ῃ, αν, α이다. 발음 측면에서 생각하면 쉽게 이해된다. σης와 σῃ 발음이 어렵지 않고 형태상 구별도 잘 된다.

그럼, πᾶς의 여성 단수 변화에 '영광'을 의미하는 여성명사 δόξα의 단수 주격, 속격,

---

13) 앞서 '2.3.3.1. 남성명사의 여격'에서 설명한 것처럼, 복수 여격의 경우, 뒤따르는 단어가 모음으로 시작하거나, 이 단어로 문장이 끝날 때는 자음 ν가 추가된다. πᾶσι로 문장이 끝나거나, 뒤따르는 단어가 모음이면 πᾶς의 복수 여격은 πᾶσιν이 된다.

여격, 대격, 호격 형태인 δόξα, δόξης, δόξῃ, δόξαν, δόξα를 함께 붙여보자. 그러면, πᾶσα δόξα, πάσης δόξης, πάσῃ δόξῃ, πᾶσαν δόξαν, πᾶσα δόξα이다. 의미는 '모든 영광이, 모든 영광의, 모든 영광에, 모든 영광을, 모든 영광아' 와 같이 된다.

여성 복수형의 경우, πᾶς와 ἡμέρα의 어미가 같다. 함께 적어보면, πᾶσαι δόξαι, πασῶν δόξῶν, πάσαις δόξαις, πάσας δόξας, πᾶσαι δόξαι가 된다. 의미는 '모든 영광들이, 모든 영광들의, 모든 영광들에게, 모든 영광들을, 모든 영광들아' 이다.

이제 πᾶς의 중성 변화를 살펴보자. πᾶς가 중성명사와 함께 쓰이면 중성명사처럼 변하여, 단수 주격, 속격, 여격, 대격, 호격이 πᾶν, παντός, παντί, πᾶν, πᾶν 이다. 변화형에서 두 가지 특징을 읽을 수 있다. 첫째, 주격과 대격과 호격이 같은 형태를 갖는다. 둘째, 속격과 여격이 남성과 형태가 같다. 전체적으로 πατήρ와 비슷하게 변하지만, 중성명사이기에 주격과 대격과 호격 형태가 같다.

πᾶς 중성 단수형과 '영' 을 의미하는 중성명사 πνεῦμα의 단수형을 나란히 쓰면, πᾶν πνεῦμα, παντὸς πνεύματος, παντὶ πνεύματι, πᾶν πνεῦμα, πᾶν πνεῦμα가 된다. 잘 보면, 남성 단수 속격 및 여격에서와 같이, 끝음절에 있는 악센트 애큐트가 그레이브로 바뀐 것을 알 수 있다. 의미는 '모든 영이, 모든 영의, 모든 영에게, 모든 영을, 모든 영아' 이다.

마지막으로, πᾶς 중성 복수형과 πνεῦμα의 복수형을 나란히 써보면, πάντα πνεύματα, πάντων πνευμάτων, πᾶσι πνεύμασι, πάντα πνεύματα, πάντα πνεύματα가 된다. 의미는 '모든 영들이, 모든 영들의, 모든 영들에게, 모든 영들을, 모든 영들아' 이다.

이처럼 형용사 πᾶς는 수식하는 명사에 따라 성과 수와 격이 바뀐다. 어떨 때는 수식하는 명사와 어미가 같고 어떨 때는 같지 않고 비슷하다. 앞서 소개된 어떤 단어도

πᾶς 는 수식할 수 있다. 이 부분은 연습문제를 통해 확인해보자.

3.1.2. 연습문제

※ 아래 표현을 해석하시오.

πάντα ἄνθρωπον (요 1:9; 골 1:28)
πᾶς λόγος (엡 4:29)
πᾶσαν πίστιν (딛 2:10)
πᾶσα βασιλεία (마 12:25; 눅 11:17)
παντὸς ὀνόματος (엡 1:21)
πᾶν στόμα (롬 3:19)

※ 아래 표현을 헬라어로 쓰시오.

모든 아들을 (히 12:6)
모든 형제들이 (갈 1:2)
모든 죄가 (마 12:31)
모든 날을 (행 17:17; 롬 14:5)
모든 피가 (마 23:35)
모든 자녀들이 (롬 9:7)

3.2. 어간이 ρ 외의 자음으로 끝나는 형용사

어간이 ρ 외의 자음으로 끝나는 형용사는 어미가 ος 로 끝나는 남성명사, 어미가 η 로 끝나면서 본래 어간이 드러나지 않는 여성명사, 어미가 ον 으로 끝나는 중성명사와 같이 변한다. 앞서 살펴본 남성명사 가운데 어미가 ος 인 단어는 θεός, κύριος, ἄνθρωπος, υἱός, ἀδελφός, λόγος, οὐρανός 였다. 또한 앞서 살펴본 중성명사 가운데 어미가 ον 인 단어는 ἔργον, τέκνον, σημεῖον, εὐαγγέλιον 이었다. 한편, '어미가 η 로 끝나면서 본래 어간이 드러나지 않는 여성명사' 는 아직 배우지 않았다.[14] 이런 여성명사는 ἡμέρα와 비슷하게 변한다. 그럼, 실제 단어를 통해 배워보자.

그리고 이제는 '변한다.' 하는 표현과 더불어 '곡용된다.' 하는 표현도 같이 사용하려고 한다. '곡용'이 더 전문적인 표현이기 때문이다. '곡용(曲用)'은 '명사, 형용사, 관사, 대명사의 어미변화'를 지칭한다.

앞서 나열한 '신약성경에서 가장 많이 쓰이는 30개의 형용사' 가운데 '어간이 ρ 외의 자음으로 끝나는 형용사'로 분류될 단어는 πολύς, μέγας, ὅλος, ἀγαθός, καλός, πρῶτος, ἕκαστος, πιστός, ἀγαπητός, μέσος, ἔσχατος, κακός이다. 각 단어의 의미를 먼저 알아보자. 형용사이기 때문에 어떤 단어를 수식하느냐에 따라 우리말로 매우 다양한 뜻을 가질 수 있다.

πολύς	많은, 많이, 여러, 다양한, 큰, 두루, 무척, 심한, 한참, 매우
μέγας	커다란, 큰, 훌륭한, 대단한, 지체 높은
ὅλος	전체, 내내
ἀγαθός	선한
καλός	아름다운, 좋은
πρῶτος	첫, 첫째, 첫째가는, 으뜸이 되는, 지도자, 지난번
ἕκαστος	각, 각각, 각자, 제각기, 제가끔, 저마다
πιστός	신실한, 믿는
ἀγαπητός	사랑하는
μέσος	중앙, 한가운데, 가운데, 배
ἔσχατος	끝, 마지막
κακός	해치는, 해로운, 해, 해악, 악

14) 예로, '기록, 기록된 바, 성경'을 의미하는 γραφή가 있다. 단수는 γραφή, γραφῆς, γραφῇ, γραφήν, γραφή와 같이, 복수는 γραφαί, γραφῶν, γραφαῖς, γραφάς, γραφαί와 같이 변한다 (참. 한 171).

3.2.1. πολύς와 μέγας

위 열두 단어 가운데, πολύς와 μέγας는 남성 단수 주격 형태의 어미가 ος가 아니다. 그럼, 왜 이곳으로 분류했을까? 이유는 남성과 중성의 주격과 대격만 단축 형태로 나타나고 나머지는 모두 '어간이 ρ 외의 자음으로 끝나는 형용사' 처럼 어미가 변하기 때문이다.

본래 πολύς는 πολλός로도 쓰였다. 남성 단수, 주격 속격 여격 대격 호격이 πολλός, πολλοῦ, πολλῷ, πολλόν, πολλέ 형태로도 쓰인 것이다. 그러나 신약성경에는 πολύς, πολλοῦ, πολλῷ, πολύν, πολλέ 형태로 나온다. 주격과 대격에서 단축된 형태로 나타난다. 남성 복수는 단축된 형태로 나타나지 않는다. 복수, 주격 속격 여격 대격 호격 형태는 πολλοί, πολλῶν, πολλοῖς, πολλούς, πολλοί이다. 이제 πολύς를 '말씀' 을 의미하는 남성명사 λόγος와 나란히 써보자. 순서는 명사-형용사 순으로 적는다. 이유는 이 단어가 관사 없이 쓰일 때는 명사 다음에 더 많이 쓰이기 때문이다. 단수의 주격 속격 여격 대격 호격은 λόγος πολύς, λόγου πολλοῦ, λόγῳ πολλῷ, λόγον πολύν, λόγε πολλέ이고, 복수의 주격 속격 여격 대격 호격은 λόγοι πολλοί, λόγων πολλῶν, λόγοις πολλοῖς, λόγους πολλούς, λόγοι πολλοί이다. 의미는 (단수) '많은 말씀이, 많은 말씀의, 많은 말씀에게, 많은 말씀을, 많은 말씀아' , (복수) '많은 말씀들이, 많은 말씀들의, 많은 말씀들에게, 많은 말씀들을, 많은 말씀들아' 와 같이 될 것이다. 물론, 이 가운데 여럿은 쓰이지 않는 표현이다.

여성은 단축된 형태가 없다. 단수, 주격 속격 여격 대격 호격 형태는 πολλή, πολλῆς, πολλῇ, πολλήν, πολλή이고, 복수, 주격 속격 여격 대격 호격 형태는 πολλαί, πολλῶν, πολλαῖς, πολλάς, πολλαί이다. '죄' 를 뜻하는 여성명사 ἁμαρτία와 함께 나란히 써보자. 단수의 주격 속격 여격 대격 호격은 ἁμαρτία πολλή, ἁμαρτίας πολλῆς, ἁμαρτίᾳ πολλῇ, ἁμαρτίαν πολλήν, ἁμαρτία πολλή이고, 의미는 '많은 죄가, 많은 죄의, 많은 죄에게, 많은 죄를, 많은 죄야' 와 같

이 될 것이다. 복수의 주격 속격 여격 대격 호격은 ἁμαρτίαι πολλαί, ἁμαρτιῶν πολλῶν, ἁμαρτίαις πολλαῖς, ἁμαρτίας πολλάς, ἁμαρτίαι πολλαί이고, 의미는 '많은 죄들이, 많은 죄들의, 많은 죄들에게, 많은 죄들을, 많은 죄들아' 와 같이 될 것이다.

중성은 남성처럼 단수 주격과 단수 대격에서 단축된 형태가 나타난다. 단수, 주격 속격 여격 대격 호격은 πολύ, πολλοῦ, πολλῷ, πολύ, πολύ이다. 복수, 주격 속격 여격 대격 호격은 πολλά, πολλῶν, πολλοῖς, πολλά, πολλά이다. 여기에 '이름' 을 의미하는 ὄνομα를 나란히 써보자. πολύς의 의미는 결합되는 단어를 고려하여 '큰, 다양한' 으로 번역한다. 우선, 단수의 주격 속격 여격 대격 호격 형태는 ὄνομα πολύ, ὀνόματος πολλοῦ, ὀνόματι πολλῷ, ὄνομα πολύ, ὄνομα πολύ이고, 의미는 '큰 이름이, 큰 이름의, 큰 이름으로, 큰 이름을, 큰 이름아' 정도가 될 것이다. 복수, 주격 속격 여격 대격 호격은 용례를 고려하여 '형용사 - 명사' 순으로 적어보면, πολλὰ ὀνόματα, πολλῶν ὀνομάτων, πολλοῖς ὀνόμασι, πολλὰ ὀνόματα, πολλὰ ὀνόματα이다. 주격과 대격과 호격에서 악센트 애큐트가 그레이브로 바뀌었다. 의미는 '다양한 이름들이, 다양한 이름들의, 다양한 이름들에게, 다양한 이름들을, 다양한 이름들아' 정도가 될 것이다.

이제, μέγας의 곡용을 살펴본다. μέγας는 πολύς와 달리, μεγάλος의 형태로는 쓰이지 않는다. 남성의 주격, 대격과 중성의 주격, 대격, 호격에서 단축된 형태로만 쓰인다. μέγας가 명사를 수식할 때, 명사 앞에 오기보다 뒤에 오는 비율이 πολύς보다도 더 높기에, '명사-형용사' 순서로 배열한다. 남성명사는 '하나님' 을 의미하는 θεός와, 여성명사는 '성, 도시' 를 의미하는 πόλις와, 중성명사는 '표적' 을 의미하는 σημεῖον과 나란히 써본다. 순서는 남성 여성 중성 순이고, 단수 복수 순이며, 주격 속격 여격 대격 호격 순이다.

θεὸς μέγας	크신 하나님께서
θεοῦ μεγάλου	크신 하나님의

θεῷ μεγάλῳ	크신 하나님께
θεὸν μέγαν	크신 하나님을
θεὲ μεγάλε	크신 하나님이시여
θεοὶ μεγάλοι	대단한 신들이
θεῶν μεγάλων	대단한 신들의
θεοῖς μεγάλοις	대단한 신들에게
θεοὺς μεγάλους	대단한 신들을
θεοὶ μεγάλοι	대단한 신들아
πόλις μεγάλη	큰 성이
πόλεως μεγάλης	큰 성의
πόλει μεγάλῃ	큰 성에게
πόλιν μεγάλην	큰 성을
πόλι μεγάλη	큰 성아
πόλεις μεγάλαι	큰 성들이
πόλεων μεγάλων	큰 성들의
πόλεσι μεγάλαις	큰 성들에게
πόλεις μεγάλας	큰 성들을
πόλεις μεγάλαι	큰 성들아
σημεῖον μέγα	대단한 표적이
σημείου μεγάλου	대단한 표적의
σημείῳ μεγάλῳ	대단한 표적으로[15)]
σημεῖον μέγα	대단한 표적을
σημεῖον μέγα	대단한 표적아

15) '수단'을 의미하는 여격으로 번역하였다.

σημεῖα μεγάλα 대단한 표적들이
σημείων μεγάλων 대단한 표적들의
σημείοις μεγάλοις 대단한 표적들로
σημεῖα μεγάλα 대단한 표적들을
σημεῖα μεγάλα 대단한 표적들아

3.2.2. ὅλος와 ἕκαστος와 μέσος

이 세 단어 모두 '어간이 ρ 외의 자음으로 끝나는 형용사'로, 어미가 ος로 끝나는 남성명사, 어미가 η로 끝나면서 본래 어간이 드러나지 않는 여성명사, 어미가 ον으로 끝나는 중성명사와 같이 변한다. 그런데, 각각 '전체, 각자, 한가운데'와 같이 의미가 독특하여 대부분 관사와 함께 쓰인다. 관사와 함께 쓰이는 용례는 다음 장에서 살펴보도록 한다. 여기서는 단어마다 하나의 단어와 연결해본다. 우선, ὅλος를 남성명사 ἄνθρωπος, 여성명사 πόλις, 중성명사 ἔργον과 나란히 써본다.

ὅλος ἄνθρωπος 사람 전체가
ὅλου ἀνθρώπου 사람 전체의
ὅλῳ ἀνθρώπῳ 사람 전체에게
ὅλον ἄνθρωπον 사람 전체를
ὅλε ἄνθρωπε 사람 전체야

ὅλοι ἄνθρωποι 사람 전체들이
ὅλων ἀνθρώπων 사람 전체들의
ὅλοις ἀνθρώποις 사람 전체들에게
ὅλους ἀνθρώπους 사람 전체들을
ὅλοι ἄνθρωποι 사람 전체들아

ὅλη πόλις 도시 전체가
ὅλης πόλεως 도시 전체의

ὅλῃ πόλει 도시 전체에게
ὅλην πόλιν 도시 전체를
ὅλη πόλι 도시 전체야

ὅλαι πόλεις 도시 전체들이
ὅλων πόλεων 도시 전체들의
ὅλαις πόλεσι 도시 전체들에게
ὅλας πόλεις 도시 전체들을
ὅλαι πόλεις 도시 전체들아

ὅλον ἔργον 일 전체가
ὅλου ἔργου 일 전체의
ὅλῳ ἔργῳ 일 전체로[16]
ὅλον ἔργον 일 전체를
ὅλον ἔργον 일 전체야

ὅλα ἔργα 일 전체들이
ὅλων ἔργων 일 전체들의
ὅλοις ἔργοις 일 전체들로[17]
ὅλα ἔργα 일 전체들을
ὅλα ἔργα 일 전체들아

이제 μέσος는 '날, 낮'을 뜻하는 여성명사 ἡμέρα와, ἕκαστος는 '민족'을 뜻하는 중성명사 ἔθνος과 나란히 써본다.

μέση ἡμέρα 낮의 한가운데가, 한낮이
μέσης ἡμέρας 낮의 한가운데의, 한낮의

16) '수단'을 의미하는 여격으로 번역하였다.
17) '수단'을 의미하는 여격으로 번역하였다.

μέσῃ ἡμέρᾳ	낮의 한가운데에, 한낮에[18]
μέσην ἡμέραν	낮의 한가운데를, 한낮을
μέση ἡμέρα	낮의 한가운데야, 한낮아
μέσαι ἡμέραι	낮의 한가운데들이, 한낮들이
μέσων ἡμερῶν	낮의 한가운데들의, 한낮들의
μέσαις ἡμέραις	낮의 한가운데들에, 한낮들에
μέσας ἡμέρας	낮의 한가운데들을, 한낮들을
μέσαι ἡμέραι	낮의 한가운데들아, 한낮들아
ἕκαστον ἔθνος	각각의 민족이
ἑκάστου ἔθνους	각각의 민족의
ἑκάστῳ ἔθνει	각각의 민족에게
ἕκαστον ἔθνος	각각의 민족을
ἕκαστον ἔθνος	각각의 민족아
ἕκαστα ἔθνη	각각의 민족들이
ἑκάστων ἐθνῶν	각각의 민족들의
ἑκάστοις ἔθνεσι	각각의 민족들에게
ἕκαστα ἔθνη	각각의 민족들을
ἕκαστα ἔθνη	각각의 민족들아

3.2.3. 어간이 ρ 외의 자음으로 끝나는 형용사 나머지

이제 '어간이 ρ 외의 자음으로 끝나는 형용사'로 분류되는 열두 개의 단어 가운데 나머지 일곱 단어의 변화를 살펴보자. 지금까지 πολύς, μέγας, ὅλος, ἕκαστος, μέσος 이상 다섯 단어의 변화를 살펴보았기 때문에, 남은 일곱 단어는 ἀγαθός,

18) '시간'을 의미하는 여격으로 번역하였다.

καλός, πρῶτος, πιστός, ἀγαπητός, ἔσχατος, κακός이다. 일곱 단어 모두 '어간이 ρ 외의 자음으로 끝나는 형용사'이기에, 어미가 ος로 끝나는 남성명사, 어미가 η로 끝나면서 본래 어간이 드러나지 않는 여성명사, 어미가 ον으로 끝나는 중성명사와 같이 변한다.

이 단어들을 의미를 고려하여, 첫째, ἀγαθός와 κακός, 둘째, πρῶτος와 ἔσχατος, 셋째, καλός, πιστός와 ἀγαπητός로 분류해 볼 수 있다. 먼저, '선한'의 뜻을 가진 ἀγαθός와 '해치는, 해, 해악, 악'의 의미를 갖는 κακός를 '부인, 여자'를 뜻하는 γυνή 및 '아들'을 뜻하는 υἱός와 함께 나란히 써본다. 둘 다 명사+형용사 순서가 더 많이 쓰이기에 그 순서로 써보자.

γυνὴ ἀγαθή	선한 부인이
γυναικὸς ἀγαθῆς	선한 부인의
γυναικὶ ἀγαθῇ	선한 부인에게
γυναῖκα ἀγαθήν	선한 부인을
γύναι ἀγαθή	선한 부인아
γυναῖκες ἀγαθαί	선한 부인들이
γυναικῶν ἀγαθῶν	선한 부인들의
γυναιξὶ ἀγαθαῖς	선한 부인들에게
γυναίκας ἀγαθάς	선한 부인들을
γυναῖκες ἀγαθαί	선한 부인들아

γυνὴ, γυναικὸς, γυναικὶ, γυναιξὶ와 같이, 끝음절에 있는 악센트 애큐트가 이어지는 단어가 있어서 악센트 그레이브로 바뀌었다.

υἱὸς κακός	해치는 아들이
υἱοῦ κακοῦ	해치는 아들의
υἱῷ κακῷ	해치는 아들에게

υἱὸν κακόν	해치는 아들을
υἱὲ κακέ	해치는 아들아

υἱοὶ κακοί	해치는 아들들이
υἱῶν κακῶν	해치는 아들들의
υἱοῖς κακοῖς	해치는 아들들에게
υἱοὺς κακούς	해치는 아들들을
υἱοὶ κακοί	해치는 아들들아

υἱὸς, υἱὸν, υἱὲ, υἱοὶ, υἱοὺς도 이어지는 단어가 있어서 악센트 애큐트가 그레이브로 바뀌었다.

둘째로, '첫, 첫째, 첫째가는, 으뜸이 되는, 지도자, 지난번'을 뜻하는 πρῶτος와 '끝, 마지막'을 뜻하는 ἔσχατος를 '하늘'을 의미하는 οὐρανός 및 '날, 낮'을 의미하는 ἡμέρα와 나란히 써보자. 신약성경에서의 용례를 고려하여 더 많이 쓰이는 순서를 따라, πρῶτος는 명사+형용사 순으로, ἔσχατος는 형용사+명사 순으로 배열한다.

οὐρανὸς πρῶτος	처음 하늘이
οὐρανοῦ πρώτου	처음 하늘의
οὐρανῷ πρώτῳ	처음 하늘로
οὐρανὸν πρῶτον	처음 하늘을
οὐρανὲ πρῶτε	처음 하늘아

οὐρανοὶ πρῶτοι	처음 하늘들이
οὐρανῶν πρώτων	처음 하늘들의
οὐρανοῖς πρώτοις	처음 하늘들로
οὐρανοὺς πρώτους	처음 하늘들을
οὐρανοὶ πρῶτοι	처음 하늘들아

이어지는 단어가 있기에, οὐρανὸς, οὐρανὸν, οὐρανὲ, οὐρανοὶ, οὐρανοὺς 의 끝음절의 악센트가 그레이브로 바뀌었다.

ἐσχάτη ἡμέρα	마지막 날이
ἐσχάτης ἡμέρας	마지막 날의
ἐσχάτῃ ἡμέρᾳ	마지막 날에[19]
ἐσχάτην ἡμέραν	마지막 날을
ἐσχάτη ἡμέρα	마지막 날아

ἔσχαται ἡμέραι	마지막 날들이
ἐσχάτων ἡμερῶν	마지막 날들의
ἐσχάταις ἡμέραις	마지막 날들에[20]
ἐσχάτας ἡμέρας	마지막 날들을
ἔσχαται ἡμέραι	마지막 날들아

셋째로, '아름다운, 좋은' 을 뜻하는 καλός, '신실한, 믿는' 을 뜻하는 πιστός 와 '사랑하는' 을 의미하는 ἀγαπητός 를 각각, '일, 행위' 를 뜻하는 중성명사 ἔργον, '형제' 를 뜻하는 남성명사 ἀδελφός, '아이, 자녀' 를 의미하는 중성명사 τέκνον 과 함께 배열해보자. 신약성경 용례에 기초하여 καλός, πιστός, ἀγαπητός 세 단어 모두 형용사+명사 순으로 배열한다.

καλὸν ἔργον	아름다운 행위가
καλοῦ ἔργου	아름다운 행위의
καλῷ ἔργῳ	아름다운 행위로[21]
καλὸν ἔργον	아름다운 행위를
καλὸν ἔργον	아름다운 행위야

19) '시간' 을 의미하는 여격으로 번역하였다.
20) '시간' 을 의미하는 여격으로 번역하였다.
21) '수단' 을 의미하는 여격으로 번역하였다.

καλὰ ἔργα	좋은 일들이
καλῶν ἔργων	좋은 일들의
καλοῖς ἔργοις	좋은 일들로[22]
καλὰ ἔργα	좋은 일들을
καλὰ ἔργα	좋은 일들아

뒤따라오는 단어가 있기에, καλὸν, καλὰ의 끝음절에 있는 악센트가 그레이브이다.

πιστὸς ἀδελφός	신실한 형제가
πιστοῦ ἀδελφοῦ	신실한 형제의
πιστῷ ἀδελφῷ	신실한 형제에게
πιστὸν ἀδελφόν	신실한 형제를
πιστὲ ἀδελφέ	신실한 형제야

πιστοὶ ἀδελφοί	믿는 형제들이
πιστῶν ἀδελφῶν	믿는 형제들의
πιστοῖς ἀδελφοῖς	믿는 형제들에게
πιστοὺς ἀδελφούς	믿는 형제들을
πιστοὶ ἀδελφοί	믿는 형제들아

뒤따라오는 단어가 있기에, πιστὸς, πιστὸν, πιστὲ, πιστοὶ, πιστοὺς의 끝음절에 있는 악센트가 그레이브이다.

ἀγαπητὸν τέκνον	사랑하는 아이가
ἀγαπητοῦ τέκνου	사랑하는 아이의
ἀγαπητῷ τέκνῳ	사랑하는 아이에게

---

22) '수단'을 의미하는 여격으로 번역하였다.

ἀγαπητὸν τέκνον	사랑하는 아이를
ἀγαπητὸν τέκνον	사랑하는 아이야
ἀγαπητὰ τέκνα	사랑하는 자녀들아
ἀγαπητῶν τέκνων	사랑하는 자녀들의
ἀγαπητοῖς τέκνοις	사랑하는 자녀들에게
ἀγαπητὰ τέκνα	사랑하는 자녀들을
ἀγαπητὰ τέκνα	사랑하는 자녀들아

뒤따라오는 단어가 있기에, ἀγαπητὸν, ἀγαπητὰ의 끝음절에 있는 악센트가 그레이브이다.

3.3. 어간이 ε, ι, ρ로 끝나는 형용사

가장 빈번하게 사용된 서른 개 형용사 가운데 '어간이 ε, ι, ρ로 끝나는 형용사'는 모두 열 개로, ἅγιος, Ἰουδαῖος, νεκρός, ἴδιος, ἕτερος, δίκαιος, πονηρός, αἰώνιος, πρεσβύτερος, δεξιός이다. 남성은 어미가 ος인 남성명사와 같이, 여성은 어미가 α인 여성명사와 같이, 중성은 어미가 ον인 중성명사와 같이 곡용된다. 여성 어미변화는 발음 측면에서 생각하면 쉽게 이해된다. ε, ι, ρ 다음에 η를 이어 발음하기가 어렵기 때문이다. 한편, 각 단어의 의미는 다음과 같다.

ἅγιος	거룩한
Ἰουδαῖος	유대인, 유대의, 유대 지역의
νεκρός	죽은, 죽은 자
ἴδιος	자기의, 자신의, 당신의, 자기네, 아는 사람, 동료
ἕτερος	전혀 다른, 다른, 그밖에 ~이들
δίκαιος	의로운, 올바른
πονηρός	나쁜, 악한
αἰώνιος	영원한

πρεσβύτερος 장로, 늙은이, 노인장
δεξιός 오른, 오른쪽

이 가운데 ἅγιος, Ἰουδαῖος, ἴδιος, δίκαιος, αἰώνιος, δεξιός는 어간이 모음 ι로 끝나는 형용사이고, νεκρός, ἕτερος, πονηρός, πρεσβύτερος는 어간이 자음 ρ로 끝나는 형용사이다. 그러면, 형태를 따라 둘로 나누어 살펴본다.

3.3.1. 어간이 모음 ι로 끝나는 형용사

여섯 개 형용사를 명사 하나씩 연결하여, ἅγιος는 '주, 주님, 주인'을 뜻하는 κύριος와, Ἰουδαῖος는 '부인, 여자'를 뜻하는 γυνή와, ἴδιος는 '피'를 뜻하는 αἷμα와, δίκαιος는 '아버지'를 뜻하는 πατήρ와, αἰώνιος는 '복음, 좋은 소식'을 뜻하는 εὐαγγέλιον과, δεξιός는 '손'을 뜻하는 χείρ와 나란히 써보자. 순서는 신약성경 용례를 고려하여, ἅγιος, Ἰουδαῖος, δίκαιος, αἰώνιος는 명사+형용사 순으로, ἴδιος, δεξιός는 형용사+명사 순으로 나열한다.

κύριος ἅγιος 거룩하신 주님께서
κυρίου ἁγίου 거룩하신 주님의
κυρίῳ ἁγίῳ 거룩하신 주님께
κύριον ἅγιον 거룩하신 주님을
κύριε ἅγιε 거룩하신 주님

κύριοι ἅγιοι 거룩한 주인들이
κυρίων ἁγίων 거룩한 주인들의
κυρίοις ἁγίοις 거룩한 주인들에게
κυρίους ἁγίους 거룩한 주인들을
κύριοι ἅγιοι 거룩한 주인들이여

γυνὴ Ἰουδαία 유대인 여자가
γυναικὸς Ἰουδαίας 유대인 여자의
γυναικὶ Ἰουδαίᾳ 유대인 여자에게
γυναῖκα Ἰουδαίαν 유대인 여자를
γύναι Ἰουδαία 유대인 여자야

γυναῖκες Ἰουδαίαι 유대인 여자들이
γυναικῶν Ἰουδαίων 유대인 여자들의
γυναιξὶ Ἰουδαίαις 유대인 여자들에게
γυναίκας Ἰουδαίας 유대인 여자들을
γυναῖκες Ἰουδαίαι 유대인 여자들아

뒤따라오는 단어가 있기에, γυνὴ, γυναικὸς, γυναικὶ, γυναιξὶ의 끝음절에 있는 악센트가 그레이브이다.

ἴδιον αἷμα 자기 피가
ἰδίου αἵματος 자기 피의
ἰδίῳ αἵματι 자기 피로[23)]
ἴδιον αἷμα 자기 피를
ἴδιον αἷμα 자기 피여

ἴδια αἵματα 자기 피들이
ἰδίων αἱμάτων 자기 피들의
ἰδίοις αἵμασι 자기 피들로[24)]
ἴδια αἵματα 자기 피들을
ἴδια αἵματα 자기 피들아

---

23) '수단'을 의미하는 여격으로 번역하였다.

24) '수단'을 의미하는 여격으로 번역하였다.

πατὴρ δίκαιος	의로우신 아버지께서
πατρὸς δικαίου	의로우신 아버지의
πατρὶ δικαίῳ	의로우신 아버지께
πατέρα δίκαιον	의로우신 아버지를
πάτερ δίκαιε	의로우신 아버지
πατέρες δίκαιοι	의로운 아버지들이
πατέρων δικαίων	의로운 아버지들의
πατράσι δικαίοις	의로운 아버지들에게
πατέρας δικαίους	의로운 아버지들을
πατέρες δίκαιοι	의로운 아버지들

뒤따라오는 단어가 있기에, πατὴρ, πατρὸς, πατρὶ의 끝음절에 있는 악센트가 그레이브이다.

εὐαγγέλιον αἰώνιον	영원한 복음이
εὐαγγελίου αἰωνίου	영원한 복음의
εὐαγγελίῳ αἰωνίῳ	영원한 복음으로[25)]
εὐαγγέλιον αἰώνιον	영원한 복음을
εὐαγγέλιον αἰώνιον	영원한 복음아
εὐαγγέλια αἰώνια	영원한 좋은 소식들이
εὐαγγελίων αἰωνίων	영원한 좋은 소식들의
εὐαγγελίοις αἰωνίοις	영원한 좋은 소식들로
εὐαγγέλια αἰώνια	영원한 좋은 소식들을
εὐαγγέλια αἰώνια	영원한 좋은 소식들아

25) '수단'을 의미하는 여격으로 번역하였다.

δεξιὰ χείρ	오른쪽 손이
δεξιᾶς χειρός	오른쪽 손의
δεξιᾷ χειρί	오른쪽 손으로[26]
δεξιὰν χεῖρα	오른쪽 손을
δεξιὰ χείρ	오른손아

δεξιαὶ χεῖρες	오른쪽 손들이
δεξιῶν χειρῶν	오른쪽 손들의
δεξιαῖς χερσί	오른쪽 손들로
δεξιὰς χεῖρας	오른쪽 손들을
δεξιαὶ χεῖρες	오른쪽 손들아

뒤따라오는 단어가 있기에, δεξιὰ, δεξιὰς, δεξιὰν, δεξιαὶ의 끝음절에 있는 악센트가 그레이브이다.

3.3.2. 어간이 자음 ρ로 끝나는 형용사

어간이 자음 ρ로 끝나는 형용사인 νεκρός, ἕτερος, πονηρός, πρεσβύτερος도 남성은 어미가 ος인 남성명사와 같이, 여성은 어미가 α인 여성명사와 같이, 중성은 어미가 ον인 중성명사와 같이 곡용된다. 각각 νεκρός는 '몸'을 의미하는 σῶμα와, ἕτερος는 '복음, 좋은 소식'을 의미하는 εὐαγγέλιον과, πονηρός는 '마음'을 의미하는 καρδία와, πρεσβύτερος는 '형제'를 의미하는 ἀδελφός와 나란히 써본다. 순서는 신약성경 용례를 고려하여, νεκρός, ἕτερος, πρεσβύτερος는 형용사+명사 순으로, πονηρός는 명사+형용사 순으로 나열한다.

---

26) '수단'을 의미하는 여격으로 번역하였다. 앞으로 '수단'을 의미하는 여격에 따로 각주를 추가하지는 않는다. 충분히 숙지했을 것으로 여기기 때문이다.

νεκρὸν σῶμα	죽은 몸이
νεκροῦ σώματος	죽은 몸의
νεκρῷ σώματι	죽은 몸으로
νεκρὸν σῶμα	죽은 몸을
νεκρὸν σῶμα	죽은 몸아
νεκρὰ σώματα	죽은 몸들이
νεκρῶν σωμάτων	죽은 몸들의
νεκροῖς σώμασι	죽은 몸들로
νεκρὰ σώματα	죽은 몸들을
νεκρὰ σώματα	죽은 몸들아

뒤따라오는 단어가 있기에, νεκρὸν, νεκρὰ의 끝음절에 있는 악센트가 그레이브이다.

ἕτερον εὐαγγέλιον	전혀 다른 복음이
ἑτέρου εὐαγγελίου	전혀 다른 복음의
ἑτέρῳ εὐαγγελίῳ	전혀 다른 복음으로
ἕτερον εὐαγγέλιον	전혀 다른 복음을
ἕτερον εὐαγγέλιον	전혀 다른 복음아
ἕτερα εὐαγγέλια	전혀 다른 복음들이
ἑτέρων εὐαγγελίων	전혀 다른 복음들의
ἑτέροις εὐαγγελίοις	전혀 다른 복음들로
ἕτερα εὐαγγέλια	전혀 다른 복음들을
ἕτερα εὐαγγέλια	전혀 다른 복음들아
καρδία πονηρά	나쁜 마음이
καρδίας πονηρᾶς	나쁜 마음의
καρδίᾳ πονηρᾷ	나쁜 마음으로

καρδίαν πονηράν	나쁜 마음을
καρδία πονηρά	나쁜 마음아
καρδίαι πονηραί	나쁜 마음들이
καρδιῶν πονηρῶν	나쁜 마음들의
καρδίαις πονηραῖς	나쁜 마음들로
καρδίας πονηράς	나쁜 마음들을
καρδίαι πονηραί	나쁜 마음들아
πρεσβύτερος ἀδελφός	장로 형제가
πρεσβυτέρου ἀδελφοῦ	장로 형제의
πρεσβυτέρῳ ἀδελφῷ	장로 형제에게
πρεσβύτερον ἀδελφόν	장로 형제를
πρεσβύτερε ἀδελφέ	장로 형제야
πρεσβύτεροι ἀδελφοί	장로 형제들이
πρεσβυτέρων ἀδελφῶν	장로 형제들의
πρεσβυτέροις ἀδελφοῖς	장로 형제들에게
πρεσβυτέρους ἀδελφούς	장로 형제들을
πρεσβύτεροι ἀδελφοί	장로 형제들아

3.4. 수 형용사

이제, 신약성경에서 가장 빈번하게 쓰이는 서른 개 형용사 가운데, '수 형용사'만 살펴보면 된다. εἷς, οὐδείς, δύο, μηδείς, ἑπτά, δώδεκα, τρεῖς이다. 이 단어들이 호격으로는 쓰이지 않기에, 주격, 속격, 여격, 대격 형태만 살펴보도록 한다. 각 단어의 의미는 다음과 같다.

εἷς	하나, 각, 누구, 어느
οὐδείς	아무, 아무 짓, 아무 일, 아무 것, 어느 누구도 ~ 않다, 어느 누구도 없다.

δύο	둘, 두, 2
μηδείς	아무도, 아무 ~말고
ἑπτά	일곱, 칠, 7
δώδεκα	열두, 12
τρεῖς	셋, 삼, 3

3.4.1. εἷς

숫자 εἷς는 신약성경에서 세 번째로 많이 쓰이는 형용사로(345회), '하나'를 뜻하므로 단수형만 있고 복수형은 없다. 남성은 πατήρ처럼, 여성은 καρδία처럼, 중성은 ἔθνος처럼 변한다.

남성의 주격, 속격, 여격, 대격 형태는 εἷς, ἑνός, ἑνί, ἕνα이고, 여성의 주격, 속격, 여격, 대격 형태는 μία, μιᾶς, μιᾷ, μίαν이며, 중성의 주격, 속격, 여격, 대격 형태는 ἕν, ἑνός, ἑνί, ἕν이다. 잘 보면, 여느 형용사처럼, 남성 속격형과 중성 속격형이 같고, 남성 여격형과 중성 여격형이 같다.

그럼, 남성은 πατήρ와, 여성은 καρδία와, 중성은 στόμα와 나란히 써보자. 순서는 신약성경 용례를 따라, 형용사 + 명사 순으로 나열한다.

εἷς πατήρ	한 분 아버지께서
ἑνὸς πατρός	한 분 아버지의
ἑνὶ πατρί	한 분 아버지께
ἕνα πατέρα	한 분 아버지를

μία καρδία	하나의 마음이
μιᾶς καρδίας	한마음의
μιᾷ καρδίᾳ	하나의 마음으로
μίαν καρδίαν	하나의 마음을

ἓν στόμα	입 하나가
ἑνὸς στόματος	입 하나의
ἑνὶ στόματι	입 하나로
ἓν στόμα	입 하나를

뒤따라오는 단어가 있기에, ἑνὸς, ἑνὶ, ἓν의 끝음절에 있는 악센트가 그레이브이다.

3.4.2. οὐδείς와 μηδείς

신약성경에 227회 나오는 οὐδείς와 90회 쓰이는 μηδείς는 εἷς처럼 변한다. οὐδείς와 μηδείς는 명사와 함께 쓰이기보다는 홀로 쓰이는 경우가 많지만, 이곳에서는 명사와 나란히 써보도록 하자. οὐδείς는 θεός와, μηδείς는 ἔργον과 나란히 써보자. 순서는 신약성경의 용례를 따라, 형용사 + 명사 순으로 나열한다.

οὐδεὶς θεός	어느 신도 (없다)
οὐδενὸς θεοῦ	어느 신의 (없다)
οὐδενὶ θεῷ	어느 신에게 (없다)
οὐδένα θεόν	어느 신을 (없다)

μηδὲν ἔργον	아무 일이 (없다)
μηδενὸς ἔργου	아무 일의 (없다)
μηδενὶ ἔργῳ	아무 일로도 (없다)
μηδὲν ἔργον	아무 일을 (없다)

뒤따라오는 단어가 있기에, οὐδεὶς, οὐδενὸς, οὐδενὶ, μηδὲν, μηδενὸς, μηδενὶ의 끝음절에 있는 악센트가 그레이브이다.

3.4.3. δύο, τρεῖς, ἑπτά, δώδεκα

이제 남은 것은 숫자 '둘, 셋, 일곱, 열둘'을 의미하는 단어들이다. 이 가운데 '일곱'을 뜻하는 ἑπτά와 '열둘'을 뜻하는 δώδεκα의 '수'는 복수이고, '성'과 '격'에 따라 변하지 않는다.

'둘'을 의미하는 δύο는 '격'에 따라서만 변한다. 주격, 속격, 여격, 대격 순으로 δύο, δύο, δυσί, δύο이다. 여격만 형태가 다르다. 여격의 경우, 뒤따르는 단어가 모음으로 시작하거나, 이 단어로 문장이 끝날 때는 자음 ν가 추가되어 δυσίν이 된다.

'셋'을 의미하는 τρεῖς도 '격'에 따라 변하는데, 남성과 여성이 한 가지 형태로, 중성이 한 가지 형태로 변한다. 남성과 여성의 주격, 속격, 여격, 대격은 τρεῖς, τριῶν, τρισί, τρεῖς이고, 중성의 주격, 속격, 여격, 대격은 τρία, τριῶν, τρισί, τρία이다. 잘 보면, 각각 주격과 대격 형태가 같고, 속격과 여격 형태는 성에 따라 다르지 않다. 또한, 여격의 경우는, 뒤따르는 단어가 모음으로 시작하거나 이 단어로 문장이 끝날 때, 자음 ν가 추가되어 τρισίν이 된다.

그럼, δύο는 남성명사 υἱός와, τρεῖς는 여성명사 ἡμέρα 및 중성명사 πνεῦμα와 나란히 써보자. 순서는 신약성경의 용례를 따라, 형용사+명사 순으로 나열한다. 두 단어 모두 복수이므로, 단수의 예는 제시하지 않는다.

δύο υἱοί	두 아들들이
δύο υἱῶν	두 아들들의
δυσὶν υἱοῖς	두 아들들에게
δύο υἱούς	두 아들들을

뒤따라오는 단어가 있기에, δυσὶν의 끝음절에 있는 악센트가 그레이브이다. 그리고 한국어 어법상 '두 아들이'와 같은 형태가 자연스러우나, 굳이 '복수(複數)'의 뜻을 더하는 접미사 '들'을 첨가하여 '두 아들들이'와 같이 표현해 보았다.

τρεῖς ἡμέραι	사흘이
τριῶν ἡμερῶν	사흘의
τρισὶν ἡμέραις	사흘에
τρεῖς ἡμέρας	사흘을

'세 날'을 의미하는 '사흘'이라는 단어가 있어서 번역에 사용하였다.

τρία πνεύματα	세 영들이
τριῶν πνευμάτων	세 영들의
τρισὶ πνεύμασι	세 영들로
τρία πνεύματα	세 영들을

3.5. 연습문제

※ 다음 구의 뜻을 쓰되, 성과 수와 격을 고려하여 쓰시오.

πόλεις πάσας (마 9:35; 행 8:40)

θεοὶ πολλοὶ (고전 8:5)

σημεῖα μεγάλα (마 24:24; 눅 21:11; 행 6:8; 계 13:13)

ἁγίαν πόλιν (마 4:5; 27:53)

πνεῦμα ἅγιον (눅 1:35; 행 19:2)

δύο ἀδελφούς (마 4:18, 21)

※ 다음의 의미를 갖는 헬라어 구를 쓰시오.

모든 성이, 모든 도시가 (마 12:25)

많은 표적들을 (요 11:47)

큰 표적이 (계 12:1)

좋은 날들을 (벧전 3:10)

악한 영들의 (눅 7:21; 8:2)

세 영들을 (계 16:13)

※ 아래 문장의 괄호 안에 알맞은 말을 넣으시오.

형용사는 명사처럼 (　　)과 (　　)와 (　　)에 따라 변화된다.

πᾶς 의 남성 단수 속격 형태는 (　　　　　　)이다.

μέγας 의 중성 복수 대격 및 호격 형태는 (　　　　　　)이다.

εἷς 의 여성 단수 속격 형태는 (　　　　　　)이다.

4. 관사

헬라어에는 '정관사, 부정관사'가 따로 없다. 그래서 '관사'라고 부르면 된다. 말하는 이가 생각하기에 듣는 이가 알고 있다고 생각하여, '거 있잖아' 하는 의미로 사용된다. 한국어 '거시기'와 유사하게 뭔가를 가리키는 '지시', 뭔가를 제한하거나 정하는 '한정', 대신하여 사용하는 '대용'의 용법으로 쓰인다.[27] 관사는 홀로 쓰이기도 하고, 다른 품사와 함께 쓰이기도 한다. 관사의 의미는 한국어로 '거시기, 거, 그, 그분, 일, 거리[내용이 될 만한 재료]' 등으로 표현할 수 있다.

신약성경에서 관사는 19865회로 가장 많이 쓰이는 단어이다. 관사의 남성 단수형을 주격, 속격, 여격, 대격, 호격 순으로 나열하면, ὁ, τοῦ, τῷ, τόν, ὁ이다. 복수형을 주격, 속격, 여격, 대격, 호격 순으로 나열하면, οἱ, τῶν, τοῖς, τούς, οἱ이다.

관사의 여성 단수형을 주격, 속격, 여격, 대격, 호격 순으로 나열하면, ἡ, τῆς, τῇ, τήν, ἡ이다. 복수형을 주격, 속격, 여격, 대격, 호격 순으로 나열하면, αἱ, τῶν, ταῖς, τάς, αἱ이다.

관사의 중성 단수형을 주격, 속격, 여격, 대격, 호격 순으로 나열하면, τό, τοῦ, τῷ, τό, τό이다. 복수형을 주격, 속격, 여격, 대격, 호격 순으로 나열하면, τά, τῶν, τοῖς, τά, τά이다.

---

27) 박형대, "성경 헬라어 관사 번역에 대한 교육적 제안,"「성경원문연구」24 (2009): 93-109.

"관사 가운데 모음으로 시작되는" ὁ, ἡ, οἱ, αἱ는 "뒤따라오는 단어 때문에 악센트가 없는" '후접어'이다(박 36).

한편, 명사 없이 '관사+형용사' 형태로 쓰이면, 관사는 의존명사인 '자(者), 이, 분, 것'과 같은 뜻을 갖는다. 예로, τὸ ἅγιον은 '거룩한 것'이라고(마 7:6 등), τὰ ἴδια는 '자기의 것들, 자신에게 속한 것들'이라고(요 1:11 등) 번역된다.

4.1. 관사 + 형용사 + 명사 형태

이제 관사에 명사와 형용사를 함께 나열해 보자. 가장 많이 등장하는 형태는 관사+형용사+명사 형태이다. 그럼, 관사의 남성 형태에 남성명사 ἄνθρωπος와 형용사 πιστός를 주격, 속격, 여격, 대격, 호격 순으로 나열하면 다음과 같다. πιστός는 '신실한, 충성된' 두 가지로 번역하였다.

ὁ πιστὸς ἄνθρωπος	그 신실한 사람이
τοῦ πιστοῦ ἀνθρώπου	그 신실한 사람의
τῷ πιστῷ ἀνθρώπῳ	그 신실한 사람에게
τὸν πιστὸν ἄνθρωπον	그 신실한 사람을
πιστὲ ἄνθρωπε	신실한 사람아[28]
οἱ πιστοὶ ἄνθρωποι	그 충성된 사람들이
τῶν πιστῶν ἀνθρώπων	그 충성된 사람들의
τοῖς πιστοῖς ἀνθρώποις	그 충성된 사람들에게
τοὺς πιστοὺς ἀνθρώπους	그 충성된 사람들을
οἱ πιστοὶ ἄνθρωποι	거 충성된 사람들아

다음으로 관사의 여성 형태에 여성명사 ἁμαρτία와 형용사 μέγας를 주격, 속격, 여격, 대격, 호격 순으로 나열하면 다음과 같다.

28) 이런 경우 관사를 붙이지 않는 것이 일반적이다.

ἡ μεγάλη ἁμαρτία	그 큰 죄가
τῆς μεγάλης ἁμαρτίας	그 큰 죄의
τῇ μεγάλῃ ἁμαρτίᾳ	그 큰 죄로
τὴν μεγάλην ἁμαρτίαν	그 큰 죄를
ἡ μεγάλη ἁμαρτία	거 큰 죄야
αἱ μεγάλαι ἁμαρτίαι	그 큰 죄들이
τῶν μεγάλων ἁμαρτιῶν	그 큰 죄들의
ταῖς μεγάλαις ἁμαρτίαις	그 큰 죄들로
τὰς μεγάλας ἁμαρτίας	그 큰 죄들을
αἱ μεγάλαι ἁμαρτίαι	거 큰 죄들아

다음으로 관사의 중성 형태에 중성명사 ὄνομα와 형용사 καλός를 주격, 속격, 여격, 대격, 호격 순으로 나열하면 다음과 같다. καλός는 '아름다운, 좋은' 두 가지로 번역하였다.

τὸ καλὸν ὄνομα	그 아름다운 이름이
τοῦ καλοῦ ὀνόματος	그 아름다운 이름의
τῷ καλῷ ὀνόματι	그 아름다운 이름으로
τὸ καλὸν ὄνομα	그 아름다운 이름을
τὸ καλὸν ὄνομα	거 아름다운 이름아
τὰ καλὰ ὀνόματα	그 좋은 이름들이
τῶν καλῶν ὀνομάτων	그 좋은 이름들의
τοῖς καλοῖς ὀνόμασι	그 좋은 이름들로
τὰ καλὰ ὀνόματα	그 좋은 이름들을
τὰ καλὰ ὀνόματα	거 좋은 이름들아

4.2. 형용사 + 관사 + 명사 형태

두 번째로 다룰 형태는 형용사+관사+명사 형태이다. 형용사 πᾶς와 ὅλος가 이 형태를 취한다. πᾶς는 남성명사 ἀδελφός와 중성명사 ἔθνος와 함께, ὅλος는 여성명사 πόλις와 함께 나란히 써보자.

πᾶς ὁ ἀδελφός	그 모든 형제가
παντὸς τοῦ ἀδελφοῦ	그 모든 형제의
παντὶ τῷ ἀδελφῷ	그 모든 형제에게
πάντα τὸν ἀδελφόν	그 모든 형제를
πᾶς ὁ ἀδελφέ	그 모든 형제야

πάντες οἱ ἀδελφοί	그 모든 형제들이
πάντων τῶν ἀδελφῶν	그 모든 형제들의
πᾶσι τοῖς ἀδελφοῖς	그 모든 형제들에게
πάντας τοὺς ἀδελφούς	그 모든 형제들을
πάντες οἱ ἀδελφοί	그 모든 형제들아

ὅλη ἡ πόλις	그 성 전체가
ὅλης τῆς πόλεως	그 성 전체의
ὅλῃ τῇ πόλει	그 성 전체에
ὅλην τὴν πόλιν	그 성 전체를
ὅλη ἡ πόλι	그 성 전체야

ὅλαι αἱ πόλεις	그 성들 전체가
ὅλων τῶν πόλεων	그 성들 전체의
ὅλαις ταῖς πόλεσι	그 성들 전체에서
ὅλας τὰς πόλεις	그 성들 전체를
ὅλαι αἱ πόλεις	그 성들 전체야

πᾶν τὸ ἔθνος　그 온 민족이
παντὸς τοῦ ἔθνους　그 온 민족의
ταντὶ τῷ ἔθνει　그 온 민족에게
πᾶν τὸ ἔθνος　그 온 민족을
πᾶν τὸ ἔθνος　그 온 민족아

πάντα τὰ ἔθνη　그 온 민족들이
πάντων τῶν ἐθνῶν　그 온 민족들의
πᾶσι τοῖς ἔθνεσι　그 온 민족들에게
πάντα τὰ ἔθνη　그 온 민족들을
πάντα τὰ ἔθνη　그 온 민족들아

4.3. 관사 + 명사 + 관사 + 형용사 형태

πᾶς와 ὅλος 외의 형용사가 명사에 대한 설명을 곁들일 때, '관사 + 형용사 + 명사 형태' 뿐 아니라 '관사 + 명사 + 관사 + 형용사 형태' 도 사용한다. 이때 두 번째 관사의 의미는 '그런데 그것은' 정도가 되겠다. 예로, ὁ πιστὸς ἄνθρωπος '그 신실한 사람이' 를 ὁ ἄνθρωπος ὁ πιστός와 같이 쓰면, '그 사람, 그런데 그 사람이 신실한' 과 같은 뜻을 갖는다. 다만, 번역은 ὁ πιστὸς ἄνθρωπος의 번역와 같이 '그 신실한 사람이' 로 할 수 있다.

그럼, 남성명사의 예는 명사 υἱός와 형용사 ἀγαπητός를, 여성명사의 예는 명사 ἡμέρα와 형용사 μέγας를, 중성명사의 예는 명사 ἔργον과 형용사 πρῶτος를 사용하여 살펴보자.

ὁ υἱὸς ὁ ἀγαπητός　그 사랑하는 아들이
τοῦ υἱοῦ τοῦ ἀγαπητοῦ　그 사랑하는 아들의
τῷ υἱῷ τῷ ἀγαπητῷ　그 사랑하는 아들에게
τὸν υἱὸν τὸν ἀγαπητόν　그 사랑하는 아들을

υἱὲ ἀγαπητέ 사랑하는 아들아

οἱ υἱοὶ οἱ ἀγαπητοί 그 사랑하는 아들들이
τῶν υἱῶν τῶν ἀγαπητῶν 그 사랑하는 아들들의
τοῖς υἱοῖς τοῖς ἀγαπητοῖς 그 사랑하는 아들들에게
τοὺς υἱοὺς τοὺς ἀγαπητούς 그 사랑하는 아들들을
υἱοὶ ἀγαπητοί 사랑하는 아들들아

ἡ ἡμέρα ἡ μεγάλη 그 큰 날이
τῆς ἡμέρας τῆς μεγάλης 그 큰 날의
τῇ ἡμέρᾳ τῇ μεγάλῃ 그 큰 날에
τὴν ἡμέραν τὴν μεγάλην 그 큰 날을
ἡμέρα μεγάλη 큰 날아

αἱ ἡμέραι αἱ μεγάλαι 그 큰 날들이
τῶν ἡμερῶν τῶν μεγάλων 그 큰 날들의
ταῖς ἡμέραις ταῖς μεγάλαις 그 큰 날들에
τὰς ἡμέρας τὰς μεγάλας 그 큰 날들을
ἡμέραι μεγάλαι 큰 날들아

τὸ ἔργον τὸ πρῶτον 그 첫째가는 일이
τοῦ ἔργου τοῦ πρώτου 그 첫째가는 일의
τῷ ἔργῳ τῷ πρώτῳ 그 첫째가는 일로
τὸ ἔργον τὸ πρῶτον 첫째가는 일을
ἔργον πρῶτον 첫째가는 일아

τὰ ἔργα τὰ πρῶτα 그 첫째가는 일들이
τῶν ἔργων τῶν πρώτων 그 첫째가는 일들의

τοῖς ἔργοις τοῖς πρώτοις	그 첫째가는 일들로
τὰ ἔργα τὰ πρῶτα	그 첫째가는 일들을
ἔργα πρῶτα	첫째가는 일들아

4.4. 연습문제

※ 다음 구의 뜻을 쓰되, 성과 수와 격을 고려하여 쓰시오.

τὴν καλὴν γῆν (마 13:23)

ἡ πρώτη γῆ (계 21:1)

τὴν αἰώνιον βασιλείαν (벧후 1:11)

τὸ καλὸν ὄνομα (약 2:7)

πᾶσα ἡ πόλις (마 8:34; 21:10; 행 13:44)

ὅλον τὸ σῶμα (마 5:29, 30; 6:22, 23; 눅 11:34; 고전 12:17. 주격으로 번역하시오.)

τὰ ἔργα τὰ καλά (딤전 5:25. 주격으로 번역하시오.)

ἡ ἡμέρα ἡ μεγάλη (계 6:17)

τὴν γῆν τὴν καλήν (마 13:8; 막 4:8, 20)

τοὺς ἁγίους (행 9:32, 41; 고전 16:1; 고후 8:4; 9:1; 엡 1:15; 골 1:4; 몬 5; 히 13:24)

※ 다음의 의미를 갖는 헬라어 구를 관사를 사용하여 쓰시오.

거 자기 주인에게 (롬 14:4)

그 자기의 마음에 (고전 7:37)

그 거룩한 성을 (마 4:5; 27:53)

그 큰 성이 (계 18:21)

그 모든 몸이 (엡 4:16; 골 2:19)

그 몸 전체를 (약 3:2, 3, 6)

그 자기 형제를 (요 1:41)

그 악한 날에 (엡 6:13)

거 큰 날의 (계 16:14)

거 자기 영광을 (요 7:18)

5. 전치사

"명사나 대명사 앞에 놓여 다른 명사나 대명사와의 관계를 나타내는 품사"를 전치사라고 부른다. 전치사가 없더라도 격이나 부사나 합성동사로 의미를 전달할 수 있지만, 전치사를 사용하면 '의미를 더욱 명료하게 표현할 수 있기에' 전치사를 점점 더 사용하게 된 것으로 추측할 수 있다(R 555-556).

헬라어 전치사는 '본래적인 전치사'와 '비본래적인 전치사'로 구분된다. '본래적인 전치사'는 동사 합성에 사용되고, '비본래적인 전치사'는 동사 합성에 사용되지 않는다(R 553-554). 신약성경에서 '본래적인 전치사'는 열일곱 개가 쓰이고, '비본래적인 전치사'는 마흔두 개가 쓰인다. 이 책에서는 가장 많이 쓰이는 전치사를 중심으로 소개한다. '본래적인 전치사'는 100회 이상 쓰이는 열네 개를, '비본래적인 전치사'는 40회 이상 쓰이는 다섯 개를 살펴본다.

5.1. 본래적인 전치사

신약성경에서 100회 이상 쓰이는 '본래적인 전치사'를 알파벳 순으로 나열하면, ἀπό, διά, εἰς, ἐκ, ἐν, ἐπί, κατά, μετά, παρά, περί, πρός, σύν, ὑπέρ, ὑπό이다. 신약성경에서 가장 많이 나오는 것부터 나열하면, ἐν, εἰς, ἐκ, ἐπί, πρός, διά, ἀπό, κατά, μετά, περί, ὑπό, παρά, ὑπέρ, σύν이다. 의미는 다음과 같다. + 기호 다음에 나오는 '격'은 해당 전치사가 목적어로 취하는 실명사의 격이다.

어떤 전치사들은 다양한 격을 목적어로 취하기도 한다.

ἐν (+여격) 안에서, 내에, 내부에서, 밑에, 인해, 두르고, 걸치고 (2752회)

εἰς (+대격) 로, 에, 에게로, 까지, 에 이를 (1767회)

ἐκ (+속격) 부터, 출신, 가운데, 으로 말미암아 (914회)

ἐπί 에 근거하여 (+속격) 을 의지하여, 걸쳐, 때에, 앞에서, 위에; (+여격) 맡은, 쪽; (+대격) 위에, 위로, 앞으로, 가운데, 에 맞서, 대들려고, 덤비려고, 번(番) (890회)

πρός (+속격) 편에, 위한; (+여격) 편에, 쪽에; (+대격) 로, 에, 에게, 에게로 (700회)

διά (+속격) 을 통해, 동안; (+대격) 때문에 (667회)

ἀπό (+속격) 에게서, 에서부터, 에서 온, 출신, 속한, 해서, 때문에 (646회)

κατά (+속격) 와/과 맞서, 쪽으로; (+대격) 맞은편, 앞쪽, 아랫녘, 퍼져 있는, 가운데, 본떠서, 따르는, 따라, 비롯된, 대로, 각, 쯤 (473회)

μετά (+속격) 와 함께, 을 다해; (+대격) 후에, 뒤에, 지나지 (않아) (469회)

περί (+속격) 과 관련하여, 와 관계하여, 에 관하여, 일행; (+대격) 으로 인해, 즈음하여 (333회)

ὑπό (+속격) 의해, 의한, 의하면, 의하여; (+대격) 밑에, 아래에 (220회)

παρά (+속격) 으로부터, 에게서, 에게; (+여격) 곁에; (+대격) (발)치, 문하, 가 ["경계에 가까운 바깥쪽 부분"], 거역하여, 비교할 때 (194회)

ὑπέρ (+속격) 위하여, 위해; (+대격) 넘어서는, 위로 (149회)

σύν (+여격) 함께, 더불어, 같이한, 함께한 (128회)

이제는 전치사가 취하는 격에 따라 살펴보자. 참고로, 전치사 ἐν, εἰς, ἐκ(ἐξ)는 "뒤따라오는 단어 때문에 악센트가 없는" '후접어' 이다(박 36).

5.1.1. 하나의 격만 취하는 전치사

ἐκ와 ἀπό는 속격만 취하고, ἐν과 σύν은 여격만 취하고, εἰς는 대격만 취한다. 하나의 격만 목적어로 취한다는 것은 의미가 복잡하지 않다는 것을 의미한다.

5.1.1.1. 속격만 취하는 전치사

명사 항목에서, "헬라어 속격은 기원이나 출처, 소유나 소속 관계, 혹은 부분을 나타낸다." 이렇게 설명하였다. 속격만 목적으로 취하는 전치사인 ἐκ와 ἀπό는 기원이나 출처를 표현한다.

우선, 전치사+명사 형태의 예를 남성, 여성, 중성 각각 한 단어와 연결하여 살펴보자. 전치사 ἐκ는 뒤따라오는 단어가 모음으로 시작하면 형태가 ἐξ로 바뀐다. σ가 추가되고 κσ가 이중자음 ξ로 표현된 것으로 이해하면 되겠다. 전치사 ἀπό는 조금 더 복잡하게 바뀐다. 모음 위의 숨표가 약한 숨표이면 ἀπ' 가 되고, 강한 숨표이면 ἀφ' 가 된다. ἀπ와 ἀφ의 뒤에 붙은 기호(')는 '생략부호' 이다. 전치사의 끝모음이 생략되었다는 것을 표시한다.

ἐξ οὐρανοῦ 하늘로부터
ἐκ χειρός 손으로부터
ἐξ ἔργων 행위들로부터(이 경우, 항상 ἔργον의 복수 형태가 사용됨.)

ἀπὸ θεοῦ 하나님으로부터
ἀπὸ γυναικός 아내에게서
ἀπὸ πνευμάτων 영들로부터

이제, 전치사+관사+명사 형태의 예를 살펴본다.

ἐκ τοῦ οὐρανοῦ 그 하늘로부터
ἐκ τῶν οὐρανῶν 그 하늘들로부터
ἐκ τῆς χειρός 그 손으로부터

ἐκ τῶν χειρῶν	그 손들로부터
ἐκ τῶν ἔργων	그 행위들로부터
ἀπὸ τοῦ θεοῦ	그 하나님으로부터
ἀπὸ τῶν γυναικῶν	그 아내들로부터
ἀπὸ τοῦ πνεύματος	그 영으로부터

마지막으로, 전치사 + 관사 +형용사 + 명사 형태의 예들을 몇 개 살펴본다.

ἐκ τῶν καλῶν ἔργων	그 선한 일들로부터(벧전 2:12)
ἀπὸ τῆς πρώτης ἡμέρας	그 첫날부터(빌 1:5)
ἀπὸ τῶν ἑπτὰ πνευμάτων	그 일곱 영들로부터(계 1:4)

5.1.1.2. 여격만 취하는 전치사

명사 항목에서, 여격에 대해 "헬라어 여격은 행위 주체가 수행하는 동작으로 인해 수여, 영향 등의 작용을 받는 간접목적어, 장소, 시간, 수단을 표현할 때 사용된다. 간접목적어는 '에게', 장소는 '에서', 시간은 '에', 수단은 '(으)로'로 표현할 수 있다." 이렇게 정리하였다. 여격만 취하는 전치사는 ἐν과 σύν이 있다.

우선, 전치사+명사 형태의 예를 남성, 여성, 중성 각각 한 단어와 연결하여 살펴보자.

ἐν κυρίῳ	주님 안에서
ἐν ἡμέρᾳ	날에
ἐν ἡμέραις	날들에
ἐν ὀνόματι	이름으로
σὺν κυρίῳ	주님과 함께
σὺν χειρί	손과 함께
σὺν ἔθνεσιν	민족들과 함께

이제, 전치사+관사+명사 형태의 예를 살펴본다.

ἐν τοῖς οὐρανοῖς　그 하늘들에
ἐν τῇ καρδίᾳ　그 마음에
ἐν ταῖς καρδίαις　그 마음들에
ἐν τῷ σώματι　그 몸으로

σὺν τοῖς ἀδελφοῖς　그 형제들과 함께
σὺν ταὶς γυναιξίν　그 부인들과 함께
σὺν τῷ αἵματι　그 피와 함께, 피째로

마지막으로, 전치사 + 관사 + 형용사 + 명사 형태의 예들을 몇 개 살펴본다.

ἐν τῇ ἐσχάτῃ ἡμέρᾳ　그 마지막 날에(요 6:44 등)
ἐν ταῖς ἐσχάταις ἡμέραις　그 마지막 날들에(행 2:17)
ἐν τῇ ἰδίᾳ καρδίᾳ　자기 마음에(고전 7:37)
ἐν τῇ δεξιᾷ χειρί　그 오른손에(계 1:16)

5.1.1.3. 대격만 취하는 전치사

명사 항목에서, 대격에 대해 "헬라어 대격은 타동사의 직접목적어가 되거나 동사를 수식한다. 직접목적어는 '을' 혹은 '를'로 표현할 수 있다." 이렇게 설명하였다. 대격만 취하는 전치사로는 εἰς가 있다.

우선, 전치사 + 명사 형태의 예를 남성, 여성, 중성 각각 한 단어와 연결하여 살펴보자.

εἰς θεόν　하나님께로
εἰς πόλιν　성으로
εἰς σημεῖον　표적으로

이제, 전치사 + 관사 + 명사 형태의 예를 살펴본다.

εἰς τοὺς πατέρας	그 조상들에게로
εἰς τὴν καρδίαν	마음으로
εἰς τὸ εὐαγγέλιον	그 복음까지, 그 복음을 위하여

마지막으로, 전치사 + 관사 + 형용사 + 명사 형태의 예들을 몇 개 살펴본다.

εἰς τὴν ἁγίαν πόλιν	그 거룩한 성으로(마 4:5 등)
εἰς τὴν ἰδίαν πόλιν	그 자기 성으로, 본 동네에(마 9:1)
εἰς τὸ ἅγιαν πνεῦμα	그 거룩한 영까지(눅 12:10)
εἰς τὸ ἴδιον σῶμα	자기 몸에(고전 6:18)

5.1.2. 두 개의 격을 취하는 전치사

속격과 대격, 두 개의 격을 취하는 전치사는 여섯 개로, διά, κατά, μετά, περί, ὑπό, ὑπέρ이다. 하나씩 살펴보자.

5.1.2.1. διά

διά가 속격을 취하면, '을 통해, 동안'이라는 의미를 갖고, 대격을 가지면, '때문에'라는 의미를 갖는다.

우선, 전치사+명사 형태의 예를 남성, 여성, 중성 각각 한 단어와 연결하여 살펴보자. 전치사 διά는 뒤따라오는 단어가 모음으로 시작하면 형태가 δι'로 바뀐다. δι의 뒤에 붙은 기호(')는 '생략부호'이다(박 32). 전치사의 끝모음이 생략되었다는 것을 표시한다. 속격을 취한 경우를 먼저 다루고, 다음에 대격을 취한 경우를 다룬다.

διὰ λογοῦ	말로, 말을 통해
διὰ χειρός	손으로, 손을 통해
διὰ στόματος	입으로, 입을 통해

δι' πατέρα 아버지 때문에

διὰ γυναῖκα 부인 때문에

δι' ἔργον 일 때문에

이제, 전치사+관사+명사 형태의 예를 살펴본다.

διὰ τοῦ ἀνθρώπου 그 사람을 통해

διὰ τῆς ἁμαρτίας 그 죄를 통해

διὰ τοῦ αἵματος 그 피를 통해

διὰ τὸν 'Ιησοῦν 그 예수님 때문에

διὰ τὴν βασιλείαν 그 나라 때문에

διὰ τὸ εὐαγγέλιον 그 복음 때문에

마지막으로, 전치사+관사+형용사+명사 형태의 예를 살펴본다.

διὰ τοῦ ἑνὸς 'Ιησοῦ Χριστοῦ 그 한 분 예수 그리스도를 통해(롬 5:17)

διὰ τοῦ ἰδίου αἵματος 그 자기의 피를 통해(히 13:12)

5.1.2.2. **κατά**

두 번째로 살펴볼 전치사는 κατά이다. κατά가 속격을 취하면, '와/과 맞서, 쪽으로'와 같이 번역되고, 대격을 취하면, '맞은편, 앞쪽, 아랫녘, 퍼져 있는, 가운데, 본떠서, 따르는, 따라, 비롯된, 대로, 각, 쯤'과 같이 번역된다.

우선, 전치사+명사 형태의 예를 남성, 여성, 중성 각각 한 단어와 연결하여 살펴보자. 전치사 κατά는 뒤따라오는 단어가 모음으로 시작하면 형태가 바뀌는데, 모음 위의 숨표가 약한 숨표이면 κατ'가 되고, 강한 숨표이면 καθ'가 된다. κατ와 καθ의 뒤에 붙은 기호(')는 '생략부호'이다. 전치사의 끝모음이 생략되었다는 것을 표시한다. 이제, κατά가 속격을 취한 경우를 먼저 다루고, 다음에 대격을 취한 경우를 다룬다.

κατ' ἀνθρώπου	사람과 맞서
κατὰ γῆς	땅 쪽으로
κατὰ πνεύματος	영과 맞서
κατὰ θεόν	하나님을 따라
καθ' ἡμέραν	날을 따라, 날마다
κατ' εὐαγγέλιον	좋은 소식을 따라

이제, 전치사 + 관사 + 명사 형태의 예를 살펴본다.

κατὰ τῶν ἀδελφῶν	그 형제들에 맞서, 그 형제들을 대적하여(행 14:2)
κατὰ τῆς γῆς	그 땅에 맞서(민 14:37 참조)
κατὰ τοῦ πνεύματος	그 영에 맞서, 그 영을 거슬러(마 12:32; 갈 5:17)
κατὰ τὸν λόγον	그 말씀을 따라
κατὰ τὰς ἡμέρας	그 날들을 따라
κατὰ τὸ εὐαγγέλιον	그 복음을 따라

전치사+관사+형용사+명사 형태는 용례가 없어 다루지 않는다.

5.1.2.3. μετά

세 번째로 살펴볼 전치사는 μετά이다. μετά가 속격을 취하면, '와 함께, 을 다해' 와 같이 번역되고, 대격을 취하면, '후에, 뒤에, 지나지 (않아)' 와 같이 번역된다.

우선, 전치사+명사 형태의 예를 남성, 여성, 중성 각각 한 단어와 연결하여 살펴보자. 전치사 μετά는 뒤따라오는 단어가 모음으로 시작하면 형태가 바뀌는데, 모음 위의 숨표가 약한 숨표이면 μετ' 가 되고, 강한 숨표이면 μεθ' 가 된다. μετ와 μεθ의 뒤에 붙은 기호(')는 '생략부호' 이다. 전치사의 끝모음이 생략되었다는 것을 표시한다. 그런데, 이 원칙을 따르지 않기도 한다. 이제, μετά가 속격을 취한 경우를 먼저 다루고,

다음에 대격을 취한 경우를 다룬다.

μετὰ Ἰησοῦ	예수님과 함께[29]
μετὰ πίστεως	믿음과 함께(딤전 1:14), 믿음을 겸한(엡 6:23)
μετὰ πνεύματος	영과 함께
μετὰ λόγους	말씀들 뒤에
μεθ' ἡμέρας	날들 뒤에
μετὰ σημεῖον	표적 뒤에

이제, 전치사+관사+명사 형태의 예를 살펴본다.

μετὰ τοῦ πατρός	그 아버지와 함께
μετὰ τῶν πατέρων	그 조상들과 함께
μετὰ τῆς γυναικός	그 아내와 함께(마 19:10)
μετὰ τῶν ἐθνῶν	그 민족들과 함께, 그 이방인들과 함께(갈 2:12)
μετὰ τοὺς λόγους	그 말씀들 뒤에, 그 말씀들을 하신 뒤에
μετὰ τὰς ἡμέρας	그 날들 뒤에
μετὰ τὸ σημεῖον	그 표적 뒤에

마지막으로, 전치사 + 관사 + 형용사 + 명사 형태의 예를 살펴본다.

μετὰ τὰς δύο ἡμέρας	이틀 뒤에(요 4:43)
μετὰ τὰς τρεῖς ἡμέρας	사흘 뒤에(계 11:11)

5.1.2.4. περί

네 번째로 살펴볼 전치사는 περί이다. 기본적으로 '둘레' 나 '사방' 을 의미한다. περί

29) 뒤따르는 단어가 Ἰησοῦς인 경우, 전치사의 끝모음이 생략되지 않는다.

가 속격을 취하면, '과 관련하여, 와 관계하여, 에 관하여, 일행' 와 같이 번역되고, 대격을 취하면, '으로 인해, 즈음하여' 와 같이 번역된다.
우선, 전치사+명사 형태의 예를 남성, 여성, 중성 각각 한 단어와 연결하여 살펴보자. 전치사 περί는 뒤따라오는 단어가 모음으로 시작하더라도 끝모음이 생략되지 않는다. 이제, περί가 속격을 취한 경우를 먼저 다루고, 다음에 대격을 취한 경우를 다룬다.

περὶ υἱοῦ 아들에 관하여
περὶ βασιλείας 나라에 관하여
περὶ ἔργου 일에 관계하여

περὶ λόγον 말로 인해
περὶ πίστιν 믿음으로 인해
περὶ σῶμα 몸으로 인해

이제, 전치사+관사+명사 형태의 예를 살펴본다.

περὶ τοῦ κυρίου 그 주님과 관련하여
περὶ τῆς ἁμαρτίας 그 죄와 관계하여
περὶ τοῦ ἔργου 그 일에 관하여

περὶ τὸν ἄνθρωπον 그 사람으로 인해
περὶ τὴν πίστιν 그 믿음으로 인해, 그 믿음에 즈음하여, 그 믿음과 관련하여 (딤전 1:19; 6:21; 딤후 3:8)
περὶ τὸ σῶμα 그 몸으로 인해

마지막으로, 전치사 + 관사 + 형용사 + 명사 형태의 예를 살펴본다.

περὶ τῶν δύο ἀδελφῶν 그 두 형제들과 관련하여(마 20:24)

5.1.2.5. ὑπό

다섯 번째로 살펴볼 전치사는 ὑπό이다. ὑπό가 속격을 취하면, '의해, 의한, 의하면, 의하여'와 같이 번역되고, 대격을 취하면, '밑에, 아래에'과 같이 번역된다.

우선, 전치사+명사 형태의 예를 남성, 여성, 중성 각각 한 단어와 연결하여 살펴보자. 전치사 ὑπό는 뒤따라오는 단어가 모음으로 시작하면 형태가 바뀌는데, 모음 위의 숨표가 약한 숨표이면 ὑπ' 이 되고, 강한 숨표이면 ὑφ' 가 된다. ὑπ와 ὑφ의 뒤에 붙은 기호(')는 '생략부호' 이다. 전치사의 끝모음이 생략되었다는 것을 표시한다. 그런데, 이 원칙을 따르지 않기도 한다. 이제, ὑπό가 속격을 취한 경우를 먼저 다루고, 다음에 대격을 취한 경우를 다룬다.

ὑπὸ κυρίου	주님에 의하여(마 1:22; 2:15; 고전 7:25; 살후 2:13)
ὑπὸ χειρῶν	손들에 의해, 손길로(행 17:25)
ὑπὸ πνεύματος	영에 의해(벧후 1:21)
ὑπὸ πνευμάτων	영들에 의해(행 5:16)

ὑπ' οὐρανόν	하늘 아래(눅 17:24)
ὑφ' ἁμαρτίαν	죄 아래에(롬 3:9; 갈 3:22)
ὑπὸ στόμα	입 아래에

이제, 전치사+관사+명사 형태의 예를 살펴본다.

ὑπὸ τοῦ κυρίου	그 주님에 의해(행 10:33; 고전 11:32)
ὑπὸ τῆς χεῖρας	그 손에 의해, 손으로
ὑπὸ τῶν ἐθνῶν	그 민족들에 의해

ὑπὸ τὸν οὐρανόν	하늘 아래, 천하(눅 17:24; 행 2:5; 4:12; 골 1:23)
ὑπὸ τὴν ἁμαρτίαν	그 죄 아래에(롬 7:14)
ὑπὸ τὸ στόμα	그 입 아래에

마지막으로, 전치사 + 관사 + 형용사 + 명사 형태의 예를 살펴본다.

ὑπὸ τῶν ἀγαθῶν ἀνθρώπων	선한 사람들에 의해
ὑπὸ τῶν κακῶν πνευμάτων	해로운 영들에 의해

5.1.2.6. ὑπέρ

두 개의 격을 취하는 전치사 가운데 마지막으로 살펴볼 전치사는 ὑπέρ이다. ὑπέρ가 속격을 취하면, '위하여, 위해' 와 같이 번역되고, 대격을 취하면, '넘어서는' 과 같이 번역된다.

우선, 전치사+ 명사 형태의 예를 남성, 여성, 중성 각각 한 단어와 연결하여 살펴보자. 전치사 ὑπέρ는 뒤따라오는 단어에 따라 형태가 바뀌지 않는다. 이제, ὑπέρ가 속격을 취한 경우를 먼저 다루고, 다음에 대격을 취한 경우를 다룬다.

ὑπὲρ Χριστοῦ	그리스도를 위하여(고후 5:12; 12:10; 빌 1:29)
ὑπὲρ ἁμαρτιῶν	죄들을 위하여(히 5:1; 10:12)
ὑπὲρ σώματος	몸을 위하여
ὑπὲρ ἀδελφούς	형제들을 넘어서는
ὑπὲρ δόξαν	영광을 넘어서는
ὑπὲρ ὄνομα	이름을 넘어서는, 이름 위에

이제, 전치사 + 관사 + 명사 형태의 예를 살펴본다.

ὑπὲρ τῆς πόλεως	그 성을 위해
ὑπὲρ τοῦ ἔθνους	그 민족을 위하여
ὑπὲρ τὸν κύριον	그 주인을 넘어서는(마 10:24)
ὑπὲρ τοὺς υἱούς	그 아들들을 넘어서는, 능가하는(눅 16:8)

ὑπὲρ τὰς γυναῖκας	그 아내들을 넘어서는
ὑπὲρ τὰ ἔθνη	그 민족들을 넘어서는, 능가하는

마지막으로, 전치사 + 관사 + 형용사 + 명사 형태의 예를 살펴본다.

ὑπὲρ τῶν ἰδίων ἁμαρτιῶν	자신들의 죄들을 위하여(히 7:27)
ὑπὲρ τοῦ παντὸς ἔθνους	그 모든 민족을 위하여

5.1.3. 세 개의 격을 취하는 전치사

목적어로 속격, 여격, 대격, 세 개의 격을 취하는 전치사에는 ἐπί, παρά, πρός가 있다. 하나씩 살펴보자.

5.1.3.1. ἐπί

맨 먼저 살펴볼 전치사는 ἐπί이다. 기본적으로 '근거'를 표현한다. ἐπί가 속격을 취하면, '을 의지하여, 걸쳐, 때에, 위에'와 같이 번역되고, 여격을 취하면, '맡은, 쪽'과 같이 번역되며, 대격을 취하면, '위에, 위로, 에 맞서, 대들려고, 덤비려고'와 같이 번역된다.

이제는 어느 정도 전치사에 익숙해졌으므로, 전치사+관사+명사 형태를 중심으로 예를 살펴보자. 전치사 ἐπί는 뒤따라오는 단어가 모음으로 시작하면 형태가 바뀌는데, 모음 위의 숨표가 약한 숨표이면 ἐπ'이 되고, 강한 숨표이면 ἐφ'이 된다. ἐπ와 ἐφ의 뒤에 붙은 기호(')는 '생략부호'이다. 전치사의 끝모음이 생략되었다는 것을 표시한다. 이제, ἐπί가 속격을 취한 경우를 먼저 다루고, 다음에 여격, 그다음에 대격을 취한 경우를 다룬다.

ἐπὶ τῶν λόγων	그 말씀들을 의지하여
ἐπὶ τῆς γῆς	땅 위에, 땅에, 땅바닥까지(마 6:19 등)
ἐπὶ τῶν ἐθνῶν	그 민족들에 걸쳐(계 2:26)

ἐπὶ τῷ θεῷ	하나님을 근거로, 하나님 쪽에(눅 1:47; 고후 1:9)
ἐπὶ τῇ πίστει	그 믿음에 근거하여(행 3:16; 빌 3:9)
ἐπὶ τῷ ὀνόματι Ἰησοῦ Χριστοῦ	예수 그리스도의 이름에 근거하여(행 2:38)
ἐπὶ τοὺς υἱούς	그 아들들 위로(엡 5:6; 골 3:6)
ἐπὶ τὴν καρδίαν	그 마음 위로, 마음에(행 7:23)
ἐπὶ τὰ τέκνα	그 자녀들 위에(마 27:25; 눅 23:28)

5.1.3.2. παρά

맨 먼저 살펴볼 전치사는 παρά이다. 기본적으로 '곁'을 표현한다. παρά가 속격을 취하면, '으로부터, 에게서, 에게'와 같이 번역되고, 여격을 취하면, '곁에'와 같이 번역되며, 대격을 취하면, '(발)치, 문하, 가["경계에 가까운 바깥쪽 부분"], 거역하여, 비교할 때'와 같이 번역된다.

전치사+관사+명사 형태를 중심으로 예를 살펴보자. 전치사 παρά는 뒤따라오는 단어가 모음으로 시작하면 형태가 παρ'로 바뀐다. παρ의 뒤에 붙은 기호(')는 '생략 부호'이다. 전치사의 끝모음이 생략되었다는 것을 표시한다. 이제, παρά가 속격을 취한 경우를 먼저 다루고, 다음에 여격, 그다음에 대격을 취한 경우를 다룬다.

παρὰ τοῦ θεοῦ	그 하나님에게서, 하나님으로부터(눅 1:37; 요 6:46; 8:40; 16:27)
παρὰ τῆς γυναικός	그 부인에게서
παρὰ τοῦ ἔθνους	그 민족에게서
παρὰ τῷ πατρί	그 아버지 곁에서(마 6:1; 요 8:38)
παρὰ τῇ γυναικί	그 부인 곁에서
παρὰ τῷ τέκνῳ	그 자녀 곁에서

παρὰ τοὺς ἀνθρώπους	그 사람들과 비교할 때, 그 사람들보다
παρὰ τὴν γῆν	그 땅 주변에서
παρὰ τὰ ἔθνη	그 민족들 곁에서

5.1.3.3. πρός

마지막으로 살펴볼 전치사는 πρός 이다. 기본적으로 '앞으로, 향하여' 를 뜻한다. πρός 가 속격을 취하면, '편에, 위한' 이라는 의미를, 여격을 취하면, '편에, 쪽에' 라는 의미를, 대격을 취하면, '로, 에게' 라는 의미를 갖는다.

전치사+관사+명사 형태를 중심으로 예를 살펴보자. 전치사 πρός 는 뒤따라오는 단어에 따라 변하지 않는다. 그리고, 속격이나 여격을 취하는 경우는 드물고, 대부분 대격을 취한다. 그러므로 속격과 여격을 취하는 예는 하나씩만 든 다음, 대격을 취한 경우를 다룬다.

πρὸς τοῦ θεοῦ	그 하나님 편에
πρὸς τοῖς ἔργοις	그 일들 쪽에
πρὸς τοὺς ἀδελφούς	그 형제들에게로(요 20:17; 행 22:5)
πρὸς τὴν πόλιν	그 성으로
πρὸς τὰ ἔργα	그 일들에게로

5.2. 비본래적인 전치사

이제 동사합성에 사용되지 않는 '비본래적인 전치사(improper preposition)' 가운데 가장 많이 쓰이는 다섯 개를 살펴보자. ἕως, ἐνώπιον, ἄχρι, ἔμπροσθεν, χωρίς 이다. 모두 속격을 목적어로 취한다. 의미는 다음과 같다.

ἕως (+속격)	까지
ἐνώπιον (+속격)	앞에서, 앞에

ἄχρι (+속격) 까지, 하기까지, 때까지, 만에, 에게, 그러다가 하다
ἔμπροσθεν (+속격) 앞에서, 에게
χωρίς (+속격) 없이

의미가 비슷한 ἕως와 ἄχρι를 함께 다루고, ἐνώπιον과 ἔμπροσθεν을 다룬 다음에, χωρίς를 다룬다.

5.2.1. ἕως와 ἄχρι

ἕως는 ἄχρι에 비해 '어느 정도 거기까지'를 의미한다. 번역은 '까지' 정도로 하면 된다. 전치사+관사+명사 형태를 중심으로 예를 살펴보자.

ἕως τοῦ Χριστοῦ 그 그리스도까지(마 1:17)
ἕως τῆς ἡμέρας 그날까지(마 26:29; 막 14:25; 행 1:22)
ἕως τῶν ἡμερῶν 그날들까지(행 7:45)
ἕως τοῦ αἵματος 그 피까지(마 23:35)

ἄχρι는 '중단없이 거기까지'라는 의미를 갖는다. 번역은 '까지, 하기까지, 때까지, 만에, 에게, 그러다가 하다' 정도로 하면 된다. 뒤따라오는 단어가 모음인 경우, ἄχρις 형태가 쓰이기도 한다. 시그마(ς)가 추가된 것은 '끝자음 추가'에 해당한다. 이제, 전치사+관사+명사 형태를 중심으로 남성명사와 여성명사를 취한 예를 살펴본다.

ἄχρι τοῦ οὐρανοῦ 그 하늘까지
ἄχρι τῆς ἡμέρας 그날까지(행 2:29; 26:22)

5.2.2. ἐνώπιον과 ἔμπροσθεν

ἐνώπιον은 '보는 앞에서'를 의미한다. 번역은 '앞에서, 앞에' 정도로 하면 된다. 전치사+관사+명사 형태를 중심으로 예를 살펴보자.

ἐνώπιον τοῦ θεοῦ 하나님 앞에서(눅 1:19 등 25회)
ἐνώπιον τῆς γυναικός 그 여자 앞에서(계 12:4)
ἐνώπιον τῶν ἀνθρώπων 그 사람들 앞에서(눅 12:9; 16:15; 계 13:13)

ἔμπροσθεν은 전치사 ἐν과 πρός에 접미사 θεν이 합쳐진 전치사이다. θεν은 '으로부터'를 뜻한다. 전치사+관사+명사 형태를 남성명사를 중심으로 예를 살펴본다.

ἔμπροσθεν τῶν ἀνθρώπων 사람들 앞에서(마 5:16; 6:1; 10:32)
ἔμπροσθεν τοῦ θεοῦ 하나님 앞에서(행 10:4; 살전 1:3; 3:9, 13)
ἔμπροσθεν τοῦ πατρός 아버지 앞에서(마 10:32, 33; 18:14)

5.2.3. χωρίς

χωρίς가 부사로 쓰이면 '따로따로, 뿔뿔이'를 의미하는데, 전치사로 속격을 목적어로 취하면 '없이'와 같이 번역된다. 중성명사로 예를 살펴보자.

χωρὶς τοῦ σώματος 몸 없이(고후 12:3)
χωρὶς τῶν ἔργων 그 행위들이 없이, 행함이 없이(약 2:18, 20)

5.3. 연습문제

※ 다음 전치사구의 뜻을 쓰되, 성과 수와 격을 고려하여 쓰시오.

ἐν τῷ ὀνόματι τῷ ἰδίῳ (요 5:43)
εἰς τὸ μέσον (막 3:3; 눅 4:35; 5:19; 6:8; 요 20:19, 26)
ἐκ μέσου τῶν δικαίων (마 13:49)
ἐπὶ δικαίους (마 5:45; 벧전 3:12)
πρὸς πάντας ἀνθρώπους (행 22:15; 딛 3:2)
διὰ τοῦ αἵματος τοῦ ἰδίου (행 20:28)
ἀπὸ νεκρῶν ἔργων (히 6:1; 9:14)

κατὰ τοῦ πνεύματος τοῦ ἁγίου (마 12:32)

μετὰ μίαν ἡμέραν (행 28:13)

περὶ πολλά (눅 10:41)

ὑπὸ πάντων τῶν ἐθνῶν (마 24:9)

παρὰ κυρίου (마 21:42; 막 12:11; 눅 1:45; 엡 6:8; 딤후 1:18; 벧후 2:11)

ὑπὲρ πάντα (엡 1:22; 3:20)

σὺν τοῖς πρεσβυτέροις (눅 20:1)

※ 다음의 의미를 갖는 헬라어 전치사구를 쓰시오.

모든 선한 일에 (골 1:10)

그 선에 이를 (롬 13:4; 15:2; 16:19)

그[거] 유대인들로부터 (요 4:22; 11:19; 11:45; 12:9)

그[거] 온 땅 위로 (마 27:45; 눅 4:25)

거룩한 이들에게로 (행 9:32)

거룩한 영을 통해 (행 1:2; 4:25; 롬 5:5; 딤후 1:14)

죽은 자들로부터 (마 14:2; 27:64; 28:7)

다른 이와 맞서 (고전 4:6)

그[거] 열둘과 함께 (마 26:20; 막 11:11; 14:17)

선한 것과 관련하여 (마 19:17)

그[거] 하늘 아래 (눅 17:24; 행 2:5; 4:12; 골 1:23)

그 모든 사람들과 비교할 때 (눅 13:4)

모든 이름을 넘어서는 그 이름을 (빌 2:9)

그[거] 유대인들과 함께 (행 14:4)

6. 동사

헬라어 동사는 사물의 '동작이나 작용' 뿐 아니라 '성질이나 상태' 를 표현하기도 한다. 신약성경에 사용된 동사 단어는 1854개 정도이다.

동사는 지금까지 다룬 명사, 형용사, 관사와는 전혀 다르게 변한다. 그래서 동사의 변화는 '활용(conjugation)' 이라고 표현한다. 헬라어 동사는 그 자체로 인칭과 수를 포함한다. 또한 법, 시제, 태에 따라 형태가 달라지는 것이 보통이다. 한편, 부정사와 분사는 명사 및 형용사처럼 성과 수와 격을 갖는다.

명사 및 형용사와 마찬가지로 신약성경에서 가장 많이 쓰이는 30개의 동사를 통해 헬라어 동사에 대해 배워보자. 가장 많이 나오는 순으로 정리하면, εἰμί, λέγω, ἔχω, γίνομαι, ἔρχομαι, ποιέω, ὁράω, ἀκούω, δίδωμι, οἶδα, λαλέω, λαμβάνω, πιστεύω, ἀποκρίνομαι, γινώσκω, ἐξέρχομαι, δύναμαι, θέλω, εἰσέρχομαι, γράφω, εὑρίσκω, ἐσθίω, ἵστημι, πορεύομαι, καλέω, ἐγείρω, ἀγαπάω, ἀφίημι, ζάω, ἀποστέλλω이다. 나열된 형태는 모두 직설법, 현재, 능동태, 1인칭 단수형이다. 장차 보다 자세히 설명하겠지만, '직설법' 은 사건을 기술하거나 대상을 묘사할 때 사용되고, 현재는 '말하는 시점' 과 '동작이나 사건이 일어나는 시점' 이 동시 관계인 것을 표현하며, '능동태' 는 주어가 어떤 동작이나 작용을 스스로 한 것을 이르며, '1인칭' 은 말하는 사람 자신을 나타내고, '단수' 는 단일한 수를 표현한다. 앞에 나열한 단어들은 각 단어의 사전 표제어로 사용되는 기본형으로, 의미는

'나는 이다' 혹은 '나는 한다'와 같이 번역된다. 각각의 의미를 배워보자. 많이 쓰이는 단어이다 보니, 한국어 번역 표현도 다양한 경우가 많다.

εἰμί 이다, 있다, 지니고 있다, 나다, 접어들다 (2462회)

λέγω 말하다, 부르다 (2353회)

ἔχω 가지다, 갖다, 받아 가지다, 연연해하다, 있다, 그렇다, 그러하다, 들리다, 대하다, 제기하다, 두다, 끼치다 (708회)

γίνομαι 생기다, 삼다, 일어나다, 실현되다, 하게/있게 되다, 이르다, 지내다, 지나다, 지속되다, (날이) 새다, (소리가) 나다/내다, 이뤄지다, 차오르다, 무르익다, (정신을) 차리다, (기쁨이) 흐르다, 흘러가다, 고여오르다, 남다, 하기에 이른, 할 때였다 (669회)

ἔρχομαι 오다, 가다, 다다르다, 당도하다, 닿다, 등장하다, 나오다, 바로 이어지는, 들다("어떤 일이나 가상 현상이 일어나다") (632회)

ποιέω 만들다, 삼다, 짓다, 행하다, 실행하다, (일을) 하다, 시행하다, 이루다, 조치를 취하다, 선사하다, 게 하다, 계산하다, 이러하다, 지내다 (568회)

ὁράω 보다, 살피다, 분별하다, 헤아리다, 헤아려 보다, 보이다, 뵈다, 뵙다, 와 만나다, 이르다 (454회)

ἀκούω 듣다, 전해 듣다, 새겨듣다, 들어보다, 헤아려 듣다, 알아듣다, 경청하다, 귀 기울여 듣다 (428회)

δίδωμι 주다, 드리다, 나누다, 나눠 주다, 내밀다, 내버려 두다, 허락하다 (415회)

οἶδα 알고 있다, 알겠다 (318회)

λαλέω 얘기하다, 이야기하다, 얘기해 주다, 지껄이다, 분부하다 (296회)

λαμβάνω 받다, 얻다, 가져가다, 집어 들다, 받아 가지다, 맞이하다, 모시고 오다 (258회)

πιστεύω 믿다 (241회)

ἀποκρίνομαι 반응하다, 대답하다, 대꾸하다, 되묻다 (231회)

γινώσκω	알다, 배우다 (222회)
ἐξέρχομαι	나가다, 나오다, 출발하다, 떠나가다, 떠나다 (218회)
δύναμαι	수 있다, 위험조차 있다 (210회)
θέλω	원하다, 뜻하다, 바라다, 하려고 하다 (208회)
εἰσέρχομαι	들어오다, 들어서다, 들어가다, 입장하다, 찾아오다 (194회)
γράφω	쓰다, 편지를 부치다, 편지를 보내다 (191회)
εὑρίσκω	찾다, 찾아내다, 만나다, 발견하다, 알다, 보다 (176회)
ἐσθίω	먹다, 먹어 보다 (158회)
ἵστημι	서다, 세우다, 앞에 내세우다, 배치하다, 얹다, 지우다, 견디다, 정하다 (154회)
πορεύομαι	가다, 나가다, 길을 떠나다, 가 있다, 진행하다, 진보하다 (153회)
καλέω	부르다, 일컫다, 불러오다 (148회)
ἐγείρω	일으키다, 뽑아 세우다, 일으켜 세우다 (144회)
ἀγαπάω	사랑하다 (143회)
ἀφίημι	놓아주다, 그냥 내버려 두다 (143회)
ζάω	살다, 살아 있다, 살아나다, 숨이 붙어 있다 (140회)
ἀποστέλλω	보내다, 파견하다, 보내오다, 허하다 (132회)

6.1. 동사의 종류

헬라어 동사는 '비(非)어간모음 동사' 다시 말해, 어미가 μι 인 동사와 '어간모음 동사' 다시 말해, 어미가 ω 인 동사로 크게 분류된다. 위에 나열한 동사 가운데, 어미가 ομαι 인 동사는 '어간모음 동사' 에 속한다. δύναμαι 는 어미가 ομαι 가 아니라 μαι 이기 때문에 '비어간모음 동사' 에 속한다. '어간모음 동사' 는 '어간모음' 혹은 '연결 모음' 이라고 불리는 ο, ε 혹은 ω, η 가 시제어간과 인칭어미 사이에 있는 동사이다. '비(非)어간모음 동사' 는 말 그대로, 시제어간과 인칭어미 사이에 어간모음이 없는 동사이다.

'어간모음 동사' 는 다시, 어간이 모음으로 끝나는 '모음동사' 와 어간이 자음으로 끝나는 '자음동사' 로 나뉜다. '모음동사' 는 다시, 어간이 모음 α, ε, ο로 끝나는 '단축동사' 와, 어간이 모음 υ, ι 로 끝나는 '비단축동사' 로 나뉜다. 앞서 '모음' 을 배울 때, "모음과 모음이 만날 때, '두 소리가 합쳐져 제3의 소리로 변하는 것' 을 '단축' 이라고 부른다." 이렇게 배웠다(1.1.4. 모음단축 참조). 어간이 모음 α, ε, ο로 끝나면 '모음단축' 현상이 일어나고, 어간이 모음 υ, ι로 끝나면 '모음단축' 현상이 일어나지 않는다. 이에, '단축동사, 비단축동사' 라는 용어를 사용한다.

'어간모음 동사' 가운데 어간에 자음으로 끝나는 '자음동사' 는 어간이 폐쇄음으로 끝나는 '폐쇄음동사', 어간이 마찰음으로 끝나는 '마찰음동사', 어간이 파찰음으로 끝나는 '파찰음동사', 어간이 유음으로 끝나는 '유음동사', 어간이 비음으로 끝나는 '비음동사' 로 나뉜다. 참고로, 앞서 '1.2.3. 조음 방법에 따른 분류' 에서 정리했던 것을 떠올리면, 다음과 같다(박 39).

폐쇄음(파열음): π, β, φ, τ, δ, θ, κ, γ, χ
마찰음: σ(ς)
파찰음: ζ
비음: μ, ν, γ(비음: 응)
유음: λ, ρ

위에 있는 서른 개의 동사를 동사 유형별로 분류해보자. 위 동사에는 '어간모음 동사' 와 '자음동사' 에 속하는 '마찰음동사' 와 '파찰음동사' 가 없다. 한편, 폐쇄음동사는 '양순음 자음동사, 치조음 자음동사, 구개음 자음동사' 로 나뉜다. 폐쇄음 가운데, π, β, φ는 양순음이고, τ, δ, θ는 치조음이고, κ, γ, χ는 구개음이다.

6.1.1. 비어간모음 동사

'비어간모음 동사' 는 어미가 μι 인 동사이다. 위 서른 개 가운데 다섯 개가 있다.

εἰμί	이다, 있다
δίδωμι	주다
ἵστημι	세우다
ἀφίημι	놓아주다
δύναμαι	수 있다

신약성경에서 가장 많이 등장하는 εἰμί 동사는 독특한 부분이 많다. 동사의 의미 때문으로 보인다. 본래 어간은 ἐ일 것 같다.

δίδωμι의 어간은 δο이다. 여기에 '어두음+ι' 형태의 어간중복으로 διδο가 되었고, 어미 μι가 붙으면서 ο가 길어져 ω가 되었다.

ἵστημι의 어간은 στα이다. 어간의 어두 자음이 στ 두 개이므로, 일반적인 어간중복이 일어나지 않고 ἱ가 붙었다. 어미 μι 앞에서 α가 η로 길어졌다.

ἀφίημι는 전치사 ἀπό와 동사 ἵημι의 합성어이다. 전치사 ἀπό에 강한 숨표를 가진 모음이 뒤따라와서 ἀφ 형태가 되었다. '방출하다, 던지다, 간절히 바라다'를 의미하는 ἵημι의 본래 어간은 ἑ일 것 같다. 여기에 ἱ가 붙고 어미 μι 앞에서 ε가 η로 길어진 것으로 보인다.

δύναμαι는 어간모음이 없으니 '비어간모음 동사'로 분류하는 것이 좋겠다. 비어간모음 동사가 일반적으로는 '어두음+ι' 형태로 어간이 중복되니, διδύναμαι와 같이 되어야 하겠으나, 그런 형태를 가지지는 않는다. 어미 μαι는 중간태 혹은 수동태 어미이다. 어미 μι가 능동태 어미인 것과 비교된다. 뒤에서 좀 더 자세히 설명하겠지만, 여기서 태를 간단히 이해해보자. 주어가 어떤 동작이나 작용을 했다고 표현하고 싶으면 '능동태'를 쓰고, 주어가 어떤 동작이나 작용을 받았다고 표현하고 싶으면 '수동태'를 쓴다. 그리고 주어가 어떤 동작이나 작용을 했을 뿐 아니라 받았다고 표현하고 싶으면 '중간태'를 쓴다. 어떤 동사가 '능동태'로 쓰이지 않을 때, 기본형을 아예 '중간태나 수동태' 형태로 쓴다. 여기서 '중간태나 수동태 형태'라고 표현하는 이유는 기본형에

쓰이는 '직설법 현재 시제의 중간태' 와 '직설법 현재 시제의 수동태' 형태가 같기 때문이다. 기본형을 '중간태나 수동태 형태' 로 쓰는 동사를 '디포넌트 동사' 혹은 '이태동사' 라고 부른다. 이 책에서는 한국어 표현인 '이태동사' 를 사용한다. 여기서 '이태(異態)' 란 '이상한 태' 의 줄임말이다. 한국어에서는 발견하기 어려운 태라는 말이다.

6.1.2. 비단축동사

비단축동사는 '어간모음 동사' 이면서 '모음동사' 이다. '모음동사' 가운데 어간이 모음 υ, ι로 끝나는 동사가 '비단축동사' 이다. 위 서른 개 가운데 네 개가 있다.

ἀκούω	듣다
πιστεύω	믿다
πορεύομαι	가다
ἐσθίω	먹다

ἀκούω는 어간이 υ로 끝났기에 비단축동사이다.

πιστεύω도 어간이 υ로 끝났기에 비단축동사이다.

πορεύομαι는 어간 πορευ에 어간모음 ο와 어미 μαι가 더해졌다. 앞서 설명한 '이태동사' 이다. '가다' 의 의미를 생각하면, 이태동사인 이유가 조금은 이해가 간다. 주어가 '가면', 분명 주어가 동작을 '하였으나', 주어의 위치가 바뀌었으니 동작은 '받은' 측면도 있는 것이다. 이 단어가 능동태로 쓰이지 않기에 기본형을 '중간태와 수동태 형태' 로 잡았다.

ἐσθίω는 어간이 ι로 끝났기에 비단축동사이다.

6.1.3. 단축동사

'단축동사' 는 '어간모음 동사' 이면서 '모음동사' 이다. '모음동사' 가운데 모음단축이 일어나는 동사로, 어간이 α, ε, ο로 끝난다. 위 서른 개 가운데 여섯 개가 있다. 어간이 α로 끝나는 단어가 세 개, 어간이 ε로 끝나는 단어가 세 개이다. 여섯 개 가운데 어간이 ο로 끝나는 단축동사의 예가 없어서, 예를 들어본다. 어간이 ο로 끝나는 동사 가운데 신약성경에 가장 많이 쓰이는 동사는 '차다, 가득하게 되다'를 뜻하는 πληρόω로 86회 나온다.

ἀγαπάω	사랑하다
ζάω	살다
ὁράω	보다
καλέω	부르다
λαλέω	얘기하다
ποιέω	만들다

ἀγαπάω, ζάω, ὁράω는 어간이 α로 끝나니 단축동사이다. 앞서 '1.1.4. 모음단축'에서 살펴본 것처럼, α가 ε를 만나면 장음 α가 되고, α가 ο를 만나면 ω가 된다. 그리고 단축동사의 특징이 하나 더 있는데 σ와 θ 앞에서 모음이 길어진다. σ와 θ 앞에서 α는 η로 길어진다.

καλέω, λαλέω, ποιέω는 어간이 ε로 끝나니 단축동사이다. 앞서 '1.1.4. 모음단축'에서 살펴본 것처럼, ε가 ε를 만나면 장음 ει가 되고, ε가 ο를 만나면 ου가 된다. 그리고 σ와 θ 앞에서 모음이 길어지는 단축동사의 특징에 따라, σ와 θ 앞에서 ε는 η로 길어진다. 다만, καλέω는 σ 앞에서 ε가 η로 길어지지 않는다.

6.1.4. 폐쇄음동사

폐쇄음은 '파열음'이라고도 부른다. 폐로부터 성대를 통해 나오던 공기가 완전히 폐쇄되었다가 터져 나오는 소리는 조음 위치에 따라 '양순음, 치조음, 구개음'으로 나뉜다('1.2.2. 조음 위치 및 음성의 종류에 따른 분류' 참조).

6.1.4.1. 양순음 자음동사

'어간모음 동사' 이면서, '자음동사' 이면서, '폐쇄음동사' 이면서, 어간이 자음 π, β, φ로 끝나는 동사를 '양순음 자음동사' 라고 부른다. 위 서른 개 가운데 하나가 있다.

γράφω 쓰다

γράφω는 어간이 φ로 끝나기에 양순음 자음동사이다. 자음 π, β, φ가 σ로 시작하는 어미를 만나면, 다시 말해, πσ, βσ, φσ가 되면, 무성음인 σ처럼 양순음이 바뀐다. 즉, πσ는 πσ 그대로 있지만, βσ와 φσ는 πσ가 된다. 그리고 πσ는 이중자음 ψ로 표기된다. 이를 정리하면, '양순음 자음동사 어간의 끝자음 π, β, φ가 σ로 시작하는 어미를 만나면 ψ가 된다.' 이렇게 될 것이다.

한편, 자음 π, β, φ가 θ로 시작하는 어미를 만나면, 다시 말해, πθ, βθ, φθ가 되면, 기식음인 θ처럼 양순음이 바뀐다. 즉, πθ와 βθ는 φθ가 되고, φθ는 φθ 그대로 있다. 그런데, φθ의 경우, 둘 다 기식음이기 때문에, 뒤따라오는 θ가 φ에 흡수되어 φ만 남는다. 이를 정리하면, '양순음 자음동사 어간의 끝자음 π, β, φ가 θ로 시작하는 어미를 만나면, 각각 φθ, φθ, φ가 된다.' 이렇게 될 것이다.

6.1.4.2. 치조음 자음동사

'어간모음 동사' 이면서, '자음동사' 이면서, '폐쇄음동사' 이면서, 어간이 자음 τ, δ, θ로 끝나는 동사를 '치조음 자음동사' 라고 부른다. 위 서른 개 가운데 하나가 있다.

οἶδα 알고 있다

οἶδα의 본래 기본형, 다시 말해 οἶδα의 직설법 현재 능동태 1인칭 단수형은 εἴδω이다. 그런데, εἴδω가 기본형으로 쓰이지 않고, 현재완료 형태인 οἶδα가 기본형으로 쓰인다. 어간이 δ로 끝나기에 치조음 자음동사이다.

치조음 τ, δ, θ가 σ로 시작하는 어미를 만나면, σ만 남는다. 무성음인 τ가 σ를 만나면, τ가 σ에 흡수되어 음가가 사라진다. 유성음 δ가 σ를 만나면 τσ가 되고, 같은 과정을 통해 σ만 남는다. 마찬가지 과정을 통해, θ가 σ를 만나도 σ만 남는다.

한편, 치조음 τ, δ, θ가 θ로 시작하는 어미를 만나면, 모두 σθ가 되는 것이 원칙이다. 다만, 신약성경에서는 τθ가 φθ가 된다.

6.1.4.3. 구개음 자음동사

'어간모음 동사' 이면서, '자음동사' 이면서, '폐쇄음동사' 이면서, 어간이 자음 κ, γ, χ로 끝나는 동사를 '구개음 자음동사' 라고 부른다. 위 서른 개 가운데 일곱 개가 있다.

γινώσκω	알다
εὑρίσκω	찾다
λέγω	말하다
ἔχω	가지다
ἔρχομαι	오다
εἰσέρχομαι	들어오다
ἐξέρχομαι	나가다

γινώσκω와 εὑρίσκω는 어간이 κ로 끝나니 구개음 자음동사이다. λέγω는 어간이 γ로 끝나니 구개음 자음동사이다. ἔχω, ἔρχομαι, εἰσέρχομαι, ἐξέρχομαι는 어간이 χ로 끝나니 구개음 자음동사이다. ἔρχομαι, εἰσέρχομαι, ἐξέρχομαι의 경우, 어간에 어간모음 ο와 어미 μαι가 더해졌다. 앞서 설명한 '이태동사' 이다. πορεύομαι처럼, '오다, 들어오다, 나가다' 의 의미를 생각하면, 이태동사인 이유가 조금은 이해가 간다. 주어가 '오거나 들어오거나 나가면', 분명 주어가 동작을 '하였으나', 주어의 위치가 바뀌었으니 동작은 '받은' 측면도 있는 것이다. 이 단어들이 능동태로 쓰이지 않기에 기본형을 '중간태와 수동태 형태' 로 잡았다.

6.1.5. 유음동사와 비음동사

'어간모음 동사' 이면서, '자음동사' 이면서, 어간이 유음인 λ, ρ로 끝나는 동사를 '유음동사' 라고 부른다. 위 서른 개 가운데 세 개가 있다. 또한, '어간모음 동사' 이면서, '자음동사' 이면서, 어간이 비음인 μ, ν로 끝나는 동사를 '비음동사' 라고 부른다. 위 서른 개 가운데 세 개가 있다. 유음동사와 비음동사를 함께 다루는 이유는 활용의 특성이 같기 때문이다.

ἀποστέλλω 보내다
θέλω 원하다
ἐγείρω 일으키다

ἀποστέλλω와 θέλω는 어간이 λ로 끝나기 때문에 유음동사이다. ἐγείρω는 어간이 ρ로 끝나기 때문에 유음동사이다.

λαμβάνω 받다
ἀποκρίνομαι 반응하다, 대답하다
γίνομαι 생기다

λαμβάνω, ἀποκρίνομαι, γίνομαι 모두 어간이 ν로 끝나기 때문에 비음동사이다. ἀποκρίνομαι와 γίνομαι는 이태동사이다. ἀποκρίνομαι는 전치사 ἀπό와 '판단하다' 라는 의미를 가진 κρίνω의 합성어이다. 뭔가에 대한 반응으로 대꾸나 대답을 한다는 것 자체가 자신에게 영향을 끼치는 것이기에 이태동사로 쓰였을 것이다. γίνομαι 역시 생기거나 어떤 상태가 되는 것을 의미하기에 이태동사로 쓰이는 것이 자연스럽다.

유음동사와 비음동사의 경우, σ로 시작하는 어미를 만나면, σ가 생략되는 것이 보통이다. 때로, ν가 생략되기도 한다. θ로 시작하는 어미를 만나도, θ가 생략되는 것이 보통이지만, 때로 ν가 생략되기도 한다.

6.2. 동사 활용의 요소

이제는 동사 활용의 요소에 대해 살펴본다. 동사 활용의 요소에는 법, 시제, 태, 인칭, 수가 있다. 이 가운데 '수'는 '단수 및 복수'와 연관되고, 명사를 다룰 때 설명하였다. 법을 영어로는 '무드(mood)'라고 한다. 말 그대로 '분위기'를 표현한다. 시제는 '시간 및 공간적 간격'을, 태는 앞서 '6.1.1. 비어간모음 동사'에서 설명한 것처럼 '주어와 동사와의 관계'를, 인칭과 수는 '주어가 가리키는 대상'을 표현한다. 이처럼, 동사는 그 자체로 매우 다양한 것을 담고 있다. 이는 기본형이 '직설법 현재 능동태 1인칭 단수'를 가지고 있는 것으로 미루어 짐작할 수 있다. 다섯 가지 요소를 가지고 있는 것이다.

6.2.1. 법

'분위기'를 표현하는 법에는 네 가지 혹은 여섯 가지가 있다.

직설법: 사건을 기술하거나 대상을 묘사
가정법: 가능이나 개연을 표현
명령법: 방향 제시
희구법: 바라는 바를 표현
부정사: 대상을 객관화하면서 다른 동사와 결합
분사: 대상을 객관화하지 않으면서 다른 동사와 결합

직설법, 가정법, 명령법, 희구법만을 '법'으로 부르기도 하지만, 부정사와 분사의 영역이 크기에, 이 책에서는 부정사와 분사까지 포함하여 법을 여섯 개로 정리한다.

그럼, 비어간모음 동사를 가지고 각각의 동사가 법에 따라 의미가 어떻게 달라지는지 살펴보자. 가정법과 희구법은 직설법과 마찬가지로 현재 능동태 1인칭 단수형이 기본형이다. 명령법은 1인칭이 쓰이지 않기에 현재 능동태 2인칭 단수형이 기본형이다. 부정사와 분사는 '인칭과 수'가 아니라 '성과 수와 격'을 가진다. 부정사는 '성과 수와 격' 이 '중성 단수 대격' 으로 정해져 있으므로, 현재 능동태형이 성과 수와 격에 따라 변하지 않고 하나뿐이다. 분사는 현재 능동태형이 '성, 수, 격' 에 따라 달라지므로 '남성, 단수, 주격' 형을 기본형으로 제시한다.

직설법은 '이다, 있다, 한다' 와 같이, 가정법은 '수 있다' 와 같이, 명령법은 '이어라, 하라' 와 같이, 희구법은 '이기 바란다, 하기 바란다' 와 같이, 부정사는 '인 것, 하는 것' 과 같이, 분사는 '인, 하는' 과 같이 번역된다. 다만, 가정법 1인칭의 경우에는 화자 자신에 대한 가능성이나 개연성을 말하기 때문에 조금은 다른 표현이 더 적절하다. 1인칭 단수는 '이련다, 하련다' 정도가,[30] 1인칭 복수는 '이자, 하자' 정도가 적절하다.[31]

εἰμί 직설법 현재 능동태 1인칭 단수, 내가 이다, 내가 있다
ὦ 가정법 현재 능동태 1인칭 단수, 내가 이련다, 내가 있으련다
ἴσθι 명령법 현재 능동태 2인칭 단수, 네가 이어라, 네가 있어라
εἴην 희구법 현재 능동태 1인칭 단수, 내가 이기 바란다, 내가 있기 바란다
εἶναι 부정사 현재 능동태, 인 것, 있는 것
ὤν 분사 현재 능동태 남성 단수 주격, 인, 있는

δίδωμι 직설법 현재 능동태 1인칭 단수, 내가 주다
διδῶ 가정법 현재 능동태 1인칭 단수, 내가 주련다
δίδου 명령법 현재 능동태 2인칭 단수, 네가 이어라, 네가 주어라
διδοίην 희구법 현재 능동태 1인칭 단수, 내가 주기 바란다
διδόναι 부정사 현재 능동태, 주는 것
διδούς 분사 현재 능동태 남성 단수 주격, 주는

30) '-련다' 는 "'-려고 한다' 가 줄어든 말. 앞으로 그와 같이 하겠다는 화자의 의지를 나타낸다." 이렇게 정의된다.

31) '-자' 는 "해라할 자리에 쓰여, 어떤 행동을 함께하자는 뜻을 나타내는 종결 어미." 이렇게 정의된다.

ἵστημι	직설법 현재 능동태 1인칭 단수, 내가 세우다
ἱστῶ	가정법 현재 능동태 1인칭 단수, 내가 세우련다
ἵστη	명령법 현재 능동태 2인칭 단수, 네가 세우라
ἱσταίην	희구법 현재 능동태 1인칭 단수, 내가 세우기를 바라다
ἱστάναι	부정사 현재 능동태, 세우는 것
ἱστάς	분사 현재 능동태 남성 단수 주격, 세우는

ἀφίημι	직설법 현재 능동태 1인칭 단수, 내가 놓아 주다
ἀφιῶ	가정법 현재 능동태 1인칭 단수, 내가 놓아주련다
ἀφίει	명령법 현재 능동태 2 단수, 네가 놓아주라
ἀφιείην	희구법 현재 능동태 1인칭 단수, 내가 놓아 주기를 바라다
ἀφιέναι	부정사 현재 능동태, 놓아주는 것
ἀφιείς	분사 현재 능동태 남성 단수 주격, 놓아주는

δύναμαι	직설법 현재 능동태 1인칭 단수, 내가 일 수 있다, 내가 할 수 있다
δύνωμαι	가정법 현재 능동태 1인칭 단수, 내가 일 수 있으련다, 내가 할 수 있으련다
(δυνάου)[32]	령법 현재 능동태 2인칭 단수, 네가 일 수 있으라, 네가 할 수 있으라
δυναίμην	희구법 현재 능동태 1인칭 단수, 내가 일 수 있기를 바라다, 내가 할 수 있기를 바라다
δύνασθαι	부정사 현재 능동태, 일 수 있는 것, 할 수 있는 것
δυνάμενος	분사 현재 능동태 남성 단수 주격, 일 수 있는, 할 수 있는

δύναμαι의 변화는 전반적으로 어간모음 동사와 유사하다. 다만, 어간모음이 쓰이지 않았기에, 비어간모음으로 분류하고 변화형을 살펴보았다.

---

32) δύναμαι의 경우, 명령법으로 거의 쓰이지 않는다. 더구나 2인칭 단수형으로는 더더욱 쓰이지 않기에 형태를 추정하기가 어렵다. 대체로 어간모음만 쓰이지 않을 뿐, 어간모음 동사와 유사하게 활용되기에, 형태를 추측해 보았다.

6.2.1.1. 연습문제

※ 동사의 법을 고려하여 다음 문장이나 구의 뜻을 쓰시오.

εἰμὶ πάσας τὰς ἡμέρας (마 28:20)

διδοὺς πᾶσι (행 17:25)

ἀφιέναι ἁμαρτίας (마 9:6; 막 2:7, 10; 눅 5:24)

※ 다음의 의미를 갖는 헬라어 문장이나 구를 쓰시오.

내가 첫째가는 것이다. (계 1:17).

그[거] 자녀들에게 주는 것 (마 7:11; 눅 11:13)

그[거] 땅으로부터인 자는 그[거] 땅으로부터이다. (요 3:31).

6.2.2. 시제

헬라어 시제는 일곱 가지가 있다. 현재와 연관되는 '현재, 현재완료', 미래와 연관되는 '미래, 미래완료', 과거와 연관되는 '미완료과거, 부정과거, 과거완료' 이다. 이 일곱 가지 시제를 '시상접두모음' 이 붙은 여부에 따라, 제1시제와 제2시제로 분류하기도 한다. 시상접두모음이 붙지 않으면 제1시제이고, 붙으면 제2시제이다. 제1시제에는 '현재, 현재완료, 미래, 미래완료' 가 속하고, 제2시제에는 '미완료과거, 부정과거, 과거완료' 가 속한다.[33)]

어간이 자음으로 시작하는 동사는 시상접두모음 ἐ를 단어 맨 앞에 붙이면 된다.[34)] 어간이 모음으로 시작하는 동사는 모음이 길어지는 것을 통해 시상접두모음을 표현한다. α는 η로, ε도 η로, ο는 ω로 길어진다. ι와 υ도 발음은 길어지지만, 장음을 표기하는 알파벳이 따로 없기에 글자가 달라지지는 않는다. 이중모음으로 시작되는 단어의 경우,

---

33) 제1시제 및 제2시제의 어미에 대해서는 박 94-95 및 115-116을 보라.

34) 자세한 것은 박 73-76을 보라.

첫 모음을 길게 바꾸고 이오타의 경우 하기하면 된다. αι는 ῃ가, αυ는 ηυ가, ει는 ῃ가, ευ는 ηυ가, οι는 ῳ가 된다.[35)]

현재완료 시제가 될 때는 어간(語幹)이 중복(重複)된다. 이런 현상을 '어간중복(reduplication)' 이라고 부른다. 대체로 첫 자음이 중복되는데, 어간이 '자음+모음' 으로 시작되면 '자음+ε' 형태로 중복된다. 단, ρ는 ερ로 중복된다. 그리고 중복되는 자음이 '기식음(φ, θ, χ)' 인 경우, 조음위치가 같은 '무성음(π, τ, κ)' 으로 바뀐다. 한편, 어간이 두 개 이상의 자음으로 시작되면 대체로 시상접두모음을 붙이는 식으로 어간중복이 이뤄진다. 즉, ε를 어두에 붙이면 된다. 다만, '폐쇄음(π, β, φ, τ, δ, θ, κ, γ, χ)+비음이나 유음(μ, ν, λ, ρ)' 으로 어간이 시작되는 동사는 첫 자음을 중복시킨다(S 440).[36)] 그리고 앞으로 설명하겠지만, 드물게 어간 앞부분의 '모음+자음' 이 중복되기도 한다.

시제가 가지는 상과 관련하여 정리하면, 현재와 미완료과거는 '미완료상' 을, 미래는 '기대상' 을, 부정과거는 '완료상' 을, 완료는 '상태 및 조건상' 을 가진다. '미완료상' 은 근접상황을 묘사할 때 사용된다. '기대상' 은 기대되는 미래 상황을 표현한다. '완료상' 은 원접 상황을 표현한 것으로 이해된다.

완료는 세 가지가 있는데, 현재완료는 '완결적이고 상태적인 현재 상황 혹은 조건 충족' 을, 과거완료는 '완결적이고 상태적인 과거 상황 혹은 조건충족' 을, 미래완료는 '완결적이고 상태적인 미래 상황 혹은 조건충족' 을 표현한다.

신약성경에서 직설법은 일곱 가지 시제가 모두 쓰인다. 현재는 5529회, 미래는 1604회, 미완료과거는 1640회, 부정과거는 5926회, 현재완료는 836회, 미래완료는 1회, 과거완료는 86회 쓰인다. 그래서 이 책에서는 현재, 미래, 미완료과거, 부정과거, 현재완

---

35) 발음이 길어지는 것으로 시상접두모음을 표현하는 것을 '시간 접두모음(Temporal Augment)' 으로 부르기도 한다(S 435). '발음이 길어지면서 시간을 쓰게 되는 접두모음' 이라는 의미이다.

36) 여기에도 약간의 예외가 있는데, γν, γλ, βλ로 시작되는 단어의 경우에는 모음 ε를 어두에 붙인다.

료까지만 다룬다.

신약성경에서 가정법은 대부분 현재(473회)와 부정과거(1385회) 형태이다. 미래는 3회, 현재완료는 10회 쓰인다. 그래서 이 책에서는 현재와 부정과거형만 다룬다.

신약성경에서 명령법도 대부분 현재(872회)와 부정과거(761회) 형태가 쓰인다. 현재완료가 4회 나온다. 그래서 이 책에서는 현재와 부정과거형만 다룬다.

신약성경에서 희구법은 현재(23회)와 부정과거(45회) 형태로만 쓰인다. 이 책의 경우, 비어간모음에서 제시된 형태만으로 충분하다고 사료된다.

신약성경에서 부정사는 현재(990회)와 부정과거(1241회) 형태가 대부분이다. 미래는 5회, 현재완료는 49회 쓰인다. 이 책에서는 현재와 부정과거 형태만 다룬다.

신약성경에서 분사는 현재(3686회), 부정과거(2286회), 현재완료(673회)가 대부분이다. 미래는 13회 쓰인다. 이 책에서는 현재, 부정과거, 현재완료 형태만 다룬다.

정리하면, 직설법은 현재, 미래, 미완료과거, 부정과거, 현재완료를, 가정법과 명령법과 부정사는 현재 및 부정과거를, 분사는 현재, 부정과거, 현재완료를 다루고, 희구법은 앞으로 다루지 않는다.

이제 비단축동사를 통해 시제의 기본을 배워보자. 우선 '태'는 '능동태'를, '인칭'은 '1인칭'을, '수'는 '단수'형을 소개하되, 이태동사인 πορεύομαι는 '중간태 혹은 수동태' 형태를 소개한다.

6.2.2.1. ἀκούω

직설법 현재 능동태 1인칭 단수, ἀκούω, 내가 듣는다

직설법 미래 능동태 1인칭 단수, ἀκούσω, 내가 들을 것이다

직설법 미완료과거 능동태 1인칭 단수, ἤκουον, 내가 듣고 있었다, 내가 듣는다

직설법 부정과거 능동태 1인칭 단수, ἤκουσα, 내가 들었다

직설법 현재완료 능동태 1인칭 단수, ἀκήκοα, 내가 들었다

우선 형태를 설명하면 현재 ἀκούω의 어미 앞에 σ를 붙여 ἀκούσω가 되면 미래가 된다. σ는 미래를 분별하는 중요한 표지이다. 기대되는 미래 상황을 표현한다.

ἀκούω가 미완료과거가 되면, 시상접두모음 ἐ로 인해 모음 α가 η로 길어진다.[37] 그리고 어미가 ω 대신 ον이 붙는다. 자음으로 시작되는 단어의 경우, 시상접두모음을 그냥 붙이면 되지만, 모음으로 시작되는 경우는 이처럼 모음이 길어지는 것으로 대체된다. α는 η로, ε도 η로, ο는 ω로 길어진다. ι와 υ는 발음은 길어질지라도 글자가 바뀌지는 않는다. 미완료과거는 과거 사건을 근접으로 표현하기에, '내가 듣고 있었다'로 표현해도 좋고, '내가 듣는다'로 표현해도 좋다.

ἀκούω가 부정과거가 되면, 시상접두모음이 붙고, 어미는 σα가 붙는다. σ는 부정과거 능동태를 분별하는 중요한 표지이다. σ만 붙으면 미래이지만, 시상접두모음까지 붙으면 부정과거이다. '내가 들었다' 정도로 표현하면 된다.

ἀκούω가 현재완료가 되면, 어간중복이 일어나는데, 모음으로 시작하는 관계로 모음이 길어진다. 다만, ἀκούω의 경우에는, 첫 모음과 첫 자음이 함께 중복되는 '어간중복'과 더불어 모음이 길어지기까지 한다. 첫 모음과 첫 자음인 ακ가 중복되고 첫 모음까지 길어져 ακηκ와 같이 어두가 되고, 이어지는 모음은 ο로 짧아지고, 어미는 κα 대신 α만 붙었다. 형태를 외우는 것이 좋을 것 같다. ἀκήκοα이다.

가정법 현재 능동태 1인칭 단수, ἀκούω, 내가 들으련다
가정법 부정과거 능동태 1인칭 단수, ἀκούσω, 내가 들으련다

형태상 '직설법 현재 능동태 1인칭 단수' 형와 '가정법 현재 능동태 1인칭 단수' 형은

---

37) 과거를 의미하는 헬라어 시상접두모음으로 모음 ἐ가 쓰이는 이유는 헬라어 모음 가운데 ἐ가 발음하기 가장 쉽기 때문일 수 있다. 히브리어에서도 모음이 유성쉐바로 바뀔 때가 많은데, 그 이유도 유성쉐바의 발음인 '어'가 히브리어 모음 가운데 발음하기 가장 쉽기 때문으로 추측된다.

같다. 직설법인지, 가정법인지는 문장과 문맥을 보고 판단해야 한다. '직설법 미래 능동태 1인칭 단수'와 '가정법 부정과거 능동태 1인칭 단수' 형도 같다. 이 또한 문장과 문맥을 보고 어느 형태인지 정해야 한다. 때로는 두 가지 형태 모두 의미가 통할 수 있다. 의미를 둘 다 '내가 들으련다'로 놓았으나, 가정법 현재는 '구체적이고 즉각적인 상황 기술'이고 가정법 부정과거는 '전체적인 상황 기술'이다.

명령법 현재 능동태 2인칭 단수, ἄκουε, 너는 들으라
명령법 부정과거 능동태 2인칭 단수, ἄκουσον, 너는 들으라

명령법 현재 능동태 2인칭 단수형은 어미 ε만 붙이면 된다. 부정과거는 어미 σον만 붙이면 된다. 현재와 부정과거의 의미를 모두 '너는 들으라'로 적었으나, 현재는 '내부적이거나 진행적인 근접 상황'을, 부정과거는 '외부적이거나 요약적인 전체 상황'을 표현한다.

부정사 현재 능동태, ἀκούειν, 듣는 것
부정사 부정과거 능동태, ἀκοῦσαι, 듣는 것

부정사 현재 능동태형은 어미 ειν만 붙이면 된다. 부정과거는 어미 σαι만 붙이면 된다. 둘의 의미를 모두 '듣는 것'이라 표현했으나, 현재는 '내부적이거나 진행적인 근접 상황'을, 부정과거는 '외부적이거나 요약적인 전체 상황'을 표현한다.

분사 현재 능동태 남성 단수 주격, ἀκούων, 듣는
분사 부정과거 능동태 남성 단수 주격, ἀκούσας, 들은, 듣는
분사 현재완료 능동태 남성 단수 주격, ἀκηκοώς, 들은

분사 현재 능동태 남성 단수 주격은 어미 ων만 붙이면 된다. 부정과거는 어미 σας만 붙이면 된다. 둘의 의미를 '듣는'과 '들은'으로 구분 지을 수 있다. 다만, 부정과거도 문맥에 따라서는 '듣는'으로 표현하는 것이 더 자연스러울 때가 있다. 현재완료는 직설법과 같이 첫 모음과 첫 자음이 중복되고 어미만 완료 어미를 붙힌다. 본래 어미는

κως 이지만 ως 만 붙는다. 의미는 '상태나 조건 성취'를 의미하는 '들은' 정도로 표현된다. 다만, 분사는 본동사와의 관계에 따라 다양한 의미를 가질 수 있다. 이 부분은 이후에 살펴보자.

6.2.2.2. πιστεύω

직설법 현재 능동태 1인칭 단수, πιστεύω, 내가 믿는다
직설법 미래 능동태 1인칭 단수, πιστεύσω, 내가 믿을 것이다
직설법 미완료과거 능동태 1인칭 단수, ἐπίστευον, 내가 믿고 있었다, 내가 믿는다
직설법 부정과거 능동태 1인칭 단수, ἐπίστευσα, 내가 믿었다
직설법 현재완료 능동태 1인칭 단수, πεπίστευκα, 내가 믿었다

우선 형태를 설명하면 현재 πιστεύω의 어미 앞에 σ를 붙여 πιστεύσω가 되면 미래가 된다. σ는 미래를 분별하는 중요한 표지이다. 기대되는 미래 상황을 표현한다.

πιστεύω가 미완료과거가 되면, 시상접두모음 ἐ를 붙이고 어미 ον이 ω 대신 붙는다. 자음으로 시작되는 단어의 경우, 시상접두모음을 그냥 붙이면 된다. 미완료과거는 과거 사건을 근접으로 표현하기에, '내가 믿고 있었다'로 표현해도 좋고, '내가 믿는다'로 표현해도 좋다. 사실, 부정과거의 경우도 문맥에 따라서는 '내가 믿는다'로 표현될 수 있다.

πιστεύω가 부정과거가 되면, 시상접두모음이 붙고, 어미는 σα가 붙는다. σ는 부정과거 능동태를 분별하는 중요한 표지이다. σ만 붙으면 미래이지만, 시상접두모음까지 붙으면 부정과거이다. '내가 믿었다' 정도로 표현하면 된다.

πιστεύω가 현재완료가 되면, 어간중복이 일어나는데, 자음으로 시작하는 관계로 자음+ε 형태인 πε로 자음이 중복된다. 어미는 일반적인 완료 어미인 κα가 붙었다.

가정법 현재 능동태 1인칭 단수, πιστεύω, 내가 믿으려다
가정법 부정과거 능동태 1인칭 단수, πιστεύσω, 내가 믿으려다

형태상 '직설법 현재 능동태 1인칭 단수'와 '가정법 현재 능동태 1인칭 단수' 형은 같다. 직설법인지, 가정법인지는 문장과 문맥을 보고 판단해야 한다. '직설법 미래 능동태 1인칭 단수'와 '가정법 부정과거 능동태 1인칭 단수' 형도 같다. 이 또한 문장과 문맥을 보고 어느 형태인지 정해야 한다. 때로는 두 가지 형태 모두 의미가 통할 수 있다. 의미를 둘 다 '내가 믿으련다'로 번역했으나, 가정법 현재는 '구체적이고 즉각적인 상황 기술'이고 가정법 부정과거는 '전체적인 상황 기술'이다.

명령법 현재 능동태 2인칭 단수, πίστευε, 너는 믿으라
명령법 부정과거 능동태 2인칭 단수, πίστευσον, 너는 믿으라

명령법 현재 능동태 2인칭 단수형은 어미 ε만 붙이면 된다. 부정과거는 어미 σον만 붙이면 된다. 현재와 부정과거의 의미를 모두 '너는 믿으라'로 적었으나, 현재는 '내부적이거나 진행적인 근접 상황'을, 부정과거는 '외부적이거나 요약적인 전체 상황'을 표현한다.

부정사 현재 능동태, πιστεύειν, 믿는 것
부정사 부정과거 능동태, πιστεῦσαι, 믿는 것

부정사 현재 능동태형은 어미 ειν만 붙이면 된다. 부정과거는 어미 σαι만 붙이면 된다. 둘의 의미를 모두 '믿는 것'이라 표현했으나, 현재는 '내부적이거나 진행적인 근접 상황'을, 부정과거는 '외부적이거나 요약적인 전체 상황'을 표현한다.

분사 현재 능동태 남성 단수 주격, πιστεύων, 믿는
분사 부정과거 능동태 남성 단수 주격, πιστεύσας, 믿은, 믿는
분사 현재완료 능동태 남성 단수 주격, πεπιστευκώς, 믿은

분사 현재 능동태 남성 단수 주격은 어미 ων만 붙이면 된다. 부정과거는 어미 σας만 붙이면 된다. 둘의 의미를 '믿는'과 '믿은'으로 구분 지을 수 있다. 다만, 부정과거도 문맥에 따라서는 '믿는'으로 표현하는 것이 더 자연스러울 때가 있다. 현재완료는 어

간중복으로 πε가 붙고 완료 어미 κως가 붙는다. 의미는 '상태나 조건 성취'의 의미를 가진 '믿은'으로 표현된다.

6.2.2.3. πορεύομαι

직설법 현재 이태동사 1인칭 단수, πορεύομαι, 내가 간다
직설법 미래 이태동사 1인칭 단수, πορεύσομαι, 내가 갈 것이다
직설법 미완료과거 이태동사 1인칭 단수, ἐπορευόμην, 내가 가고 있었다, 내가 간다
직설법 부정과거 이태수동 1인칭 단수, ἐπορεύθην, 내가 갔다
직설법 현재완료 이태동사 1인칭 단수, πεπόρευμαι, 내가 갔었다, 내가 갔다

형태는 수동태를 가지지만 수동의 의미를 '내려놓은' 동사를 디포넌트(deponent)라고 하는데, 한국어로는 '이상한 태'라는 의미로 '이태(異態) 동사'라고 부른다. πορεύομαι는 '이태 동사'이다. 보통 '이태 동사'는 능동태로 쓰이지 않는다. 그래서 사전에서 현재 중간태와 수동태 형태를 표제어로 사용한다. 수동의 의미가 없다고는 하지만, 이태 동사가 중간태가 있는 시제임에도 불구하고 굳이 수동태 형태를 취한 경우에는 '수동의 의미'가 도드라진다고 말할 수 있다. 이 책에서는 이태 동사가 '중간태와 수동태 형태가 같은 시제', 다시 말해 '현재, 미완료과거, 현재완료'를 취한 경우에는 '이태동사'로 태를 표기한다. 그리고 이태 동사가 중간태와 수동태 형태가 다른 시제, 다시 말해 '미래, 부정과거'를 취한 경우에는 '이태중간, 이태수동'이라는 표현을 사용한다.

우선 형태를 설명하면 현재 πορεύομαι의 어미 앞에 σ를 붙여 πορεύσομαι가 되면 미래이다. σ는 미래를 분별하는 중요한 표지이다. 기대되는 미래 상황을 표현한다. 어미 ομαι, σομαι가 직설법 현재와 미래의 기본형이라는 것을 기억하는 것이 좋다.
πορεύομαι가 미완료과거가 되면, 시상접두모음 ἐ를 붙이고 어미 ομην이 ομαι 대신 붙는다. 자음으로 시작되는 단어의 경우, 시상접두모음을 그냥 붙이면 된다. 미완료과거는 과거 사건을 근접으로 표현하기에, '내가 가고 있었다'로 표현해도 좋고, '내가 간다'로 표현해도 좋다.

πορεύομαι가 부정과거가 되면, 시상접두모음이 붙고, 어미는 부정과거 중간태 어미인 σαμην 혹은 부정과거 수동태 어미인 θην을 붙이면 된다. πορεύομαι는 부정과거에서 중간태 형태가 쓰이지 않는다. ἐπορεύθην이 '이태동사의 수동태' 이기에 줄여서 '이태수동' 이라고 불렀다. 문맥에 따라 '내가 갔다' 혹은 '내가 간다' 정도로 표현하면 되겠다.

πορεύομαι가 현재완료가 되면, 어간중복으로 πε가 어두에 추가된다. 어미는 일반적인 완료 어미인 μαι가 붙었다. 어간모음 동사라고 해도, 완료 어미에는 어간모음이 붙지 않는다. 그래서 μαι가 붙었다.

가정법 현재 이태동사 1인칭 단수, πορεύωμαι, 내가 가련다
가정법 부정과거 이태동사 1인칭 단수, πορεύσωμαι 혹은 πορευθῶ,
내가 가련다, 내가 가게 되련다.

본래 가정법 현재의 특징은 직설법 현재의 첫 모음이 길어지면서 만들어진다는 특징을 가진다. πορεύωμαι는 이 특징을 잘 보여준다. 현재 능동태의 경우, 어미가 ω이다 보니, 길어져도 형태가 같았다. 반면, '직설법 현재 중간태와 수동태 1인칭 단수' 어미인 ομαι의 경우, 첫 모음이 길어진 ωμαι가 '가정법 현재 중간태와 수동태 1인칭 단수' 어미이다.

가정법 부정과거 이태동사 1인칭 단수형은 중간태인 πορεύσωμαι나, 수동태인 πορευθῶ 둘 다 쓸 수 있다. 현재는 중간태와 수동태 형태가 같지만, 부정과거는 중간태와 수동태 형태가 다르기 때문이다. 이 경우, πορεύσωμαι는 '이태동사의 중간태' 라는 의미로 '이태중간' 이라고, πορευθῶ는 '이태동사의 수동태' 라는 의미로 '이태수동' 이라고 부를 수 있다.

πορεύομαι가 직설법으로 쓰일 때는 중간태로는 쓰이지 않고 수동태로만 쓰이는데, 가정법으로 쓰일 때는 중간태와 수동태 형태가 함께 쓰인다. 이런 경우, 수동태는 수동의 의미를 중간태보다 더 갖는다. 이 경우, 중간태가 '내가 가련다' 정도의 의미라면,

수동태는 '내가 가게 되련다' 정도의 의미를 가질 수 있다.

그리고, 가정법 현재와 부정과거의 의미를 둘 다 '내가 가련다'로 번역했으나, 가정법 현재는 '구체적이고 즉각적인 상황 기술'이고 가정법 부정과거는 '전체적인 상황 기술'이다.

명령법 현재 이태동사 2인칭 단수, πορεύου, 너는 가라
명령법 부정과거 이태수동 2인칭 단수, πορεύθητι 너는 가라

명령법 현재 이태동사 2인칭 단수형은 '명령법 현재 중간태와 수동태 2인칭 단수 어미'인 ου만 붙이면 된다. πορεύομαι의 명령법 부정과거로는 중간태가 쓰이지 않고 수동태만 쓰인다. 직설법과 같다. θητι는 명령법 부정과거 수동태 2인칭 단수 어미이다. 현재와 부정과거의 의미를 모두 '너는 가라'로 적었으나, 현재는 '내부적이거나 진행적인 근접 상황'을, 부정과거는 '외부적이거나 요약적인 전체 상황'을 표현한다.

부정사 현재 이태동사, πορεύεσθαι, 가는 것
부정사 부정과거 이태수동, πορευθῆναι, 가는 것

부정사 현재 이태동사형은 어미 εσθαι만 붙이면 된다. 이것으로 우리는 부정사 현재 어미를 모두 배웠다. 부정사 현재 능동태 어미는 ειν이고, 부정사 현재 중간태와 수동태 어미는 εσθαι이다.

부정사 부정과거는 중간태 어미인 σασθαι를 붙일 수 있을 것 같은데, 수동태로만 쓰여 수동태 어미 θῆναι가 붙는다. 직설법 및 명령법과 마찬가지로 부정사의 경우에도 πορεύομαι는 수동태로만 쓰인다. 현재와 부정과거 둘 다의 의미를 모두 '가는 것'이라 표현했으나, 현재는 '내부적이거나 진행적인 근접 상황'을, 부정과거는 '외부적이거나 요약적인 전체 상황'을 표현한다.

분사 현재 이태동사 남성 단수 주격, πορευόμενος, 가는
분사 부정과거 이태수동 남성 단수 주격, πορευθείς, 간, 가는

분사 현재완료 이태동사 남성 단수 주격, πεπορευμένος, 간

분사 현재 중간태와 수동태 남성 단수 주격 어미는 ομενος이다. ο는 '어간모음' 이고, μεν은 '중간태와 수동태를 표현하는 어미' 이고 ος는 명사에서 배운 'ος 남성명사 주격 어미' 이다. 중간태와 수동태 어미가 같기에 '이태동사' 라고 불렀다. '가는' 정도로 표현할 수 있다.

πορεύομαι는 분사 부정과거의 경우 중간태가 쓰이지 않고 수동태만 쓰인다. 직설법, 명령법, 부정사와 같다. 분사 부정과거 수동태 남성 단수 주격 어미는 θεις이다. 어간 πορευ에 어미 θεις만 붙이면 된다. 의미는 '간' 혹은 '가는' 정도로 표현하면 된다. 부정과거도 문맥에 따라서는 '가는' 으로 표현하는 것이 더 자연스러울 때가 있기 때문이다.

분사 현재완료는 직설법과 마찬가지로 중간태와 수동태 형태가 같다. πορεύομαι가 이태동사이므로, 기본형으로 중간태와 수동태 형태가 쓰인다. 어간이 중복되어 πε가 붙고, 중간태와 수동태의 남성 단수 주격 어미인 μενος가 붙었다. 의미는 '상태나 조건 성취' 를 의미하는 '간' 정도로 표현된다.

6.2.2.4. ἐσθίω

직설법 현재 능동태 1인칭 단수, ἐσθίω, 내가 먹는다
직설법 미래 이태동사 1인칭 단수, φάγομαι, 내가 먹을 것이다
직설법 미완료과거 능동태 1인칭 단수, ἤσθιον, 내가 먹고 있었다, 내가 먹는다
직설법 부정과거 능동태 1인칭 단수, ἔφαγον, 내가 먹었다
직설법 현재완료 능동태 1인칭 단수, ἐδήδοκα, 내가 먹었다

직설법 미래는 현재와 형태가 확연히 구별될 만큼 다르다. '직설법 현재 능동태 1인칭 단수' 형은 ἐσθίω인데, '직설법 미래 이태동사 1인칭 단수' 형은 φάγομαι이다. 우선 어간이 εσθι에서 φαγ로 바뀌었고, 현재에서는 능동태가 쓰여 어미가 ω인데, 미래는 이태동사가 되어 어미로 ομαι를 쓰고 있다. 본래 '먹다' 를 의미하는 단어는 ἔδω였다.

그런데, 이 단어의 명령형인 ἔσθι에 어미 ω를 붙인 형태인 ἔσθω나 ἔσθιω가 기본형으로 쓰이기 시작한 것이다. 그러면서 직설법 현재의 중간태와 수동태 형태인 ἔδομαι가 미래형으로 쓰였다. 그런데, 기본형이 바뀌면서 본래 부정과거의 어간으로 쓰이던 φαγ가 미래에도 쓰이기 시작했다. 미래와 부정과거는 시상접두모음 측면에서 차이가 있기에 구별은 가능하다. 신약성경의 용례에 와서는, ἔσθιω가 기본형이 되었고, 직설법 미래의 기본형은 φάγομαι가 되었다. 우선은 외우는 것이 좋겠다. 그리고 개념상 현재는 이태동사가 아니고, 미래는 이태동사인 것도 생각해 볼 여지가 있다. '장차 먹는 것'을 '주어가 동작을 하지만 동작을 받기도 하는 것'으로 이해했기 때문이다.

ἐσθίω의 미완료과거 기본형은, 시상접두모음 ἐ로 인해 모음 ε가 η로 길어지고 어미가 ω 대신 ον이 붙어 만들어진다. 미완료과거는 과거 사건을 근접으로 표현하기에, '내가 먹고 있었다'로 표현해도 좋고, '내가 먹는다'로 표현해도 좋다.

ἐσθίω의 직설법 부정과거 능동태 1인칭 단수형인 ἔφαγον에 대해서는 새로운 설명이 필요하다. 앞서 이른 것처럼, ἐσθίω는 단어 자체의 변천사가 있다. 그 과정에서 부정과거의 어간인 φαγ가 미래의 어간으로도 쓰이게 되었다. 자, 여기서 우리는 부정과거에서 어간이 바뀐 경우에 대해 주의를 기울일 필요가 있다. 원칙은 이렇다. '어간이 바뀌면 앞선 시제의 어미를 취한다.' 이런 것이다. 다시 말해, 직설법의 경우, 부정과거에서 바뀐 어간이 쓰이면, 앞선 시제인 '미완료과거'의 어미를 취한다. 그리고 미완료과거가 쓰이지 않는 '가정법, 명령법, 희구법, 부정사, 분사'의 경우에는, 부정과거에서 바뀐 어간이 쓰이면 앞선 시제인 '현재'의 어미를 취한다. 어간이 바뀌었느냐, 바뀌지 않았느냐의 판단은 설명이 좀 더 필요한데, 간단히 말하면, '발음상의 이유가 아니면 어간이 바뀐 것으로 본다.' 이 정도로 정리할 수 있을 것이다. 이런 경우의 부정과거를 '제2부정과거'라고 부른다. 부정과거는 부정과거인데, 어미는 미완료과거나 현재 어미가 붙었기 때문이다.

εσθι에서 φαγ로 어간이 달라진 것은 '바뀐 것'으로 보기에 충분하다. 그래서 부정과

거가 될 때, 시상접두모음 ε를 붙이고 미완료과거의 기본 어미인 ον을 단다. 의미는 '내가 먹었다' 정도로 표현하면 되겠다. ἐσθίω가 부정과거에서 이태동사가 아닌 것도 기억할 필요가 있다.

ἐσθίω의 현재완료는 더 이상 쓰이지 않는다. 다만, ἔδω가 기본형으로 쓰일 때는 ἐδήδοκα 형태로 현재완료를 사용했다. 어간중복은 ἀκούω의 현재완료가 ἀκήκοα가 된 것과 유사하게, 첫 모음과 첫 자음이 함께 중복되었다. 어미는 현재완료 기본형의 일반적인 어미인 κα가 붙었다. 의미는 '상태와 조건 충족'을 표현하는 의미에서 '내가 먹었다.' 정도로 표현하면 된다.

가정법 현재 능동태 1인칭 단수, ἐσθίω, 내가 먹으련다
가정법 부정과거 능동태 1인칭 단수, φάγω, 내가 먹으련다

형태상 ἐσθίω의 '직설법 현재 능동태 1인칭 단수' 형과 '가정법 현재 능동태 1인칭 단수' 형은 같다. 직설법인지, 가정법인지는 문장과 문맥을 보고 판단해야 한다. 그러나, 고민할 일은 없을 것이다. ἐσθίω의 '가정법 현재 능동태 1인칭 단수' 형이 쓰이지 않기 때문이다.

ἐσθίω의 '가정법 부정과거 능동태 1인칭 단수' 형은 φάγω이다. 앞서 설명한 것처럼, 어간이 바뀌었다. 제2부정과거이다. 특이한 것은 직설법 미래에서는 이태동사였는데, 가정법 부정과거는 직설법 부정과거와 같이 이태동사가 아니다. 가정법에 미완료과거가 없기 때문에, 현재 어미인 ω를 붙여 부정과거를 표현하였다.
가정법 현재와 부정과거의 의미를 둘 다 '내가 먹으련다'로 놓았으나, 가정법 현재는 '구체적이고 즉각적인 상황 기술'이고 가정법 부정과거는 '전체적인 상황 기술'이다.
명령법 현재 능동태 2인칭 단수, ἐσθίε, 너는 먹으라
명령법 부정과거 능동태 2인칭 단수, φάγε, 너는 먹으라

명령법 현재 능동태 2인칭 단수형은 어간 εσθι에 어미 ε만 붙이면 된다. 부정과거는

어간이 바뀌어 제2부정과거이기에, 바뀐 어간 φαγ에 현재 어미 ε만 붙이면 된다. 현재와 부정과거의 의미를 모두 '너는 먹으라'로 적었으나, 현재는 '내부적이거나 진행적인 근접 상황'을, 부정과거는 '외부적이거나 요약적인 전체 상황'을 표현한다.

부정사 현재 능동태, ἐσθίειν, 먹는 것
부정사 부정과거 능동태, φαγεῖν, 먹은 것, 먹는 것

부정사 현재 능동태형은 어간 εσθι에 어미 ειν만 붙이면 된다. 부정과거는 어간이 바뀌어 제2부정과거이기에, 바뀐 어간 φαγ에 현재 어미 ειν만 붙이면 된다. 현재는 '내부적이거나 진행적인 근접 상황'을 표현하기에 '먹는 것'으로, 부정과거는 '외부적이거나 요약적인 전체 상황'을 표현하기에 '먹은 것' 혹은 '먹는 것'으로 표현할 수 있다.

분사 현재 능동태 남성 단수 주격, ἐσθίων, 먹는
분사 부정과거 능동태 남성 단수 주격, φαγών, 먹은, 먹는
분사 현재완료 능동태 남성 단수 주격, ἐδηδώς, 먹은

분사 현재 능동태 남성 단수 주격도 어간 εσθι에 어미 ων만 붙이면 된다. 분사의 부정과거도 직설법, 가정법, 명령법, 부정사와 마찬가지로 어간이 바뀐 제2부정과거이기에, 바뀐 어간 φαγ에 현재 어미 ων만 붙이면 된다. 현재는 '먹는'으로, 부정과거는 '먹은'이나 '먹는'으로 표현할 수 있다.

분사 현재완료는 직설법 현재완료와 마찬가지로 쓰이지 않는다. 다만, ἔδω가 기본형으로 쓰일 때는 ἐδηδώς 형태로 현재완료를 사용했다. 첫 모음과 첫 자음이 함께 중복되고, 어미 κως에서 κ가 빠진 ως만 붙었다. 의미는 '상태나 조건 충족'을 의미하는 '먹은'으로 표현된다.

6.2.2.5. 연습문제

※ 동사의 시제를 고려하여 다음 문장이나 구의 뜻을 쓰시오.

ἤκουσα παρὰ τοῦ θεοῦ (요 8:40)

πᾶς ὁ ἀκούων (마 7:26)

πᾶς ὁ ἀκούσας (요 6:45)

ὁ πιστεύσας (행 11:21)

πίστευσον ἐπὶ τὸν κύριον Ἰησοῦν (행 16:31)

πορεύσομαι πρὸς τὸν πατέρα (눅 15:18)

εἰς τὰ ἔθνη πορεύσομαι (행 18:6)

πορεύου εἰς γῆν (마 2:20)

πορευθεὶς εἷς τῶν δώδεκα (마 26:14)

ὁ ἐσθίων (막 14:18; 롬 14:3, 6)

※ 다음의 의미를 갖는 헬라어 문장이나 구를 쓰시오.

내가 많은 이들로부터 들었습니다. (행 9:13).

그는 그 말씀을 듣는 자이다. (마 13:20, 22, 23).

나는 그[거] 하나님을 믿는다. (행 27:25. 하나님은 여격으로 쓰시오.)

믿는 자 모두가 (요 3:15, 16; 12:46; 행 13:39; 롬 10:11; 요일 5:1)

그[거] 아버지께로 내가 간다. (요 14:12).

내가 그[거] 아버지께로 간다. (요 14:28; 16:28).

그 형제들에게로 가라. (요 20:17).

다른 이에게 가는 (눅 14:31)

하늘로 간[가셔서] (벧전 3:22)

그 사람의 그 아들이[인자가] 먹는 (마 11:19; 눅 7:34)

6.2.3. 태

앞서 간간이 설명한 것처럼, 헬라어에서 '태'는 주어와 동사와의 관계를 표현한다. 주어가 동작이나 작용을 스스로 한 경우의 태를 '능동태'라고, 주어가 동작이나 작용을 받는 경우의 태를 '수동태'라고, 주어가 동작의 주체 겸 대상이 되는 경우의 태를 '중간태'라고, 수동태를 가지지만 수동의 의미가 없은 태를 '이태'라고 부른다. 이번에는 단축동사로 태를 살펴보자.

앞서 살펴본 단축동사는 모두 여섯 개이다.

ἀγαπάω	사랑하다
ζάω	살다
ὁράω	보다
καλέω	부르다
λαλέω	얘기하다
ποιέω	만들다

이제 위의 단축동사 여섯 개를 통해 법과 태에 따른 변화형을 알아본다.[38] 용례를 고려하여, 직설법은 ἀγαπάω로, 가정법은 ὁράω로, 명령법은 ποιέω로, 부정사는 λαλέω로, 분사는 ζάω와 καλέω를 통해 알아보자. 이 가운데 이태동사가 없기 때문에, 능동태, 중간태, 수동태 순으로 나열한다.

참고로, 앞서 '1.1.4. 모음 단축'에서 살펴본 모음 단축의 특징 가운데, 위 단어들과 관계된 것을 요약해서 다시 보면 다음과 같다.

α + ε = α:
α + ο = ω

---

38) 단축동사 변화의 특징에 대해서는 박 123-132를 보라. 이 책의 주된 목적이 문법 개념을 최소한의 단어로 확립하는 것이기에, 단축동사에 대한 기본 개념을 배우고, 다양한 활용에 대해서는 연습문제에서 연습해 본다.

α + ω = ω

ε + ε = ει(거짓)

ε + ο = ου(거짓)

ε + ω = ω

6.2.3.1. ἀγαπάω의 직설법

직설법 현재 능동태 1인칭 단수, ἀγαπῶ, 내가 사랑한다

직설법 현재 중간태와 수동태 1인칭 단수, ἀγαπῶμαι, 내가 사랑한다, 내가 사랑받는다

사전표제어는 ἀγαπάω이지만, '직설법 현재 능동태 1인칭 단수' 로 쓰이면, 모음 단축이 일어난다. α가 ω가 만나 ω로 흡수되었고, 악센트가 써컴플렉스가 되었다.

'직설법 현재 중간태와 수동태 1인칭 단수' 어미는 앞서 '이태동사' 와 관련하여 배운 것처럼 ομαι이다. 어간 ἀγαπα가 ομαι를 만나면, αο의 모음 단축이 일어난다. 후설모음 ο가 중설모음 α를 흡수하고 길어진다. 그래서 ω가 된다. ἀγαπάω가 대체로 대상을 목적어로 갖기에 중간태로 쓰이는 경우는 드물다. 문맥을 통해 중간태가 가능한 경우라도 기본 의미는 능동태처럼 '내가 사랑한다' 정도가 될 것이다. 목적어가 없고 수동의 의미를 가지면, '내가 사랑받는다' 와 같이 번역될 것이다.

직설법 미래 능동태 1인칭 단수, ἀγαπήσω, 내가 사랑할 것이다

직설법 미래 중간태 1인칭 단수, ἀγαπήσομαι, 내가 사랑할 것이다

직설법 미래 수동태 1인칭 단수, ἀγαπηθήσομαι, 내가 사랑받을 것이다

직설법 미래 능동태는 현재 능동태에 σ만 붙이면 된다. 다만, 단축동사의 경우 σ 앞에서 모음이 길어진다. 그래서 ἀγαπάσω가 아니라 ἀγαπήσω가 되었다.

직설법 미래 중간태도 현재 중간태에 σ만 붙이면 된다. 다만, 단축동사의 경우 σ 앞에서 모음이 길어진다. 그래서 ἀγαπάσομαι가 아니라 ἀγαπήσομαι가 되었다. 기본

의미는 능동태와 마찬가지로 '내가 사랑할 것이다' 로 잡았다. 실제로 중간태가 쓰인다면, 주어가 동작을 받는 것을 고려하여 의미를 부여하면 되겠다.

직설법 미래 수동태는 미래 중간태 어미에 θη만 추가하면 된다. θ는 수동태를 표시하는 중요한 표지이다. 다시 말해, '직설법 미래 수동태 1인칭 단수' 어미는 θησομαι이다. 다만, 단축동사의 경우 θ 앞에서 모음이 길어진다. 그래서 ἀγαπαθήσομαι가 아니라 ἀγαπηθήσομαι가 되었다. 의미는 '내가 사랑받을 것이다' 정도가 될 것이다.

직설법 미완료과거 능동태 1인칭 단수, ἠγάπων, 내가 사랑하고 있었다, 내가 사랑한다.

직설법 미완료과거 중간태와 수동태 1인칭 단수, ἠγαπώμην, 내가 사랑하고 있었다, 내가 사랑받고 있었다

직설법 미완료과거에서는 시상접두모음 ἐ으로 인해 첫 모음 α가 η로 길어진다. 능동태 어미는 ον이지만 모음 단축으로 인해 ἠγάπαον이 ἠγάπων이 된다. 중설모음 α가 후설모음 ο로 흡수되었고, ο가 길어져 ω가 되었다. 의미는 '내가 사랑하고 있었다' 혹은 '내가 사랑한다' 정도가 될 것이다.

직설법 중간태와 수동태 어미는 ομην인데, 모음 단축으로 인해 ἠγαπαόμην이 ἠγαπώμην이 된다. 중설모음 α가 후설모음 ο로 흡수되었고, ο가 길어져 ω가 되었다. 중간태는 '내가 사랑하고 있었다.' 하는 의미에 주어가 동작을 받는 부분을 추가하면 된다. 수동태는 '내가 사랑받고 있었다' 정도로 번역된다.

직설법 부정과거 능동태 1인칭 단수, ἠγάπησα, 내가 사랑했다, 내가 사랑한다
직설법 부정과거 중간태 1인칭 단수, ἠγαπησάμην, 내가 사랑했다
직설법 부정과거 수동태 1인칭 단수, ἠγαπήθην, 내가 사랑받았다, 내가 사랑받는다

직설법 부정과거에서도 미완료과거와 같이 시상접두모음 ἐ가 붙어 첫 모음 α가 η로 길어진다. 능동태의 경우 어미 σα를 붙이면 된다. 다만, 단축동사이기에 σ 앞에서 모

음 α가 η로 길어져, ἠγάπασα가 아니라 ἠγάπησα가 되었다. 번역은 '전체적인 요약 기술'의 의미로, '내가 사랑했다' 혹은 '내가 사랑한다' 정도면 될 것이다.

직설법 부정과거는 중간태와 수동태 형태가 다르다. '직설법 부정과거 중간태 1인칭 단수' 어미는 σαμην이다. 다만, 단축동사이기에 σ 앞에서 모음 α가 η로 길어져, ἠγαπασάμην이 아니라 ἠγαπησάμην이 되었다. 의미는 '내가 사랑했다'에 주어가 동작을 받는 것을 추가하면 될 것이다.

'직설법 부정과거 수동태 1인칭 단수 어미'는 θην이다. θ는 수동태를 표현하는 중요한 표지이다. 단축동사의 특징에 따라, θ 앞에서 모음 α가 η로 길어져, ἠγαπάθην이 아니라 ἠγαπήθην이 되었다. 의미는 '전체적인 요약 기술'의 의미로, '내가 사랑받았다' 혹은 '내가 사랑받는다' 정도가 될 것이다.

직설법 현재완료 능동태 1인칭 단수, ἠγάπηκα, 내가 사랑했다
직설법 현재완료 중간태와 수동태 1인칭 단수, ἠγάπαμαι, 내가 사랑했다, 내가 사랑받았다

직설법 현재완료의 경우 어간중복이 되나, 모음으로 시작하는 단어는 첫 모음이 길어지는 방식으로 어간중복이 일어난다. 그러다 보니, 미완료과거 및 부정과거와 동일한 어두를 갖게 되었다. '직설법 현재완료 능동태 1인칭 단수' 어미는 κα이다. κ 앞에서 모음은 대체로 길어진다. 그래서 ἠγάπακα가 아니라 ἠγάπηκα가 되었다. 의미는 '상태나 조건 성취'의 의미로 '내가 사랑했다' 정도가 될 것이다.

직설법 현재완료의 중간태와 수동태 형태는 같다. 이는 직설법 현재 및 미완료과거의 특징이기도 하다. '직설법 현재완료 중간태와 수동태 1인칭 단수' 어미는 μαι이다. '직설법 현재 중간태와 수동태 1인칭 단수' 어미인 ομαι에서 어간모음 ο가 빠진 형태이다. 능동태와 마찬가지로 어간중복이 첫 모음이 길어지는 방식으로 이뤄지고 어미 μαι가 붙어 ἠγάπαμαι가 되었다. 중간태는 '내가 사랑했다'에 주어가 동작을 받는 의미가 추가될 것이고, 수동태는 '내가 사랑받았다' 정도가 될 것이다. 둘 다 '상태나

조건 성취'의 의미를 갖는다.

6.2.3.2. ὁράω의 가정법

가정법 현재 능동태 1인칭 단수, ὁρῶ, 내가 보련다
가정법 현재 중간태와 수동태 1인칭 단수, ὁρῶμαι, 내가 보련다, 내가 보이련다

가정법의 일반적인 특징은 직설법 어미의 첫 모음이 길어진다는 것이다. 다만, 1인칭 어미가 ω인 경우에는 더 이상 길어질 수 없기에 악센트가 써컴플렉스가 된다. ὁράω의 경우 직설법 현재와 가정법 현재의 능동태 1인칭 단수형이 같다. 둘 다 모음 단축이 일어나 ὁρῶ가 된다. α가 ω에 흡수되었다. '내가 보련다' 정도의 의미이다.

'가정법 현재 중간태와 수동태 1인칭 단수' 어미는 ωμαι이다. '직설법 현재 중간태와 수동태 1인칭 단수' 어미인 ομαι에서 첫 모음 ο가 ω로 길어져 만들어진다. ορα에 ωμαι가 붙으면, '어간의 마지막 모음'인 중설모음 α가 '어미의 첫 모음'인 후설모음 ω에 흡수된다. 중간태는 '내가 보련다'에 주어가 동작을 받는 개념이 추가되고, 수동태는 '내가 보이련다' 정도의 의미를 갖는다.

가정법 부정과거 능동태 1인칭 단수, ἴδω, 내가 보련다
가정법 부정과거 중간태 1인칭 단수, ἴδωμαι, 내가 보련다
가정법 부정과거 수동태 1인칭 단수, ὁραθῶ, ὀφθῶ, 내가 보이련다

가정법 부정과거의 경우 대체로 어간이 바뀌어 제2부정과거로 쓰였다. 능동태와 중간태의 경우에는, 어간이 ιδ로 바뀌었다. 그래서 현재 어미 ω와 ωμαι를 붙였다. 의미는 둘 다 '내가 보련다' 정도인데, 중간태의 경우에는 주어가 동작을 받는다고 여기고 개념을 형성하면 된다.

'가정법 부정과거 수동태 1인칭 단수' 어미는 θω이다. 본래의 어간을 유지한 형태인 ὁραθῶ와 어간 οπ가 사용된 ὀφθῶ 두 가지 형태가 쓰였다. 어간 οπ는 주로 직설법

미래형에 사용되는 어간인데, 가정법 부정과거 수동태형에도 쓰인다. 어간이 οπ로 바뀌었지만, 마치 바뀌지 않은 것처럼, 본래 가정법 부정과거 수동태 어미인 θω를 붙여, 가정법 부정과거 수동태 1인칭 단수형인 ὀφθῶ가 되었다. 미래에 사용되는 어간이고, 부정과거에 사용되는 어간 ιδ가 따로 있기에, 어간이 바뀌지 않은 것으로 취급하는 것 같다. οπ가 θω를 만나면, 무성음 π가 기식음 θ의 영향을 받아, 조음위치가 같으면서 기식음인 φ가 된다. 의미는 '내가 보이련다' 정도가 될 것이다.

6.2.3.3. ποιέω의 명령법

명령법 현재 능동태 2인칭 단수, ποίει, 너는 만들라
명령법 현재 중간태와 수동태 2인칭 단수, ποιοῦ, 너는 만들어라, 너는 만들어져라

'명령법 현재 능동태 2인칭 단수' 어미는 ε이다. 어간 ποιε가 어미 ε가 만나, 모음 단축이 일어났다. ε가 ε를 만나면 ει가 된다. '너는 만들라' 정도의 의미이지만, 결합되는 단어에 따라 의미가 다양하게 바뀔 수 있다.

'명령법 현재 중간태와 수동태 2인칭 단수' 어미는 ου이다. 어간 ποιε가 어미 ου를 만나, 모음 단축이 일어났다. ε가 ο를 만나면 ου가 된다. 그리고 ου가 υ와 합쳐지면서, 악센트가 써컴플렉스가 되었다. 중간태는 '너는 만들어라' 정도로 번역이 가능하다. 능동태 번역인 '너는 만들라'와 어미를 달리해 보았다. '-라'는 "하라체를 사용할 자리에 쓰여, 구체적으로 정해지지 않은 청자나 독자에게 책 따위의 매체를 통해 명령의 뜻을 나타내는 종결 어미"로, '-어라'는 "해라할 자리에 쓰여, 명령의 뜻을 나타내는 종결 어미"로 정의된다.

명령법 부정과거 능동태 2인칭 단수, ποίησον, 너는 만들라
명령법 부정과거 중간태 2인칭 단수, ποιῆσαι, 너는 만들어라
명령법 부정과거 수동태 2인칭 단수, ποιήθητι, 너는 만들어져라

'명령법 부정과거 능동태 2인칭 단수' 어미는 σον이다. σ 앞에서 ε가 η로 길어졌다.

중간태 어미는 σαι 이고, 마찬가지로 σ 앞에서 ε가 η로 길어졌다. 수동태는 거의 쓰이지 않지만, 어미 θητι를 붙여 형태를 만들면, ποιήθητι가 된다. 의미는 현재와 거의 같게 제시했지만, 부정과거의 경우 '전체적인 방향 제시' 로 이해하면 된다.

6.2.3.4. λαλέω의 부정사

부정사 현재 능동태, λαλεῖν, 얘기하는 것
부정사 현재 중간태와 수동태, λαλεῖσθαι, 얘기하는 것, 얘기되는 것

부정사 현재 능동태 어미는 ειν이다. 어간 λαλε가 어미 ειν을 만나면, ε + ε는 ει가 되고, ει + ι는 ει가 되면서 악센트가 써컴플렉스가 된다. '얘기하는 것' 정도를 의미한다.

부정사 현재 중간태와 수동태 어미는 εσθαι 이다. 어간 λαλε가 어미 εσθαι를 만나면, λαλεῖσθαι가 된다. ε + ε가 ει가 되기 때문이다. 중간태는 '얘기하는 것' 으로 번역되나, 주어가 영향을 받는 것을 생각하면 된다. 수동태이면, '얘기되는 것' 으로 번역하면 된다.

부정사 부정과거 능동태, λαλῆσαι, 얘기한 것
부정사 부정과거 중간태, λαλήσασθαι, 얘기한 것
부정사 부정과거 수동태, λαληθῆναι, 얘기된 것

부정사 부정과거 어미는 능동태, 중간태, 수동태 순으로 σαι, σασθαι, θηναι이다. 사실 이 어미만 외우면 된다. λαλέω가 단축동사이므로, σ와 θ 앞에서 ε가 η로 길어진다. 그래서, λαλῆσαι, λαλήσασθαι, λαληθῆναι가 되었다. 의미는 '얘기한 것, 얘기한 것, 얘기된 것' 정도로 표현하면 되겠다. 중간태의 경우, 주어가 동작을 받는다고 여기고 의미를 생각하면 된다.

6.2.3.5. ζάω와 καλέω의 분사

분사 현재와 부정과거는 ζάω를 통해, 분사 현재완료는 καλέω를 통해 살펴보자.
분사 현재 능동태 남성 단수 주격, ζῶν, 사는, 살아 있는, 살면서
분사 현재 중간태와 수동태 남성 단수 주격, ζώμενος, 사는, 살려지는

'분사 현재 능동태 남성 단수 주격' 어미는 ων이다. 어간 ζα에 어미 ων이 만나면 모음 단축이 일어나 ζῶν이 된다. 이미 여러 번 살펴본 것처럼, α와 ω가 만나면, 중설모음 α가 후설모음 ω에 흡수되고, 악센트가 써컴플렉스가 된다. 의미는 '사는, 살면서' 정도가 될 것이다.

'분사 현재 중간태와 수동태 남성 단수 주격' 어미는 앞서 배운 것처럼 ομενος이다. ο는 '어간모음'이고, μεν은 '중간태와 수동태를 표현하는 어미'이고 ος는 명사에서 배운 'ος 남성명사 주격 어미'이다. 중간태는 '사는' 정도로, 수동태는 '살려지는' 정도로 의미를 표현하면 되겠다.

분사 부정과거 능동태 남성 단수 주격, ζήσας, 산, 사는
분사 부정과거 중간태 남성 단수 주격, ζησάμενος, 사는
분사 부정과거 수동태 남성 단수 주격, ζηθείς, 살려진

분사 부정과거 남성 단수 주격 어미는 능동태, 중간태, 수동태 순으로 σας, σαμενος, θεις이다. ζάω가 단축동사이므로 σ와 θ 앞에서 α가 η로 길어졌다. 능동태 의미는 '산' 혹은 '사는' 도 괜찮다. 중간태는 '사는' 정도로 표현이 가능하다. 수동태는 '살려진' 정도로 표현이 가능한다.

이제, καλέω를 통해 분사의 현재완료 형태와 의미를 살펴본다.

분사 현재완료 능동태 남성 단수 주격, κεκληκώς, 부른
분사 현재완료 중간태와 수동태 남성 단수 주격, κεκλημένος, 부른, 불린

우선 '분사 현재완료 능동태 남성 단수 주격' 어미는 κως이다. 어간중복이 κε로 이뤄

졌고 어간이 καλε에서 κλη가 되었다. 그래도 어간이 바뀌었다고 생각하지 않는 것은, καλε에서 κλη로의 변화가 발음 측면으로 이해되기 때문이다. 의미는 '상태나 조건 성취'를 의미하는 '부른' 정도로 표현하면 되겠다. 참고로, 어간 κλη는 직설법 미래 수동태, 직설법 부정과거 수동태, 직설법 현재완료 중간태 및 수동태, 가정법 부정과거 수동태와 같이 수동태형에도 쓰인다.

'분사 현재완료 중간태와 수동태 남성 단수 주격' 어미는 μενος이다. 현재완료 어미에는 어간모음이 붙지 않는다. 그래서 어간 κλη에 어간중복 κε가 앞에 붙고, 어미 μενος가 어간의 뒤에 붙었다. 중간태는 '부른' 으로, 수동태는 '불린' 으로 표현하면 되겠다.

6.2.3.6. 연습문제

※ 동사의 태를 고려하여 다음 문장이나 구의 뜻을 쓰시오.

ἀγαπῶ τὸν πατέρα (요 14:31)[39]
ὁ ἀγαπῶν τὸν θεὸν (요일 4:21)
ἀγαπήσας τοὺς ἰδίους (요 13:1)
ἑώρακα τὸν κύριον (요 20:18)[40]
ἔργον ποίησον (딤후 4:5)
ἓν ἔργον ἐποίησα (요 7:21)
πάντα ποιῶ διὰ τὸ εὐαγγέλλιον (고전 9:23)

---

39) ἀγαπῶ는 단축동사 ἀγαπάω의 직설법 현재 능동태 1인칭 단수형일 수도 있고, 가정법 현재 능동태 1인칭 단수형일 수도 있다. 문맥을 고려할 때, 이 단어는 이 구절에서 직설법으로 쓰였다. α가 ω를 만나, 후설모음 ω가 중설모음 α를 흡수했다.

40) ἑώρακα는 ὁράω의 직설법 현재완료 능동태 1인칭 단수형이다. 모음으로 시작되는 단어이므로 첫 단어가 길어진 현재완료 형(ὤρηκα)이 쓰이기도 하고, 첫 모음과 첫 자음이 중복된 현재완료 형(ὁρώρηκα)가 쓰이기도 하는데, 자주 쓰이는 단어여서 그런지 어간 ορα가 살아있는 형태에 첫 모음이 길어지고 시상접두모음 ἐ가 붙어 있는 형태로 현재완료가 되었다.

λαληθῆναι τὸν λόγον τοῦ θεοῦ (행 13:46)[41]

ὁ ζῶν πατήρ (요 6:57)

※ 다음의 의미를 갖는 헬라어 문장이나 구를 쓰시오.

내가 그[거] 하나님을 사랑한다. (요일 4:20).

너는 그 손들을 보라[부정과거 명령]. (요 20:27).

너는 선한 일[관사]을 하라[현재 명령]. (롬 13:3).

너는 그[거] 지난번 일들을 행하라[부정과거 명령]. (계 2:5).

그 아버지의 그 이름으로 나는 행한다. (요 10:25).

그 예수의 그 이름에 근거하여 얘기하는 것[현재 부정사] (행 5:40)

그[거] 거룩한 영에 의해 그[거] 말씀을 얘기한 것[부정과거 부정사] (행 16:6)

그[거] 하나님의 그[거] 말씀이 살아 있는[있어서] (히 4:12)

그[거] 하나님에 의해 불리는[부르심을 받은, 현재분사] (히 5:4)

41) 6.2.5.1.에서 설명되겠지만, 부정사는 '대격' 이기에 주어와 목적어 모두 '대격' 형태를 취한다.

6.2.4. 인칭과 수

이제 동사 인칭과 수에 따라 동사가 어떻게 활용되는지 살펴본다. 인칭은 '말하는 사람이 자신'을 가리키는 1인칭, '말을 듣는 사람'을 가리키는 2인칭, '말을 하고 듣는 사람을 제외한 나머지'를 가리키는 3인칭이 있다. 수는 앞서 설명한 대로, '단수'와 '복수'가 있다.

동사의 인칭과 수는 직설법, 가정법, 명령법, 희구법에 적용된다. 이 책에서는 희구법은 자세히 다루지 않기에, 직설법, 가정법, 명령법이 인칭과 수에 따라 어떤 변화형을 갖는지 배워본다.

이를 위해 지금까지 사용하지 않은 단어 λύω를 사용하려 한다. 이 단어는 '결박을 풀다, (끈을) 풀다, 벗다, 흩다, 부서지다'와 같은 의미를 갖는다. 이 단어를 사용하는 이유는 기존의 문법서들이 동사의 기본 변화를 이 단어로 표현해 왔기 때문이다.

6.2.4.1. 직설법

시제는 '현재, 미래, 미완료과거, 부정과거, 현재완료' 순으로 나열하고, 인칭과 수는 '1인칭 단수, 2인칭 단수, 3인칭 단수, 1인칭 복수, 2인칭 복수, 3인칭 복수' 순으로 나열한다. 3인칭 단수의 주어는 '그'로 통일한다. 3인칭 단수가 여성일 수도 있고 중성일 수도 있어서, 대부분의 문법서에서 '그, 그녀, 그것'을 주어로 표현한다. 하지만, 일단 기본 의미를 익히는 것이 중요하기에 '그'로 통일하고, 예문을 다룰 때 문장에서 가리키는 성을 고려하여 표현을 달리하도록 한다.

그리고 중간태의 경우 능동태와 동일한 의미를 부여했으나, 주어가 동작을 받는다는 점이 고려되어야 한다. 다만, 각각의 단어의 의미에 따라 '주어가 동작을 받는 부분'에 대한 표현이 달라지기에, 기본 의미는 능동태와 동일하게 표현한다.

제2부정과거형은 따로 넣지 않는다. λύω 동사가 제2부정과거를 쓰지 않기도 하지만, 한 단계 앞선 시제인 미완료과거 어미를 붙이면 되기 때문이다.

직설법 현재 능동태

1인칭 단수, λύω, 내가 푼다

2인칭 단수, λύεις, 네가 푼다

3인칭 단수, λύει, 그가 푼다

1인칭 복수, λύομεν, 우리가 푼다

2인칭 복수, λύετε, 너희가 푼다

3인칭 복수, λύουσι, 그들이 푼다

직설법 현재 능동태 어미는 ω, εις, ει, ομεν, ετε, ουσι이다. 3인칭 복수의 경우, 단어가 문장의 끝에 오거나 이어지는 단어가 모음으로 시작할 때는 '변칙자음 ν' 가 추가된다.

직설법 현재와 관련하여 εἰμί 동사의 변화를 살펴볼 필요가 있다. εἰμί 동사는 직설법 현재의 경우 능동태로만 쓰인다. 3인칭 단수와 복수형에는 '변칙자음 ν' 가 추가되기도 한다.

1인칭 단수, εἰμί, 나는 이다, 내가 있다

2인칭 단수, εἶ, 너는 이다, 네가 있다

3인칭 단수, ἐστί(ν), 그가[그녀가, 그것이] 이다, 그가[그녀가, 그것이] 있다

1인칭 복수, ἐσμέν, 우리가 이다, 우리가 있다

2인칭 복수, ἐστέ, 너희가 이다, 너희가 있다

3인칭 복수, εἰσί(ν), 그들이 이다, 그들이 있다

형태를 보면, 이해하기 어려울 정도로 규칙적이지 않다. 많이 쓰이는 단어이니 구별을 위해 노력이 많이 가미된 것으로 보인다. 본래 제1시제 직설법 능동태 어미가 '없거나 μι, σ 혹은 θα, σι, μεν, τε, νσι' 인 것을 고려하면, 어미를 대체로 예상할 수 있다. 어간이 ε이므로, 1인칭 단수, 2인칭 단수, 3인칭 복수의 어두는 어간 중복으로 이해할 수 있다. 2인칭 단수에 σ가 붙지 않은 이유는 전치사 εἰς와 구별하기 위해서로 보인

다. 3인칭 복수가 εἰνσί가 아닌 것은 발음에서 이유를 찾을 수 있다. 3인칭 단수, 1인칭 복수, 2인칭 복수에 어간 중복이 아니라 σ가 추가된 것도 구별을 위한 것으로 이해하고 외우는 것이 필요하다. 참고로, 3인칭 단수와 복수형에는 '변칙자음 뉘' 가 쓰인다.

직설법 현재 중간태와 수동태

1인칭 단수, λύομαι,	내가 푼다, 내가 풀린다
2인칭 단수, λύῃ,	네가 푼다, 네가 풀린다
3인칭 단수, λύεται,	그가 푼다, 그가 풀린다
1인칭 복수, λυόμεθα,	우리가 푼다, 우리가 풀린다
2인칭 복수, λύεσθε,	너희가 푼다, 너희가 풀린다
3인칭 복수, λύονται,	그들이 푼다, 그들이 풀린다

직설법 현재 중간태와 수동태 어미는 ομαι, ῃ, εται, ομεθα, εσθε, ονται이다.

직설법 미래 능동태

1인칭 단수, λύσω,	내가 풀 것이다
2인칭 단수, λύσεις,	네가 풀 것이다
3인칭 단수, λύσει,	그가 풀 것이다
1인칭 복수, λύσομεν,	우리가 풀 것이다
2인칭 복수, λύσετε,	너희가 풀 것이다
3인칭 복수, λύσουσι,	그들이 풀 것이다

'직설법 미래 능동태' 어미는 '직설법 현재 능동태' 어미에 σ만 붙이면 된다. 어미는 σω, σεις, σει, σομεν, σετε, σουσι이다. 3인칭 복수의 경우, 단어가 문장의 끝에 오거나 이어지는 단어가 모음으로 시작할 때는 '변칙자음 뉘' 가 추가된다.

직설법 미래 중간태

1인칭 단수, λύσομαι, 내가 풀 것이다
2인칭 단수, λύσῃ, 네가 풀 것이다
3인칭 단수, λύσεται, 그가 풀 것이다
1인칭 복수, λυσόμεθα, 우리가 풀 것이다
2인칭 복수, λύσεσθε, 너희가 풀 것이다
3인칭 복수, λύσονται, 그들이 풀 것이다

'직설법 미래 중간태' 어미는 '직설법 현재 중간태와 수동태' 어미에 σ만 붙이면 된다. 어미는 σομαι, σῃ, σεται, σομεθα, σεσθε, σονται이다.

직설법 미래와 관련하여 εἰμί 동사의 변화를 살펴볼 필요가 있다. εἰμί 동사는 직설법 미래의 경우 중간태로만 쓰인다. 위 어미 앞에 ε가 붙은 형태이다. 3인칭 단수만 어미가 달라진다. ἔσεται보다 ἔσται가 간결하고 분명하며 발음하기 편하다.

1인칭 단수, ἔσομαι, 나는 일 것이다, 있을 것이다
2인칭 단수, ἔσῃ, 너는 일 것이다, 있을 것이다
3인칭 단수, ἔσται, 그가[그녀가, 그것이] 일 것이다, 있을 것이다
1인칭 복수, ἐσόμεθα, 우리가 일 것이다, 있을 것이다
2인칭 복수, ἔσεσθε, 너희가 일 것이다, 있을 것이다
3인칭 복수, ἔσονται, 그들이 일 것이다, 있을 것이다

직설법 미래 수동태

1인칭 단수, λυθήσομαι, 내가 풀릴 것이다
2인칭 단수, λυθήσῃ, 네가 풀릴 것이다
3인칭 단수, λυθήσεται, 그가 풀릴 것이다
1인칭 복수, λυθησόμεθα, 우리가 풀릴 것이다
2인칭 복수, λυθήσεσθε, 너희가 풀릴 것이다
3인칭 복수, λυθήσονται, 그들이 풀릴 것이다

'직설법 미래 수동태' 어미는 '직설법 미래 중간태' 어미에 θη만 붙이면 된다. 어미는 θησομαι, θησῃ, θησεται, θησομεθα, θησεσθε, θησονται이다.

직설법 미완료과거 능동태

1인칭 단수, ἔλυον,	내가 풀고 있었다, 내가 푼다
2인칭 단수, ἔλυες,	네가 풀고 있었다, 네가 푼다
3인칭 단수, ἔλυε,	그가 풀고 있었다, 그가 푼다
1인칭 복수, ἐλύομεν,	우리가 풀고 있었다, 우리가 푼다
2인칭 복수, ἐλύετε,	너희가 풀고 있었다, 너희가 푼다
3인칭 복수, ἔλυον,	그들이 풀고 있었다, 그들이 푼다

'직설법 미완료과거 능동태' 어미는 ον, ες, ε, ομεν, ετε, ον이다. 어두에 시상접두모음 ἐ가 붙는다. 1인칭 단수 어미와 3인칭 복수 어미가 같다는 특징이 있다. 그리고 3인칭 단수의 경우, 단어가 문장의 끝에 오거나 이어지는 단어가 모음으로 시작할 때는 '변칙자음 뉘' 가 추가된다.

직설법 미완료과거 중간태와 수동태

1인칭 단수, ἐλυόμην,	내가 풀고 있었다, 내가 풀리고 있었다
2인칭 단수, ἐλύου,	네가 풀고 있었다, 네가 풀리고 있었다
3인칭 단수, ἐλύετο,	그가 풀고 있었다, 그가 풀리고 있었다
1인칭 복수, ἐλυόμεθα,	우리가 풀고 있었다, 우리가 풀리고 있었다
2인칭 복수, ἐλύεσθε,	너희가 풀고 있었다, 너희가 풀리고 있었다
3인칭 복수, ἐλύοντο,	그들이 풀고 있었다, 그들이 풀리고 있었다

'직설법 미완료과거 중간태와 수동태' 어미는 ομην, ου, ετο, ομεθα, εσθε, οντο이다. 어두에 시상접두모음 ἐ가 붙는다.

직설법 미완료과거와 관련하여 εἰμί 동사의 변화를 살펴볼 필요가 있다. εἰμί 동사는 직설법 미완료의 경우, 능동태 형태와, 중간태 및 수동태 형태가 섞어 쓰인다. 직설법 미완료 어미 앞에 η가 붙은 형태이다. 본래 어간이 ε이므로 모음이 길어졌다고 이해하면 된다. 다만, 1인칭 단수, 1인칭 복수, 2인칭 복수에는 제2시제 직설법 중간태 어미가 붙었다. 제2시제 직설법 중간태 어미는 μην, σο, το, μεθα, σθε, ντο이다. 구별을 위해 3인칭 복수형에는 부정과거 어미인 σαν을 붙였다. 이는 제2부정과거에서 종종 일어나는 현상이다.

1인칭 단수, ἤμην,	나는 있었다, 였다
2인칭 단수, ἦς 혹은 ἦσθα,	너는 있었다, 였다
3인칭 단수, ἦν,	그가[그녀가, 그것이] 있었다, 였다
1인칭 복수, ἦμεν 혹은 ἤμεθα,	우리가 있었다, 였다
2인칭 복수, ἦτε 혹은 ἦστε,	너희가 있었다, 였다
3인칭 복수, ἦσαν,	그들이 있었다, 였다

직설법 부정과거 능동태

1인칭 단수, ἔλυσα,	내가 풀었다, 내가 푼다
2인칭 단수, ἔλυσας,	네가 풀었다, 네가 푼다
3인칭 단수, ἔλυσε,	그가 풀었다, 그가 푼다
1인칭 복수, ἐλύσαμεν,	우리가 풀었다, 우리가 푼다
2인칭 복수, ἐλύσατε,	너희가 풀었다, 너희가 푼다
3인칭 복수, ἔλυσαν,	그들이 풀었다, 그들이 푼다

'직설법 부정과거 능동태' 어미는 σα, σας, σε, σαμεν, σατε, σαν이다. 어두에 시상접두모음 ἐ가 붙는다. '시상접두모음과 σ' 가 직설법 부정과거 능동태를 알아차리는 중요한 요소이다. 그리고 3인칭 단수의 경우, 단어가 문장의 끝에 오거나 이어지는 단어가 모음으로 시작할 때는 '변칙자음 뉘' 가 추가된다.

직설법 부정과거 중간태

1인칭 단수, ἐλυσάμην, 내가 풀었다
2인칭 단수, ἐλύσω, 네가 풀었다
3인칭 단수, ἐλύσατο, 그가 풀었다
1인칭 복수, ἐλυσάμεθα, 우리가 풀었다
2인칭 복수, ἐλύσασθε, 너희가 풀었다
3인칭 복수, ἐλύσαντο, 그들이 풀었다

'직설법 부정과거 중간태' 어미는 σαμην, σω, σατο, σαμεθα, σασθε, σαντο이다. 어두에 시상접두모음 ἐ가 붙는다. '시상접두모음과 σ, 그리고 미완료과거 중간태 및 수동태 어미' 인 ομην, ου, ετο, ομεθα, εσθε, οντο와 비슷한 어미가 직설법 부정과거 중간태를 알아차리는 중요한 요소이다.

직설법 부정과거 수동태

1인칭 단수, ἐλύθην, 내가 풀렸다
2인칭 단수, ἐλύθης, 네가 풀렸다
3인칭 단수, ἐλύθη, 그가 풀렸다
1인칭 복수, ἐλύθημεν, 우리가 풀렸다
2인칭 복수, ἐλύθητε, 너희가 풀렸다
3인칭 복수, ἐλύθησαν, 그들이 풀렸다

'직설법 부정과거 수동태' 어미는 θην, θης, θη, θημεν, θητε, θησαν이다. 어두에 시상접두모음 ἐ가 붙는다. '시상접두모음과 θ' 가 직설법 부정과거 수동태를 알아차리는 중요한 요소이다.

직설법 현재완료 능동태

1인칭 단수, λέλυκα, 내가 풀었다

2인칭 단수, λέλυκας, 네가 풀었다

3인칭 단수, λέλυκε, 그가 풀었다

1인칭 복수, λελύκαμεν, 우리가 풀었다

2인칭 복수, λελύκατε, 너희가 풀었다

3인칭 복수, λελύκασι, 그들이 풀었다

'직설법 현재완료 능동태' 어미는 κα, κας, κε, καμεν, κατε, κασι이다. 어두에 어간중복이 일어난다. '어간중복과 κ'가 직설법 현재완료 능동태를 알아차리는 중요한 요소이다. 그리고 3인칭 단수와 복수에서, 단어가 문장의 끝에 오거나 이어지는 단어가 모음으로 시작할 때는 '변칙자음 뉘'가 추가된다.

직설법 현재완료 중간태와 수동태

1인칭 단수, λέλυμαι, 내가 풀었다, 내가 풀렸다

2인칭 단수, λέλυσαι, 네가 풀었다, 네가 풀렸다

3인칭 단수, λέλυται, 그가 풀었다, 그가 풀렸다

1인칭 복수, λελύμεθα, 우리가 풀었다, 우리가 풀렸다

2인칭 복수, λέλυσθε, 너희가 풀었다, 너희가 풀렸다

3인칭 복수, λέλυνται, 그들이 풀었다, 그들이 풀렸다

'직설법 현재완료 중간태와 수동태' 어미는 μαι, σαι, ται, μεθα, σθε, νται이다. 어두에 어간중복이 일어난다. '어간중복'과 '어간모음이 없는 어미'가 직설법 현재완료 중간태와 수동태를 알아차리는 중요한 요소이다.

※ 추기(追記): 제2부정과거 및 어간의 변화

시제가 부정과거라도, 동사의 어간이 바뀌면, 한 단계 앞선 시제의 어미를 붙인다. 이러한 부정과거를 '제2부정과거' 라고 부른다. 직설법의 경우, 부정과거보다 한 단계 앞선 시제는 미완료과거이므로 제2부정과거 어미로 미완료과거 어미를 사용한다. 어미가 미완료과거라 하더라도 시제는 부정과거이기에, 의미도 '부정과거 의미' 를 갖는다.

그럼, 앞서 다룬 동사 30개 가운데 부정과거에서 어간이 바뀌는 단어들의 기본형(직설법 제2부정과거 능동태 1인칭 단수형)을 정리해본다. 미래형에서 다른 어간을 쓰는 경우도 함께 정리한다. 순서는 앞서 다룬 동사의 종류에 따른다.

첫째, εἰμί 를 뺀 비어간모음 동사를 본다. εἰμί 는 부정과거로 쓰이지 않는다.
현재와 미완료과거에서 어간이 중복되는 비어간모음 동사의 경우, 부정과거에서는 중복된 어간이 사라진다. δίδωμι 의 경우, δι 가 중복된 어간이다. 본래 어간은 δο 이다.[42] 첫 자음에 모음 ι 가 붙어 중복되었다. ἵστημι 의 경우, ἱ 가 중복된 어간이다. 본래 어간은 στα 이다.[43] 첫 자음이 στ 로 두 개이기에 자음을 중복하지 않는 대신 강한 숨표를 붙였다. ἀφίημι 는 전치사 ἀπό 가 비어간모음 동사 ἵημι 에 합성된 동사이다. ἵημι 의 어간은 ἑ 이다.[44] 모음으로 시작하여 ἱ 가 중복되었다.
한편, 현재와 미완료과거에서 어간이 중복되지 않는 비어간모음 이태동사 δύναμαι 의 경우에는, 본래 어간 중복을 하지 않으니 부정과거에서 사라질 어간 중복이 없다.

δίδωμι 의 직설법 부정과거는 현재와 미완료과거에서 나타나는 어간중복 δι 가 사라지고, 본래 어간인 δο 에 시상접두모음 ε 가 붙는다. 비어간모음 동사의 직설법 부정과거 어미 κα 가 붙고, κ 앞에서 모음 ο 가 ω 로 길어져서, 기본형은 ἔδωκα 가 된다.

---

42) 어간을 δο 와 δω 로 보기도 한다.

43) 어간을 στα 와 στη 로 보기도 한다.

44) 어간을 ἑ 와 ἡ 로 보기도 한다.

어미는 κα, κας, κε, καμεν, κατε, καν이다. ἔδωκα, ἔδωκας, ἔδωκε, ἐδώκαμεν, ἐδώκατε, ἔδωκαν과 같이 변한다. 참고로, 미래 기본형은 δώσω이고, 현재완료 기본형은 δέδωκα이다.

ἵστημι의 직설법 부정과거는 현재와 미완료과거에서 나타나는 어간중복 ἱ가 사라지고, 본래 어간인 στα에 시상접두모음 ε가 붙는다. 어간이 바뀌지 않았음에도 제2부정과거형이 쓰인다. 미완료과거 어미 ν가 붙고, ν 앞에서 모음 α가 η로 길어져서, 기본형은 ἔστην이 된다. 어미는 ν, ς, –, μεν, τε, σαν이다. ἔστην, ἔστης, ἔστη, ἔστημεν, ἔστητε, ἔστησαν과 같이 변한다(박 95 참조). 참고로, 미래 기본형은 στήσω이고, 현재완료 기본형은 ἕστηκα이다.

ἀφίημι의 직설법 부정과거는 현재와 미완료과거에서 나타나는 어간중복 ι가 사라지고, 본래 어간인 ἑ에 시상접두모음 ε가 붙어 η로 길어진다. 비어간모음 동사의 직설법 부정과거 어미 κα가 붙어 기본형은 ἀφῆκα가 된다. 어미는 κα, κας, κε, καμεν, κατε, καν이다. ἀφῆκα, ἀφῆκας, ἀφῆκε, ἀφήκαμεν, ἀφήκατε, ἀφῆκαν과 같이 변한다. 참고로, 미래 기본형은 ἀφήσω이고, 현재완료 기본형은 ἀφεῖκα이다.

둘째로, 비단축동사 ἀκούω, πιστεύω, πορεύομαι, ἐσθίω 가운데에서는 ἐσθίω만 직설법 부정과거에서 어간이 바뀐다. 어간 εσθι가 φαγ로 바뀌어, 기본형은 ἔφαγον이 된다. 참고로, 미래형 어간도 φαγ여서 기본형은 φάγομαι(이태동사)이다.

셋째로, 단축동사 ἀγαπάω, ζάω, ὁράω, καλέω, λαλέω, ποιέω 가운데서는 ὁράω만 직설법 부정과거에서 어간이 바뀐다. 어간 ορα가 ιδ로 바뀌어, 기본형은 εἶδον이 된다. 참고로, 미래에서는 어간이 οπ가 되고 이태동사가 되어, 기본형은 ὄψομαι가 된다. π+σ가 이중자음 ψ로 표기된다. 현재완료 기본형은 ἑώρακα이다.[45)]

---

45) 고린도전서 9장 1절에는 ἑόρακα 형태가 쓰인다.

넷째로, 양순음 자음동사 γράφω와 치조음 자음동사 οἶδα는[46] 어간이 바뀌지 않는다. 참고로, γράφω의 미래 기본형은 γράψω이고, 부정과거 기본형은 ἔγραψα이다. φ가 σ와 만나 π가 된 다음 πσ가 이중자음 ψ로 표기되었다(박 137-138). 현재완료 기본형은 γέγραφα이다. 기식음 φ가 구개음 κ를 흡수한 것으로 보인다.[47]

οἶδα는 이 자체가 현재완료형이다. 현재 기본형 εἴδω가 있지만, '알고 있다'는 의미로 인해 현재완료형이 기본형으로 쓰인다. 어간이 바뀌고 현재 어미를 붙여, οἶδα, οἶσθα, οἶδε, ἴσμεν, ἴστε, ἴσασι와 같이 변하기에 '제2현재완료'라고 부른다(박 141).

다섯째로, 구개음 자음동사 γινώσκω, εὑρίσκω, λέγω, ἔχω, ἔρχομαι, εἰσέρχομαι, ἐξέρχομαι는 모두 직설법 부정과거에서 어간이 바뀐다.

γινώσκω는 어간 γινωσκ가 γνω로 바뀌어, 기본형이 ἔγνων이 된다. 시상접두모음 ἐ와 어미 ον이 붙고 모음단축이 일어난다. ἔγνων, ἔγνως, ἔγνω, ἔγνωμεν, ἔγνωτε, ἔγνωσαν과 같이 변한다.[48] 참고로, 미래 기본형은 γνώσομαι이고(이태동사), 현재완료 기본형은 ἔγνωκα이다.

εὑρίσκω는 어간 εὑρισκ가 εὑρ로 바뀌어, 기본형이 εὗρον이 된다. 시상접두모음 ἐ가 반영된 ηὗρον 형태로 쓰이기도 한다. 부정과거 수동태의 기본형은 εὑρέθην이다. 참고로, 미래에서는 어간이 εὑρη로 바뀌어, 기본형은 εὑρήσω가 된다. 현재완료 기본형은 εὕρηκα이다.

λέγω의 경우, 어간 λεγ가 ειπ로 바뀌어, 기본형은 εἶπον이 된다. 참고로, 미래에서는 어간이 ερ로 바뀌어, 기본형은 ἐρῶ가 된다. 현재완료 기본형은 εἴρηκα이다.

46) οἶδα의 변화에 대해서는 박 141-142쪽 참조.

47) γέγραφα와 같이 어미 κα가 아니라 α만 있는 경우, 현재완료 어미로 α만 붙었다고 보고 '제2현재완료'라고 부르기도 한다(S 567, R 358).

48) γινώσκω의 변화에 대해서는 박 145-146쪽 참조.

ἔχω의 경우, 어간 εχ가 σχ로 바뀌어, 기본형은 ἔσχον이 된다. 참고로, 미래에서는 어간이 ἑκ가 되어, 기본형은 ἕξω가 된다. 현재완료 기본형은 ἔσχηκα이다. 이처럼, 첫 모음이 길어지지 않고 σ가 등장하는 이유는 이 단어가 본래 σεχω 형태였기 때문이다(S 431). 그러다 보니, 미완료과거의 경우 εἶχον이 기본형이 된다. ε가 η로 모음이 길어지지 않고, ε + ε = ει로 단축되었다.

ἔρχομαι의 경우, 어간 ερχ가 ελθ로 바뀌어, 기본형은 ἦλθον이 된다. 모음 ε로 시작해서 ε가 η로 길어졌다. 참고로, 미래에서는 어간이 ελευ로 바뀌어, 기본형은 ἐλεύσομαι가 된다. 현재완료 기본형은 ἐλήλυθα이다.

εἰσέρχομαι와 ἐξέρχομαι는 ἔρχομαι 변화형에 전치사만 붙이면 된다.

여섯째로, 유음동사 ἀποστέλλω, θέλω, ἐγείρω는 제2부정과거형을 갖지 않는다. 다시 말해, 미완료과거 어미를 갖지 않는다. 그러나 주의를 기울여야 할 약간의 어간 변화가 있다.

ἀποστέλλω의 경우, 어간 στελλ이 στειλ로 바뀌어, 기본형은 ἀπέστειλα가 된다. 어간이 바뀌었지만, 미완료과거 어미를 붙이지 않고 부정과거 어미를 붙인다. 시상접두모음 ἐ가 전치사 ἀπό와 어간 στειλ 사이에 붙어 전치사 ἀπό의 모음이 축출되고, 어미 σα의 σ가 유음 λ 다음에서 생략되었다. 어간이 λ와 ρ로 끝나는 유음동사가 σ나 θ로 시작하는 어미를 만나면 σ와 θ가 생략되기 때문이다. 참고로, 미래에서는 어간이 στελ이 되어, 기본형은 ἀποστελῶ가 된다. 현재완료에서는 어간이 σταλ이 되어, 기본형은 ἀπέσταλκα가 된다.

θέλω의 본래 형태는 ἐθέλω였다. 그러나 현재에서는 어두음인 ἐ가 탈락된 형태인 θέλω가 기본형으로 쓰인다.[49] 그런데 미완료과거와 부정과거에서는 숨겨져 있던 어두음 ἐ가 드러난다. 그래서 미완료과거 기본형은 ἤθελον이 되고, 부정과거 기본형은

---

49) '어두음 탈락'에 관해서는 박 29쪽 참조.

ἠθέλησα가 된다. 유음동사이기에 유음 λ 다음에 σ가 생략되는 것이 일반적이나, 형태 인식을 이유로 오히려 σ 앞에 η가 추가되었다. 같은 이유로, 미래 기본형은 θελήσω이다.

ἐγείρω의 경우, 미래 시제와 수동태를 표현할 때 어간 εγειρ가 εγερ가 된다. 직설법 미래 능동태 기본형은 ἐγερῶ이다. σ는 유음 ρ 다음에 생략되었다. 한편, 직설법 부정과거 수동태의 기본형은 ἠγέρθην이다. 유음 ρ 다음에 θ가 생략되지 않는다. 수동태임을 분명히 드러내기 위함으로 보인다. 현재완료 기본형은 ἐγήγερμαι이다.[50)]

마지막으로, 비음동사 λαμβάνω, ἀποκρίνομαι, γίνομαι 가운데 λαμβάνω와 γίνομαι가 부정과거에서 어간이 바뀐다.

λαμβάνω의 경우, 어간 λαμβαν가 λαβ로 바뀌어, 기본형은 ἔλαβον이 된다. 참고로, 미래에서는 어간이 λημπ가 되고 이태동사가 되어, 기본형은 λήμψομαι가 된다. π +σ가 이중자음 ψ로 표기된다. 현재완료 기본형은 εἴληφα이다.

γίνομαι의 경우, 어간 γιν이 γεν으로 바뀌어, 기본형은 ἐγενόμην이 된다. 이태동사이므로 직설법 미완료과거 중간태와 수동태 어미를 붙이면 된다. ἐγενόμην, ἐγένου, ἐγένετο, ἐγενόμεθα, ἐγένεσθε, ἐγένοντο와 같이 변한다. 참고로, 미래 기본형은 γενήσομαι이고, 현재완료 기본형은 γέγονα이다.

참고로, 비음동사도 유음동사와 마찬가지로 비음 μ와 ν 다음에 θ와 σ가 생략되는 것이 보통이다. 그런데 ἀποκρίνομαι는 어간이 비음 ν로 끝나는 비음동사이지만, σ만 ν 다음에 생략되고 θ 앞에서는 ν가 생략된다. 수동태임을 분명히 드러내기 위함으로 보인다.

---

50) ἐγείρω처럼, 동사가 'α, ε, ο + 단자음'으로 시작하면 '모음 + 단자음'이 중복되고 모음이 길어지는 현상을 '아틱 중복(attic reduplication)'이라고 부른다(S 446). ἐγείρω의 현재완료형으로 ἐγρήγορα가 쓰였지만(S 705), 신약성경에서는 ἐγήγερμαι 형태가 쓰인다(R 1215).

6.2.4.2. 가정법

시제는 '현재, 부정과거' 순으로 나열하고, 인칭과 수는 '1인칭 단수, 2인칭 단수, 3인칭 단수, 1인칭 복수, 2인칭 복수, 3인칭 복수' 순으로 나열한다. 3인칭 단수의 주어는 직설법에서와 마찬가지로 '그'로 통일한다.

제 2부정과거형은 따로 넣지 않는다. λύω 동사가 제2부정과거를 쓰지 않기도 하지만, 한 단계 앞선 시제인 현재 어미를 붙이면 되기 때문이다.

가정법 현재 능동태

1인칭 단수, λύω,	내가 풀련다
2인칭 단수, λύῃς,	네가 풀 수 있다
3인칭 단수, λύῃ,	그가 풀 수 있다
1인칭 복수, λύωμεν,	우리가 풀련다, 우리가 풀자
2인칭 복수, λύητε,	너희가 풀 수 있다
3인칭 복수, λύωσι,	그들이 풀 수 있다

'가정법 현재 능동태' 어미는 ω, ῃς, ῃ, ωμεν, ητε, ωσι 이다. 직설법 현재 능동태 어미의 첫 모음이 길어진 형태이다. ω는 더 길어질 것이 없으니 ω 그대로이다. 이로 인해 가정법 현재 능동태 1인칭 단수형과 직설법 현재 능동태 1인칭 단수형이 대체로 같다.[51] εις는 첫 모음이 길어져 ηις가 된 다음에 ι가 η 아래에 표기되어 ῃς가 된다. ει는 첫 모음이 길어져 ηι가 된 다음에 ι가 η 아래에 표기되어 ῃ가 된다. ομεν은 첫 모음이 길어져 ωμεν이 된다. ετε는 첫 모음이 길어져 ητε가 된다. ουσι는 첫 모음이 길어져 ωυσι가 되고 υ가 ω에 흡수되어 ωσι가 된다. 3인칭 복수의 경우, 단어가 문장의 끝에 오거나 이어지는 단어가 모음으로 시작할 때는 '변칙자음 뉘'가 추가된다.

51) 다른 경우는 두 가지이다. 어미가 εω, οω인 단축동사의 '가정법 현재 중간태와 수동태 1인칭 단수'의 경우이다.

의미와 관련하여, 1인칭의 경우 '하련다' 정도로 가정법을 표현하였다. 1인칭 복수의 경우, 청유(請誘)의 의미를 담아, '하자, 하세, 합시다'와 같이 번역하기도 한다. 그러나 2인칭과 3인칭의 경우에는 한국어 '의무양태 가능' (박 64, 한 699-700)의 어미 가운데 하나인 '수 있다'로 표현하였다.

가정법 현재 중간태와 수동태

1인칭 단수, λύωμαι, 내가 풀겠다, 내가 풀리겠다
2인칭 단수, λύῃ, 네가 풀겠다, 네가 풀리겠다
3인칭 단수, λύηται, 그가 풀겠다, 그가 풀리겠다
1인칭 복수, λυώμεθα, 우리가 풀겠다, 우리가 풀리겠다, 우리가 풉시다
2인칭 복수, λύησθε, 너희가 풀겠다, 너희가 풀리겠다
3인칭 복수, λύωνται, 그들이 풀겠다, 그들이 풀리겠다

'가정법 현재 중간태와 수동태' 어미는 ωμαι, ῃ, ηται, ωμεθα, ησθε, ωνται이다. 2인칭 단수 어미가 '직설법 현재 중간태와 수동태' 어미와 같다. 이유는 첫 모음이 본래 η로 장모음이기 때문이다. 동시에, 2인칭 단수 어미가 '가정법 현재 능동태 3인칭 단수' 어미가 같다는 것에도 주의를 기울일 필요가 있다.

중간태의 번역을 위해서, 한국어 의무양태 추측의 한 표현인 '겠'을 사용하였다. 수동태의 번역을 위해서는, '겠' 앞에 피동 접사 가운데 하나인 '리'를 사용했다(박 57-58, 한 665)

가정법 부정과거 능동태

1인칭 단수, λύσω, 내가 풀 것 같다
2인칭 단수, λύσῃς, 네가 풀 것 같다
3인칭 단수, λύσῃ, 그가 풀 것 같다

1인칭 복수, λύσωμεν, 우리가 풀 것 같다
2인칭 복수, λύσητε, 너희가 풀 것 같다
3인칭 복수, λύσωσι, 그들이 풀 것 같다

'가정법 부정과거 능동태' 어미는 σω, σῃς, σῃ, σωμεν, σητε, σωσι이다. '가정법 현재 능동태' 어미에 σ만 붙이면 된다. 그러다보니 1인칭 단수의 경우 '직설법 미래 능동태' 형태와 같다. '어두에 시상접두모음 ἐ가 붙지 않는 것'과 '어미에 있는 σ'가 가정법 부정과거 능동태를 알아차리는 중요한 요소이다. 그리고 3인칭 복수의 경우, 단어가 문장의 끝에 오거나 이어지는 단어가 모음으로 시작할 때는 '변칙자음 뉘'가 추가된다.

현재와 구별하기도 하고 추측을 좀 더 부각시키기 위해, 한국어 '인식 양태 추측'의 한 표현인 '것 같다'(박 67-68, 한 710)를 번역에 사용하였다.

가정법 부정과거 중간태

1인칭 단수, λύσωμαι, 내가 풀 거예요
2인칭 단수, λύσῃ, 네가 풀 거예요
3인칭 단수, λύσηται, 그가 풀 거예요
1인칭 복수, λυσώμεθα, 우리가 풀 거예요
2인칭 복수, λύσησθε, 너희가 풀 거예요
3인칭 복수, λύσωνται, 그들이 풀 거예요

'가정법 부정과거 중간태' 어미는 σωμαι, σῃ, σηται, σωμεθα, σησθε, σωνται이다. '가정법 현재 중간태와 수동태' 어미에 어두에 σ만 붙이면 된다. 2인칭 단수인 λύσῃ는 '직설법 미래 중간태 2인칭 단수' 및 '가정법 부정과거 능동태 3인칭 단수' 형태이기도 하다. '어두에 시상접두모음 ἐ가 붙지 않는 것'과 '어미에 있는 σ' 및 '중간태 어미'가 가정법 부정과거 능동태를 알아차리는 중요한 요소이다.

능동태와 구별하기도 하고 주어와의 관계를 좀 더 부각시키기 위해, 한국어 '인식 양태 추측'의 한 표현인 '거예요' (박 67-68, 한 710)를 번역에 사용하였다.

가정법 부정과거 수동태

1인칭 단수, λυθῶ,	내가 풀릴지도 모른다
2인칭 단수, λυθῇς,	네가 풀릴지도 모른다
3인칭 단수, λυθῇ,	그가 풀릴지도 모른다
1인칭 복수, λυθῶμεν,	우리가 풀릴지도 모른다
2인칭 복수, λυθῆτε,	너희가 풀릴지도 모른다
3인칭 복수, λυθῶσι,	그들이 풀릴지도 모른다

'가정법 부정과거 수동태' 어미는 θω, θῃς, θῃ, θωμεν, θητε, θωσι이다. '가정법 현재 능동태' 어미에 θ를 붙이면 된다. 어두에 시상접두모음 ἐ가 붙지 않는다. 직설법 부정과거 수동태 어미와 비교해 보면, '가정법 부정과거 수동태'의 2인칭 단수와 3인칭 단수 어미에는 '이오타(ι)'가 있다. '시상접두모음이 없는 것과 어미에 있는 θ'가 가정법 부정과거 수동태를 알아차리는 중요한 요소이다.

의미를 위해서는, 피동 접사 '리' (박 57-58, 한 665)와 '인식 양태 추측'의 의미 가운데 하나인 '지도 모른다' (박 67-68, 한 710)를 사용하였다.

6.2.4.3. 명령법

시제는 '현재, 부정과거' 순으로 나열하고, 인칭과 수는 '2인칭 단수, 3인칭 단수, 2인칭 복수, 3인칭 복수' 순으로 나열한다. 1인칭 명령이 쓰이지 않기 때문이다. 또한, 한국어에 3인칭 명령이 없어서, '그가 하게 하라, 그들이 하게 하라'와 같이 번역한다. 제2부정과거형은 따로 넣지 않는다. λύω 동사가 제2부정과거를 쓰지 않기도 하지만, 한 단계 앞선 시제인 현재 어미를 붙이면 되기 때문이다.

명령법 현재 능동태

2인칭 단수, λῦε, 네가 풀라

3인칭 단수, λυέτω, 그가 풀게 하라

2인칭 복수, λύετε, 너희가 풀라

3인칭 복수, λυέτωσαν, 그들이 풀게 하라

'명령법 현재 능동태' 어미는 ε, ετω, ετε, ετωσαν이다. 참고로, '명령법 현재 능동태 2인칭 복수형' 과 '직설법 현재 능동태 2인칭 복수형' 은 형태가 같다. 어떤 법을 취했는지는 문맥을 통해 확인해야 한다.

명령법 현재 중간태와 수동태

2인칭 단수, λύου, 네가 풀어라, 네가 풀리어라

3인칭 단수, λυέσθω, 그가 풀게 하라, 그가 풀리게 하라

2인칭 복수, λύεσθε, 너희가 풀어라, 너희가 풀리어라

3인칭 복수, λυέσθωσαν, 그들이 풀게 하라, 그들이 풀리게 하라

'명령법 현재 중간태와 수동태' 어미는 ου, εσθω, εσθε, εσθωσαν이다.

명령법 부정과거 능동태

2인칭 단수, λῦσον, 네가 풀라

3인칭 단수, λυσάτω, 그가 풀게 하라

2인칭 복수, λύσατε, 너희가 풀라

3인칭 복수, λυσάτωσαν, 그들이 풀게 하라

'명령법 부정과거 능동태' 어미는 σον, σατω, σατε, σατωσαν이다. 2인칭 단수를 제외하고는, 명령법 현재 능동태 어미의 ε 대신에 σα를 넣은 형태이다. '명령법 현재 능동태' 어미인 ε, ετω, ετε, ετωσαν과 비교해 보라.

의미를 '명령법 현재 능동태' 와 같이 표현했으나, 전체적인 요약 개념이 있다고 여기고 문장을 대하면 된다.

명령법 부정과거 중간태

2인칭 단수, λῦσαι,	네가 풀어라
3인칭 단수, λυσάσθω,	그가 풀게 하라
2인칭 복수, λύσασθε,	너희가 풀어라
3인칭 복수, λυσάσθωσαν,	그들이 풀게 하라

'명령법 부정과거 중간태' 어미는 σαι, σασθω, σασθε, σασθωσαν이다. '명령법 부정과거 능동태' 와 마찬가지로, 2인칭 단수를 제외하고는 명령법 현재 능동태 어미의 ε 대신에 σα를 넣은 형태이다. '명령법 현재 중간태와 수동태' 어미 ου, εσθω, εσθε, εσθωσαν과 비교해 보라.

의미를 '명령법 현재 중간태' 와 같이 표현했으나, 전체적인 요약 개념이 있다고 여기고 문장을 대하면 된다.

명령법 부정과거 수동태

2인칭 단수, λύθητι,	네가 풀리어라
3인칭 단수, λυθήτω,	그가 풀리게 하라
2인칭 복수, λύθητε,	너희가 풀리어라
3인칭 복수, λυθήτωσαν,	그들이 풀리게 하라

'명령법 부정과거 수동태' 어미는 θητι, θητω, θητε, θητωσαν이다. 2인칭 단수를 제외하고는, 명령법 현재 중간태와 수동태 어미의 ε 대신에 θη를 넣은 형태이다. 의미를 '명령법 현재 수동태' 와 같이 표현했으나, 전체적인 요약 개념이 있다고 여기고 문장을 대하면 된다.

6.2.4.4. 연습문제

※ 다음 직설법 문장을 법, 시제, 태, 인칭, 수를 고려하여 번역하시오.

εἰμὶ ἐκ τοῦ σώματος (고전 12:16)
τῇ γυναικὶ ἔλεγον [3인칭 복수] (요 4:42)
ἄνθρωπος εἶχεν τέκνα δύο (마 21:28)
ἐγένετο μετὰ ἡμέρας τρεῖς (눅 2:46)
ἔρχεται ὁ πονηρός (마 13:19)

ποιεῖ πάντας (계 13:16)[52)]
τὸν θεὸν ὄψονται (마 5:8)
οἱ νεκροὶ ἀκούσουσιν (요 5:25)
ὁ ἐν τοῖς οὐρανοῖς δώσει ἀγαθά (마 7:11)
οἶδα ἄνθρωπον ἐν Χριστῷ (고후 12:2)

μετὰ γυναικὸς ἐλάλει (요 4:27)[53)]
ὁ πρῶτος ἔλαβεν γυναῖκα (막 12:20)
τὸν λόγον ἐπίστευσαν (행 4:4)
ἀπεκρίθη ἡ γυνή (요 4:17)
ἔγνω τῷ σώματι (막 5:29)

ἐξῆλθεν ὁ Ἰησοῦς (막 8:27)
δυνάμεθα (마 20:22; 막 10:39)
θέλετε πορεύεσθαι (고전 10:27)

---

52) ποιεῖ는 단축동사 ποιέω의 직설법 현재 능동태 3인칭 단수형이다. ε가 ε를 만나 ει가 되었다.

εἰσῆλθον [3인칭 복수] εἰς τὴν ἁγίαν πόλιν (마 27:53)
γέγραπται (마 2:5 등)

οἱ ἀδελφοὶ ἔγραψαν (행 18:27)
εὗρον [3인칭 복수] ἄνθρωπον (마 27:32)
ἔφαγον οἱ πατέρες (요 6:58)
ἔφαγον πάντες (마 14:20; 15:37; 막 6:42)
ἔστη Ἰησοῦς (요 21:4)

ἐπορεύθη εἰς πόλιν (눅 7:11)
πορεύσομαι πρὸς τὸν πατέρα (눅 15:18)
μέγας κληθήσεται ἐν τῇ βασιλείᾳ τῶν οὐρανῶν (마 5:19)
νεκροὶ ἐγείρονται (마 11:5; 눅 7:22)
τὸν ἕτερον ἀγαπήσει (마 6:24; 눅 16:13)[54)]

εἷς ἀφίεται (마 24:40)
ἔζησεν (눅 15:32)[55)]
τοὺς δώδεκα ἀπέστειλεν ὁ Ἰησοῦς (마 10:5)

※ 다음을 법, 시제, 태, 인칭, 수를 고려하여 직설법 문장으로 작문하시오.

나는 선하다. (마 20:15).

그[거] 영을 통해 그들이 말한다[미완료과거]. (행 21:4).

---

53) ἐλάλει는 단축동사 λαλέω의 직설법 미완료과거 능동태 3인칭 단수형이다. ε가 ε를 만나 ει가 되었다.

54) ἀγαπήσει는 단축동사 ἀγαπάω의 직설법 미래 능동태 3인칭 단수형이다. α가 σ 앞에서 η로 길어졌다.

55) ἔζησεν는 단축동사 ζάω의 직설법 부정과거 능동태 3인칭 단수형이다. α가 σ 앞에서 η로 길어졌다.

아들 둘을[두 아들을] 그가 가졌습니다[부정과거]. (갈 4:22).
내가 죽게 되었다[부정과거]. (계 1:18).
거 전혀 다른 이가 왔다[부정과거]. (눅 19:20).

주님께서 행하셨다[현재완료]. (눅 1:25).
그분이 두 형제를 보셨다[부정과거]. (마 4:18).
그들이 제각기[하나 각각] 듣습니다[미완료과거]. (행 2:6).
모든 것들을 그분이 주셨습니다[현재완료]. (요 3:35).
그[거] 하나님께서 아신다[현재완료]. (고후 11:11).

그리스도 안에서 우리는 얘기한다[현재]. (고후 12:19).
그들이 거룩한 영을 받는다[미완료과거]. (행 8:17).
그리스도 예수를 우리가 믿는다[부정과거, 전치사 εἰς 사용]. (갈 2:16).
예수께서 대답하셨다[부정과거]. (요 8:19, 49, 54; 9:3; 11:9; 18:8, 34, 36).
그분이 모든 것들을 아신다[현재]. (요일 3:20).

그들이 그[거] 성으로부터 나왔다[부정과거]. (요 4:30).
그[거] 하나님이 하실 수 있다[현재]. (마 3:9).
그가 으뜸이 되는 것을 원한다[현재]. (막 9:35).
그[거] 하나님의 그[거] 나라에 그들이 들어갈 것이다[미래]. (막 10:23).
내가 썼다[현재완료]. (요 19:22).

그[거] 형제들이 썼다[부정과거]. (행 18:27).
그들이 사람을 발견했다. (마 27:32).
우리가 발견된다[현재]. (고전 15:15).
그들 모두가 먹었다. (마 14:20; 15:37; 막 6:42).

그들이 둘을 세웠다[부정과거]. (행 1:23).

그[거] 아버지께로 내가 간다. (요 14:12).
내가 거 아버지께로 간다[현재]. (요 14:28; 16:28).
그는 하나님의 아들이라고 불릴 것이다[미래]. (눅 1:35).
그[거] 아버지께서 죽은 자들을 일으키신다[현재]. (요 5:21).
그[거] 아버지께서 그[거] 아들을 사랑하신다[현재]. (요 3:35).

그가 그[거] 영을 놓아주었다[부정과거]. (마 27:50).
의로운 자는 믿음으로[부터] 살 것이다[미래 중간태]. (롬 1:17; 갈 3:11).
그[거] 아버지께서 그[거] 아들을 보내셨다[현재완료]. (요일 4:14).

※ 다음 가정법 문장을 법, 시제, 태, 인칭, 수를 고려하여 번역하시오.

εἴπωσιν πᾶν πονηρόν (마 5:11)
ἔλθῃ ὁ κύριος (마 21:40)
ἔχητε πίστιν (마 17:20; 21:21).
ποιήσωμεν τὰ κακά (롬 3:8)[56]
τὸν θεὸν ἀγαπῶμεν [가정법] (요일 5:2)[57]
ἀκούσωσιν πάντα τὰ ἔθνη (딤후 4:17).

56) ποιήσωμεν는 단축동사 ποιέω의 가정법 부정과거 능동태 1인칭 복수형이다. ε가 σ 앞에서 η로 길어졌다.

57) ἀγαπῶμεν은 단축동사 ἀγαπάω의 직설법 현재 능동태 1인칭 복수형일 수도 있고, 가정법 현재 능동태 1인칭 복수형일 수도 있다. 문맥을 고려할 때, 이 단어는 이 구절에서 가정법으로 쓰였다. α가 ω를 만나, 후설모음 ω가 중설모음 α를 흡수하였다.

※ 다음을 법, 시제, 태, 인칭, 수를 고려하여 가정법 문장으로 작문하시오.

그가 인자[그 사람의 그 아들]와 맞서 말할 거예요[부정과거]. (마 12:32).

인자[그 사람의 그 아들]가 올 거예요[부정과거]. (마 10:23).

내가 그[거] 모든 믿음을 가지련다[현재]. (고전 13:2).

해로운 것을 네가 행할 수 있다[현재]. (롬 13:4).

모든 것들이 생길[실현될] 수 있다[부정과거 단수형]. (눅 21:32).[58)]

그들이 거룩한 영을 받을 것 같다[부정과거]. (행 8:15).

※ 다음 명령법 문장을 법, 시제, 태, 인칭, 수를 고려하여 번역하시오.

πάντα εἰς δόξαν θεοῦ ποιεῖτε (고전 10:31)[59)]

ποιησάτω ἀγαθόν (벧전 3:11)[60)]

εἰπὲ λόγῳ (마 8:8; 눅 7:7)

ὁ ἀκούων εἰπάτω (계 22:17)

ἔρχου (요 1:46; 11:34 등)

※ 다음을 법, 시제, 태, 인칭, 수를 고려하여 명령법 문장으로 작문하시오.

그[거] 지난번 일들을 행하라[부정과거]. (계 2:5).

너는 선한 것을 행하라. (롬 13:3).

여러분은 사람을 보십시오[부정과거]. (요 4:29).

그것이 알게 하라[현재]. (행 2:36).

오십시오, 주님 예수님[주 예수여! 오시옵소서]! (계 22:20).

---

58) 헬라어의 수(數)는 개념적인 수이기에, 주어가 복수이더라도 통일성을 갖는 경우에는 동사의 단수형을 쓸 수 있다(박 92-93, 156-157).

59) ποιεῖτε는 단축동사 ποιέω의 명령법 현재 능동태 2인칭 복수형이다. ε가 ε를 만나 ει가 되었다.

60) ποιησάτω는 단축동사 ποιέω의 명령법 부정과거 능동태 3인칭 단수형이다. σ 앞에서 ε가 η로 길어졌다.

6.2.5. 성과 수와 격

이제 동사 가운데 성과 수와 격을 가지는 부정사와 분사의 모든 형태를 살펴보자. '2. 명사' 에서 배운 것처럼, 성에는 '남성, 여성, 중성' 이, 수에는 '단수, 복수' 가, 격에는 '주격, 속격, 여격, 대격, 호격' 이 있다. '직설법, 가정법, 명령법' 과 마찬가지로, 동사의 '성수격' 전체와 관련된 부분도 λύω를 통해 알아보자.

6.2.5.1. 부정사

부정사는 성과 수와 격이 정해져 있다. 성은 '중성' 이고, 수는 '단수' 이며, 격은 '대격' 이다. 성과 수와 격에 따라 형태가 달라지지 않는다. 그러므로 시제와 법에 따른 변화에만 익숙해지면 된다. 그럼, '시제' 와 '태' 에 따라 형태가 어떻게 달라지는지 살펴보자. 사실, '6.2.3.4. λαλέω의 부정사' 에서 필요한 부분을 어느 정도 다루었다. 그러니, 여기서는 λύω라고 하는 다른 단어로 한 번 더 배우는 것이 될 것이다.

여기서 부정사와 관련하여 중요한 한 가지를 추가한다. 부정사가 '대격' 이기에 부정사의 주어와 목적어는 '대격' 으로 표현된다.

부정사 현재 능동태

λύειν, 푸는 것

부정사 현재 중간태와 수동태

λύεσθαι, 푸는 것, 풀리는 것

부정사 현재 능동태 어미는 ειν이고, 부정사 현재 중간태와 수동태 어미는 εσθαι이다. λύω는 λαλέω와 달리 모음 단축이 일어나지 않아, 형태를 배우기가 더 쉽다.

의미는 성과 수와 격에 따라 달라지지 않는다. 부정사 자체가 가지는 '중성 단수 대격' 의 의미를 담은 '것' 정도가 적절하다. 객관화된 어떤 대상을 가리킨다. 그래서 현재 능동태의 경우 '푸는 것' 정도면 된다. 현재 중간태로 쓰일 때는 주어가 영향을 받는 것을 염두에 둔 상태에서 '푸는 것' 정도로 표현하면 되고, 현재 수동태로 쓰일 때는 '풀리는 것' 정도로 표현하면 된다.

부정과거도 중성 단수 대격 형태만 갖기 때문에 태에 따라 한 가지 형태만 갖는다. 현재와 다른 것은 중간태 형태와 수동태 형태가 따로 있다는 것이다.

부정사 부정과거 능동태

λῦσαι, 푼 것

부정사 부정과거 중간태

λύσασθαι, 푼 것

부정사 부정과거 수동태

λυθῆναι, 풀린 것

부정사 부정과거 어미는 능동태, 중간태, 수동태 순으로 σαι, σασθαι, θηναι이다. λύω는 단축동사가 아니기 때문에 σ와 θ 앞에서 모음 υ가 길어지지 않는다. 의미는 '푼 것, 푼 것, 풀린 것' 정도로 표현하면 된다. 중간태의 경우, 주어가 영향을 받는다고 여기고 의미를 생각하면 된다.

6.2.5.2. 분사

분사는 성과 수와 격에 따라 형태가 바뀐다. 어떤 면에서 가장 다양한 형태를 가진다고 할 수 있다. 지금까지 우리는 분사를 시제와 태 측면에서 살펴보았다. 6.2.3.5.에서는 단축동사인 ζάω와 καλέω 동사를 통해, 현재 능동태 남성 단수 주격, 현재 중간태와 수동태 남성 단수 주격, 부정과거 능동태 남성 단수 주격, 부정과거 중간태 남성 단수 주격, 부정과거 수동태 남성 단수 주격, 현재완료 능동태 남성 단수 주격, 현재완료 중간태와 수동태 남성 단수 주격 형태를 배웠다.

지금까지는 분사의 시제와 태, 다시 말해 시제는 '현재, 부정과거, 현재완료' 이렇게 세 가지, 현재와 현재완료는 '능동태, 중간태와 수동태' 이렇게 두 가지, 부정과거의 태는 '능동태, 중간태, 수동태' 이렇게 세 가지의, '남성 단수 주격' 형에 대해서 배웠다. 이제는 각각의 시제 및 태와 관련하여, 성과 수와 격에 따른 변화형에 익숙해지면 된다. '성수격'에 따른 형태는 명사 변화 어미를 갖기에, 명사 및 형용사 어미를 떠올려 적용하면 된다.

그럼, 분사 현재 능동태는 성수격에 따라 어떻게 변할까? 한눈에 볼 수 있도록, 가로는 남성, 여성, 중성의 순으로, 세로는 단수 주격, 단수 속격, 단수 여격, 단수 대격, 복수 주격, 복수 속격, 복수 여격, 복수 대격의 순으로 배열하면 다음과 같다.

	남성	여성	중성
단수 주격	λύων	λύουσα	λῦον
단수 속격	λύοντος	λυούσης	λύοντος
단수 여격	λύοντι	λυούσῃ	λύοντι
단수 대격	λύοντα	λύουσαν	λῦον
복수 주격	λύοντες	λύουσαι	λύοντα
복수 속격	λυόντων	λυουσῶν	λυόντων
복수 여격	λύουσι	λυούσαις	λύουσι
복수 대격	λύοντας	λυούσας	λύοντα

분사 변화를 명사와 연관하여 설명하면, 남성과 중성은 '아버지'를 뜻하는 πατήρ와 비슷하게 변하고 여성은 '단어가 ρ 외의 자음+α로 끝나는 여성명사'와 같이 변한다고 할 수 있다(2.3.2.2. '여성명사의 속격' 참조).

그러나 보다 근본적으로 설명하면, 비어간모음 동사인 εἰμί의 분사 변화를 따른다. 우리는 6.2.1. '법'에서 εἰμί의 분사 현재 능동태 남성 단수 주격형이 ὤν이라는 것을 배웠다. 그 εἰμί 동사의 현재분사 변화가 위 표에서 λύω 동사의 어간 λυ를 뺀 나머지와 같다.

그러므로 우리가 앞서 분사의 현재 능동태 남성 단수 주격 어미가 ων이라는 것을 배웠지만, 이제 위의 어미는 익숙할 정도로 외우는 것이 좋다.

분사의 의미는 성수격에 따라 달라지지는 않는다. 연관된 대상의 성과 수와 격을 따랐기에, 떠올리는 대상만 바꾸면 된다. 현재가 '미완료상'을 갖기에, '푸는, 풀면서' 정도로 번역하면 된다. 다만, 속격의 경우에는 본동사와의 관계에 따라, 시간, 원인, 조건, 양보 등으로 번역된다. '시간'을 표현한다면, '풀면서, 풀 때' 정도로, '원인'을 표현한다면, '풀기에' 정도로, '조건'을 표현한다면, '풀면' 정도로, '양보'를 표현한다면, '풀지만, 푼다고 하더라도' 정도로 번역된다. 이런 분사구문을 '속격 독립 분사구문'이라고 부른다(박 162-163).

이제, 분사 현재 중간태와 수동태 형태가 성과 수와 격에 따라 어떻게 변하는지 알아보자. 가로는 남성, 여성, 중성 순이고, 세로는 단수 주격, 단수 속격, 단수 여격, 단수 대격, 복수 주격, 복수 속격, 복수 여격, 복수 대격 순이다.

	남성	여성	중성
단수 주격	λυόμενος	λυομένη	λυόμενον
단수 속격	λυομένου	λυομένης	λυομένου
단수 여격	λυομένῳ	λυομένῃ	λυομένῳ
단수 대격	λυόμενον	λυομένην	λυόμενον
복수 주격	λυόμενοι	λυόμεναι	λυόμενα
복수 속격	λυομένων	λυομένων	λυομένων
복수 여격	λυομένοις	λυομέναις	λυομένοις
복수 대격	λυομένους	λυομένας	λυόμενα

잘 보면, 모든 단어의 어간 다음에 ομεν이 있다. 여기서 ο는 '어간모음' 이다(6.1. '동사의 종류' 참조). μεν은 '중간태와 수동태를 표현하는 어미' 로, 독립적으로 쓰이면 '강조' 표현이 된다.

ομεν 다음에는 ος 남성명사, η 여성명사, ον 중성명사 어미가 붙는다.

성수격에 따라서는 대상이 정해진다. 태는 동사와의 관계에서 정해지는데, 중간태이면 '푸는' 과 같은 의미를, 수동태이면 '풀리는' 과 같은 의미를 갖는다. 다만, 앞서 설명한 대로, 속격의 경우에는 본동사와의 관계에 따라, 시간, 원인, 조건, 양보 등으로 번역된다. '시간' 을 표현한다면, '풀 때(중간태), 풀릴 때(수동태)' 정도로, '원인' 을 표현한다면, '풀기에(중간태), 풀리기에(수동태)' 정도로, '조건' 을 표현한다면, '풀면(중간태), 풀리면(수동태)' 정도로, '양보' 를 표현한다면, '푼다고 하더라도(중간태), 풀린다고 하더라도(수동태)' 정도로 번역된다.

이제 분사 부정과거 능동태 형태를 살펴보자.

	남성	여성	중성
단수 주격	λύσας	λύσασα	λῦσαν
단수 속격	λύσαντος	λυσάσης	λύσαντος
단수 여격	λύσαντι	λυσάσῃ	λύσαντι
단수 대격	λύσαντα	λύσασαν	λῦσαν
복수 주격	λύσαντες	λύσασαι	λύσαντα
복수 속격	λυσάντων	λυσασῶν	λυσάντων
복수 여격	λύσασι	λυσάσαις	λύσασι
복수 대격	λύσαντας	λυσάσας	λύσαντα

분사 현재 능동태와 비교할 때, 어간 다음에 σα가 붙는 특징이 있다. 나머지는 분사

현재 능동태 변화와 같다.

현재와 마찬가지로, 성수격에 따라서는 대상이 정해진다. 부정과거는 '완료상'을 갖기에, 의미는 '푼, 푸는' 정도가 된다. 다만, 속격의 경우에는 본동사와의 관계에 따라, 시간, 원인, 조건, 양보 등으로 번역된다. '시간'을 표현한다면, '풀고서, 풀 때' 정도로, '원인'을 표현한다면, '푸니' 정도로, '조건'을 표현한다면, '풀면, 푼다면' 정도로, '양보'를 표현한다면, '푼다고 하더라도, 풀었다고 하더라도' 정도로 번역된다. 본동사의 주어와 분사의 주어가 다르기에 사용되는 속격 분사구문을 '속격 독립 분사구문'이라고 부른다(박 162-163 참조).
분사 부정과거의 경우 중간태와 수동태 형태가 다르다. 먼저, 중간태 형태를 보자.

	남성	여성	중성
단수 주격	λυσάμενος	λυσαμένη	λυσάμενον
단수 속격	λυσαμένου	λυσαμένης	λυσαμένου
단수 여격	λυσαμένῳ	λυσαμένῃ	λυσαμένῳ
단수 대격	λυσάμενον	λυσαμένην	λυσάμενον
복수 주격	λυσάμενοι	λυσάμεναι	λυσάμενα
복수 속격	λυσαμένων	λυσαμένων	λυσαμένων
복수 여격	λυσαμένοις	λυσαμέναις	λυσαμένοις
복수 대격	λυσαμένους	λυσαμένας	λυσάμενα

형태는 분사 현재 중간태 및 수동태 형태에서 '어간모음' ο 대신에 σα가 쓰인 모양을 가진다. σα 다음에, '중간태와 수동태를 표현하는 어미' μεν이 붙고, 그다음에는 ος 남성명사, η 여성명사, ον 중성명사의 어미가 붙는다.

성수격에 따라서 대상이 정해지고, 부정과거가 '완료상'을 갖기에 '푼, 푸는' 정도의 의미를 갖는다. 중간태이므로, 주어가 '동작의 주체 겸 대상'이 된다는 것을 생각하고 의미를 생각하면 된다. 다만, 앞서 설명한 대로, 속격의 경우에는 본동사와의 관계에 따라, 시간, 원인, 조건, 양보 등으로 번역된다. '시간'을 표현한다면, '풀고서' 정도로, '원인'을 표현한다면, '푸니' 정도로, '조건'을 표현한다면, '푼다면' 정도로, '양보'를 표현한다면, '풀었다고 하더라도, 푼다고 하더라도' 정도로 번역된다.

이제, 분사의 부정과거 수동태 형태를 살펴보자.

	남성	여성	중성
단수 주격	λυθείς	λυθεῖσα	λυθέν
단수 속격	λυθέντος	λυθείσης	λυθέντος
단수 여격	λυθέντι	λυθείσῃ	λυθέντι
단수 대격	λυθέντα	λυθεῖσαν	λυθέν
복수 주격	λυθέντες	λυθεῖσαι	λυθέντα
복수 속격	λυθέντων	λυθεισῶν	λυθέντων
복수 여격	λυθεῖσι	λυθείσαις	λυθεῖσι
복수 대격	λυθέντας	λυθείσας	λυθέντα

분사 부정과거 수동태 어미는 사실 τίθημι라고 하는 비어간모음 동사의 '분사 현재 능동태' 어미와 같다. τίθημι가 기본적으로 '두다, 삼다'의 의미를 갖기에, '무엇무엇이 그렇게 되었다.' 하는 의미로 어미 역할을 한다고 이해할 수 있다. '분사 현재 능동태' 및 '분사 부정과거 능동태' 어미와 비교할 때, 어간에 θε라는 어미가 붙는다는 특징이 있다. 사실 θε는 τίθημι 동사의 어간이다. 비어간모음의 특성상, 현재에서 '어두음+ι' 형태로 어간이 중복되었는데, θίθημι가 되면 발음이 어려워서, 첫 자음 θ가 조음위치가 같으면서 무성음인 τ로 바뀌었다.

성수격에 따라서는 대상이 정해지고, 부정과거가 '완료상'을 갖기에 '풀린' 정도의 의미를 갖는다. 수동태이므로, 주어가 '동작이나 작용'을 받는다는 것을 생각하고 의미를 생각하면 된다. 다만, 앞서 설명한 대로, 속격의 경우에는 본동사와의 관계에 따라, 시간, 원인, 조건, 양보 등으로 번역된다. '시간'을 표현한다면, '풀리고서, 풀린 뒤에' 정도로, '원인'을 표현한다면, '풀려서' 정도로, '조건'을 표현한다면, '풀리면' 정도로, '양보'를 표현한다면, '풀렸다고 하더라도' 정도로 번역된다.

이제, 분사 현재완료를 살펴보자. 현재완료는 현재처럼 중간태와 수동태 형태가 같으니, 두 가지 형태에만 익숙하면 된다. 우선 능동태이다.

	남성	여성	중성
단수 주격	λελυκώς	λελυκυῖα	λελυκός
단수 속격	λελυκότος	λελυκυίας	λελυκότος
단수 여격	λελυκότι	λελυκυίᾳ	λελυκότι
단수 대격	λελυκότα	λελυκυῖαν	λελυκός
복수 주격	λελυκότες	λελυκυῖαι	λελυκότα
복수 속격	λελυκότων	λελυκυιῶν	λελυκότων
복수 여격	λελυκόσι	λελυκυίαις	λελυκόσι
복수 대격	λελυκότας	λελυκυίας	λελυκότα

형태를 보면, 현재완료의 특징인 '어간중복'이 모든 변화형에서 나타난다. 첫 자음 λ에 모음 ε이 붙어 λε가 어간에 중복되었다. 그리고 분사 현재 능동태와 비교할 때, 남성과 중성에는 οντ 대신에 κο가 쓰였고, 여성에는 ουσ 대신에 κυι가 쓰였다. 여성의 경우 모음 ι 다음에 α가 붙기에, '어간이 ι로 끝나는 형용사'처럼 변한다.

의미는 '상태나 조건 성취'를 고려하여 번역하면 된다. 마찬가지로, 속격의 경우에는 시간, 원인, 조건, 양보의 의미를 가질 수 있다.

이제, 마지막으로 현재완료 중간태와 수동태 형태를 살펴보자.

	남성	여성	중성
단수 주격	λελυμένος	λελυμένη	λελυμένον
단수 속격	λελυμένου	λελυμένης	λελυμένου
단수 여격	λελυμένῳ	λελυμένῃ	λελυμένῳ
단수 대격	λελυμένον	λελυμένην	λελυμένον
복수 주격	λελυμένοι	λελυμέναι	λελυμένα
복수 속격	λελυμένων	λελυμένων	λελυμένων
복수 여격	λελυμένοις	λελυμέναις	λελυμένοις
복수 대격	λελυμένους	λελυμένας	λελυμένα

형태를 보면, 중간태 및 수동태 형태에서도 현재완료의 특징인 '어간중복'이 모든 변화형에서 나타난다. 첫 자음 λ에 모음 ε이 붙어 λε가 어간에 중복되었다. 그리고 분사 현재 중간태 및 수동태, 어간모음 ο 없이 μεν만 첨가된다. μεν 다음에는 ος 남성명사, η 여성명사, ον 중성명사 어미가 붙는다.

의미는 '상태나 조건 성취'를 고려하여 번역하면 된다. 본동사와 관련하여 중간태로 보이면, 주어가 동작의 주체 겸 대상이 된다는 것을 생각하고 번역하면 되고, 수동태라고 판단되면, 주어가 동작이나 작용을 받는다고 생각하고 번역하면 된다. 다른 분사와 마찬가지로, 속격의 경우에는 시간, 원인, 조건, 양보의 의미를 가질 수 있다.

6.2.5.3. 연습문제

※ 다음 부정사 구문을 시제와 태를 고려하여 번역하시오.

ἀκοῦσαι τὸν λόγον τοῦ θεοῦ (행 13:7)
τοῦ πιστεύειν ἐπὶ πᾶσιν (눅 24:25)
πνεῦμα θεοῦ ἔχειν (고전 7:40)
ἐξῆλθεν πορεύεσθαι (행 20:1)
ἀγαθὸν ποιῆσαι (막 3:4)[61]

※ 다음을 시제와 태를 고려하여 부정사 구문으로 작문하시오.

그[거] 하나님의 그[거] 말씀을 듣는 것[현재] (눅 5:1)

그[거] 민족들이 그[거] 복음의 그[거] 말씀을 듣고[부정과거] 믿도록[부정과거] (행 15:7)

선한 것들을 얘기하는 것[현재] (마 12:34)

아들이라고 불리는 것[부정과거] (눅 15:19, 21)

가는 것을[현재] 너희가 원한다[직설법 현재]. (고전 10:27).

※ 다음 문장을 분사의 시제, 태, 성, 수, 격을 고려하여 번역하시오.

ἀκούσας ὁ Ἰησοῦς λέγει (막 2:17)

ἐλθόντες εἶδον (마 2:11)

οἱ τὸν λόγον τοῦ θεοῦ ἀκούοντες (눅 8:21)

ὁ πρῶτος λαβὼν γυναῖκα (눅 20:29)

ὁ πιστεύων εἰς τὸν υἱὸν τοῦ θεοῦ (요일 5:10)

ἀποκριθὲν τὸ πνεῦμα τὸ πονηρὸν εἶπεν (행 19:15)

※ 다음을 분사의 시제, 태, 성, 수, 격을 고려하여 작문하시오.

그[거] 하나님의 그[거] 말씀을 듣는[현재] 자들 (눅 11:28)

그들이 와서[분사 부정과거] 봤습니다[직설법 부정과거]. (막 9:14).

그[거] 죄를 행하는[현재] 모든 자가 (요 8:34; 요일 3:4)

그[거] 하나님을 아는[현재] 자가 (요일 4:6)

그[거] 하나님을 사랑하는[현재] 자가 (요일 4:21)

그[거] 살아계신[현재] 아버지께서 (요 6:57)

---

61) ποιῆσαι는 단축동사 ποιέω의 부정사 부정과거 능동태형이다. ε가 σ 앞에서 η로 길어졌다.

7. 부사

한국어에서 부사(副詞)는 “용언이나 문장, 다른 부사 앞에 놓여 뒤에 오는 문장 내의 특정한 성분이나 문장을 수식하는 품사”로 정의한다(한 477). 헬라어에서 부사는 주로 동사의 상황이나 내용을 구체적으로 표현하는데 사용된다. 부사의 이러한 기능을 ‘동사를 수식(修飾)한다, 한정(限定)한다, 꾸며준다’ 라고 부른다. 그래서 부사가 있으면 동사의 내용이 분명해지거나 풍성해진다. 또한, 부사, 형용사, 명사를 꾸며주거나, 관사와 함께 독립적으로 쓰이기도 한다.

헬라어 부사의 형태는 ‘형용사 변화형’ 이나 ‘부사 어미’ 가 붙어 만들어지고(박 232-236), 같거나 비슷한 형태로 구(句)를 이끄는 전치사나 절(節)을 이끄는 접속사가 되기도 한다. 어떤 면에서, 헬라어의 형용사, 부사, 전치사, 접속사, 소사는 공유되는 부분이 많다. 그럼에도, 독특한 어미를 갖고 동사를 꾸며주는 단어들을 모아 ‘부사’ 라고 부른다.

이 책에서는 앞서 다른 품사들을 다룬 방식과 마찬가지로 헬라어 신약성경에서 가장 많이 쓰이는 부사를 중심으로 부사를 다루려 한다. 가장 많이 쓰이는 부사 10개는 οὕτως, τότε, νῦν, πάλιν, ἐκεῖ, ἔτι, μᾶλλον, μόνος, ἤδη, ὧδε이다.[62] 의미는 아래와 같다.

---

62) 접속사 καί의 강조 용법을 부사로 분류하기도 하지만, 이 책에서 καί는 접속사로만 분류된다.

οὕτως	그런 까닭에, 과연, 정말, 그렇게, 이렇게 해서, 이렇게, 이처럼, 이와 같이, 그 상태로, 전과 같이, 그다음에 (208회)
τότε	그때에, 그제야 (160회)
νῦν	이제, 이제야, 이제는, 이제 와서, 지금, 당분간 (147회)
πάλιν	다시, 또다시 (141회)
ἐκεῖ	거기에서, 거기에 (95회)
ἔτι	아직, 여전히, 더 (93회)
μᾶλλον	더욱, 높게, 오히려 (81회)
μόνος	만, 뿐, 다만 (70회)
ἤδη	이미, 벌써 (61회)
ὧδε	여기서, 여기에 (61회)

헬라어 문법에서 부사는 보통 '양태(manner), 장소(place), 시간(time)'으로 분류하기도 하지만(R 299-300), 의미 측면에서 구분해 볼 때, 위 단어들 가운데 οὕτως는 '지시'를, τότε, νῦν, ἔτι, ἤδη는 '시간'을, ἐκεῖ와 ὧδε는 '장소'를, πάλιν은 '연속'을, μᾶλλον은 '비교급'을, μόνος는 '제한'을 의미한다고 볼 수 있다. 그럼, 의미 측면의 분류를 따라 10개의 부사를 이해해 보자.

7.1. οὕτως

'지시'를 의미하는 οὕτως는 근접을 의미하는 지시대명사인 οὗτος에 부사 어미가 붙어서 생성된 단어로, 함께 쓰이는 동사에 따라 매우 다양한 뜻을 갖는다. '그런 까닭에, 과연, 정말, 그렇게, 이렇게 해서, 이렇게, 이처럼, 이와 같이, 그 상태로, 전과 같이, 그다음에'와 같은 것들이다. 예를 들어보자.

οὕτως ἔσται ὁ υἱὸς τοῦ ἀνθρώπου ἐν τῇ καρδίᾳ τῆς γῆς (마 12:40)

이와 같이 인자가[그 사람의 그 아들이] 땅속에[그 땅의 그 마음 안에] 있을 것이다.

ἔσται는 εἰμί의 직설법 미래 중간태 3인칭 단수형이다.

οὕτως ἔσονται οἱ ἔσχατοι πρῶτοι (마 20:16)
이와 같이 마지막인 자들이 으뜸이 될 것이다.
ἔσονται는 εἰμί의 직설법 미래 중간태 3인칭 복수형이다.

위의 예에서 '이와 같이'는 '앞서 말한 바와 같이'를 의미하여, '앞서 언급한 것'을 '지시'한다. 마태복음 12장 40절의 '이와 같이'는 "요나가 밤낮 사흘 동안 큰 물고기 뱃속에 있었던 것 같이"를, 20장 16절의 '이와 같이'는 '포도원 품꾼들의 비유(20:1-15)에서 얘기된 바와 같이'를 뜻한다.

7.2. τότε, νῦν, ἔτι, ἤδη

이 단어들은 '그때, 지금, 아직, 벌써'와 같이 '시간'과 관계되는 뜻을 갖는다. πάλιν을 '시간'을 나타내는 부사로 분류하기도 하지만(R 300), 단순히 '시간' 의미를 넘어서는 용례가 많기에 '양태' 부분에서 '연속'의 개념으로 다룬다.

τότε	그때에, 그제야
νῦν	이제, 이제야, 이제는, 이제 와서, 지금, 당분간
ἔτι	아직, 여전히, 더
ἤδη	이미, 벌써

예를 살펴보자.

τότε λέγει τῷ ἀνθρώπῳ (마 12:13)
그때에 그분이[/예수께서] 그[거] 사람에게 말씀하십니다.

τότε ὄψονται τὸν υἱὸν τοῦ ἀνθρώπου ἐρχόμενον (막 13:26)
그때에 그들이 인자가[그 사람의 그 아들이] 오는 것을 볼 것입니다.
ὄψονται는 ὁράω의 직설법 미래 이태중간 3인칭 복수형이다.

위의 예에서 '그때에'는 '앞선 문맥의 일이 진행되는 그 시간에'를 의미한다. 마태복음 12장 13절의 '그때에' 는 '안식일에 회당에서 사람들이 예수님을 고발하려고 질문하자 예수님께서 그들에게 대답하신 그때에' 를, 마가복음 13장 26절의 '그때에' 는 '종말의 때' 로 문맥상 '멸망의 가증한 것이 서고(13:14) 거짓 그리스도들과 거짓 선지자들이 일어나는(13:21-23) 때' 를 뜻한다.

ἀπὸ τοῦ νῦν εἰς τὰ ἔθνη πορεύσομαι (행 18:6)
거 지금부터 그[거] 이방인들에게로 나는 갈 것입니다.

τὸ νῦν ἔχον πορεύου (행 24:25)
당분간[거 지금이 가진 때] 가 있으라.
τὸ νῦν ἔχον은 '지금' 이라고 하는 시간이 가지고 있는 '시기' 를 대격으로 표현한 것이다.
ἔχον은 ἔχω의 분사 현재 능동태 중성 단수 대격형이다.
πορεύου는 πορύομαι의 명령법 현재 이태동사[중간태] 2인칭 단수형이다.

위의 예에서 '지금' 이라고 하는 '말하는 당시' 를 뜻한다. 사도행전 18장 6절은 유대인들이 '그리스도가 예수님' 이라는 복음을 듣고 바울에게 대들며 심히 멸시할 때, 바울 사도가 고린도 회당에서 유대인들에게 한 말이다. '거 지금' 이란 '고린도 회당의 유대인들이 복음을 받아들이기는커녕 복음 전도자를 대적하고 비방하는 때' 를 뜻한다. 사도행전 24장 25절은 바울 사도가 "의와 절제와 장차 오는 심판"에 대해 얘기할 때, 벨릭스가 바울 사도에게 한 말이다. '지금은 그 메시지를 수용하거나 어떤 반응을 보이기 어려우니 당분간은 이 부분을 언급하지 맙시다.' 하는 의미로 '당분간' 이라는 시간, '지금이 가지고 있는 시간대' 를 언급한다.

εἶπεν ἔτι ζῶν (마 27:63)
그가[/예수가] 아직 살아있을 때 말했습니다.
εἶπεν은 λέγω의 직설법 제2부정과거 능동태 3인칭 단수형이다.
ζῶν은 ζάω의 분사 현재 능동태 남성 단수 주격형이다. 어간 ζα에 어미 ων이 붙자,

모음 단축이 일어났다(α + ω = ω).

ἔτι ἕνα εἶχεν (막 12:6)
아직 하나를 그가 가졌다.
ἕνα는 수 형용사 εἷς의 남성 단수 대격형이다.
εἶχεν은 ἔχω의 직설법 미완료과거 능동태 3인칭 단수형이다. 시상접두모음 ε와 어간 ε가 만나 모음 단축이 일어났다(ε + ε = ει).

한국어 '아직' 은 "어떤 일이나 상태 또는 어떻게 되기까지 시간이 더 지나야 함을 나타내거나, 어떤 일이나 상태가 끝나지 아니하고 지속되고 있음을 나타내는 말"을 뜻한다. 마태복음 27장 63절은 예수님이 십자가 위에서 돌아가신 다음에 대제사장들과 바리새인들이 빌라도에게 한 말이다. '아직' 은 '지금은 예수가 죽었는데, 그가 죽지 않고 살아 있었을 때' 를 뜻한다. 마가복음 12장 6절은 '포도원 농부의 비유' 에 있는 표현이다. 포도원의 주인이 소출 얼마를 기대하고 종들을 보냈는데, 소출을 받기는커녕 종들이 상하거나 죽었다. '더 이상 보낼 종은 없는 상황에서 아직 하나가 남아 있었다.' 하는 의미로, '아직' 이 사용된다.

ἤδη ἦλθεν (마 17:12)
이미[/벌써] 그가 왔다.
ἦλθεν은 ἔρχομαι의 직설법 제2부정과거 능동태 3인칭 단수형이다.

ἤδη ἔλαβον (빌 3:12)
벌써 내가 받았다.
ἔλαβον은 λαμβάνω의 직설법 제2부정과거 능동태 1인칭 단수형이다.

'이미' 는 "다 끝나거나 지난 일을 이를 때 쓰는 말"이다. '벌써' 는 "예상보다 빠르게" 나 "이미 오래전에"를 뜻하는데, 여기서는 후자의 의미가 적절하다. 마태복음 17장 12절은 예수님께서 하신 말씀으로 '엘리야가 이미 왔음' 을 표현하신 것이다. '벌써' 로 번역하여, 이미 오래전에 엘리야가 왔다고 표현해도 괜찮다. 빌립보서 3장 12절은 바울 사도가 '자신이 원하는 것을 아직 받지 않았음'을 표현한다. 그가 원하는 것은 '부활'(3:11) '은혜로 주어지는 것'이기에 주어져야 받을 수 있는데, 아직 받지 않았다고 말한다. 본래 부정어(否定語)가 있는 문장인데, 부정어를 '아직' 배우지 않았기에 예문에 포함시키지 않았다.

7.3. ἐκεῖ와 ὧδε

이제 '장소'를 의미하는 부사를 살펴보자.

ἐκεῖ 거기에서, 거기에

ὧδε 여기서, 여기에

한국어 '거기'는 "듣는 이에게 가까운 곳을 가리키는 지시 대명사"나 "앞에서 이미 이야기한 곳을 가리키는 지시 대명사"이고, '여기'는 "말하는 이에게 가까운 곳을 가리키는 지시 대명사"이다. 예를 들어보자.

ἴσθι ἐκεῖ (마 2:13)

너는 거기에 있어라.

ἴσθι는 εἰμί의 명령법 현재 능동태 2인칭 단수형이다.

λέγει τοῖς ἐκεῖ (마 26:71)

그가[/다른 여종이] 거기에 {있는} 자들에게 말합니다.

ἐκεῖ가 관사 τοῖς와 함께 쓰여 '거기에 있는 자들'이란 의미를 갖는다.

마태복음 2장 13절은 주님의 천사가 요셉에게 한 말이다. 애굽으로 가라면서, "내가 네게 이르기까지" '거기' 다시 말해 '애굽'에 있으라고 말했다. '거기'는 '앞서 얘기한 애굽'을 뜻한다. 마태복음 26장 71절은 대제사장 집에 있는 여종 하나가 주위 사람들에게 베드로에 대해 한 말이다. '거기'는 앞서 언급된 "바깥 뜰"(26:69)을 가리킨다.

ἦλθες ὧδε (마 8:29)

당신이 여기에 왔다.

ἦλθες 는 ἔρχομαι 의 직설법 제2부정과거 능동태 2인칭 단수형이다.

ὧδε εἶναι (마 17:4; 막 9:5; 눅 9:33)

여기에 있는 것

εἶναι 는 εἰμί 의 부정사 현재 능동태형이다.

마태복음 8장 29절은 가다라 지방의 귀신 들린 자 둘이 예수님께 한 말이다. '여기' 는 '가다라 지방' 보다는 '세상' 혹은 '지상(地上)' 을 가리킨다고 보는 것이 좋을 것이다. 마태복음 17장 4절은 '변화산 사건' 때 베드로가 예수님께 한 말이다. 이 구절의 '여기' 는 예수님께서 변형되신 곳으로 '헤르몬산' 일 가능성이 크다.

7.4. πάλιν, μᾶλλον, μόνος

이제 '연속' 을 나타내는 πάλιν, '비교급' 을 표현하는 μᾶλλον, '제한' 을 의미하는 μόνος 를 함께 살펴보자. μόνος 는 엄밀한 의미에서 형용사이나, 중성 대격형으로 부사로 쓰이는 μόνον 을 사전에서 따로 표제어를 삼지 않고 μόνος 항목에서 함께 다루기에, 이 책에서도 μόνος 를 기본형으로 사용한다.

πάλιν　다시, 또다시

μᾶλλον　더욱, 높게, 오히려

μόνος　만, 뿐, 다만

ἐλθὼν πάλιν εὗρεν (마 26:43)

오셔서 그분이[/예수께서] 다시 발견하셨습니다.

ἐλθών 은 ἔρχομαι 의 분사 제2부정과거 능동태 남성 단수 주격형이다.

εὗρεν 은 εὑρίσκω 의 직설법 제2부정과거 능동태 3인칭 단수형이다.

πάλιν ἐλθὼν εὗρεν (막 14:40)
그분이[/예수께서] 또다시 오셔서 발견하셨습니다.

한국어 '다시'는 "하던 것을 되풀이해서"나 "방법이나 방향을 고쳐서 새로이"나 "하다가 그친 것을 계속하여" 등을, '또다시'는 "거듭하여 다시"를 뜻한다.

마태복음 26장 43절과 마가복음 14장 40절은 같은 내용을 가리킨다. 겟세마네 동산에서 기도하시던 예수님께서 '기도'와 '제자들 방문'을 반복하시는데, 제자들에게 오셔서 그들이 자는 것을 '연속'적으로 발견하신다. 마태복음 26장 43절의 경우는, 부사 πάλιν이 본동사 εὗρεν을 수식한다. 마가복음 14장 40절의 경우는 부사 πάλιν이 보조동사 ἐλθών과 본동사 εὗρεν을 함께 수식한다. πάλιν의 위치가 두 가지 정도에서 차이를 준다. 우선, 읽을 때, 마태복음은 πάλιν 앞에서 끊어 읽지만, 마가복음은 πάλιν 뒤에서 끊어 읽는다. 마가복음 기자는 πάλιν을 문장 앞에 둠으로써 뭔가가 반복된다는 점을 강조하고 있다. 직전 절인 14장 39절도 같은 방식으로 πάλιν이 쓰였다. 다시 말해, πάλιν이 문장 앞에 놓이면서 보조동사와 본동사를 함께 수식한다.

μᾶλλον διδόναι (행 20:35)
오히려 주는 것이
διδόναι는 δίδωμι의 부정사 현재 능동태형이다.

μᾶλλον γνωσθέντες ὑπὸ θεοῦ (갈 4:9)
더욱 하나님에 의해 아신 바 되었으니
γνωσθέντες는 γίνωσκω의 분사 부정과거 수동태 남성 복수 주격형이다. 어간 γνωσ에 어미 θεντες가 붙었다(박 145-146).

'오히려'는 "일반적인 기준이나 예상, 짐작, 기대와는 전혀 반대가 되거나 다르게"나 "그럴 바에는 차라리"를, '더욱'은 "정도나 수준 따위가 한층 심하거나 높게"를 뜻한다.

사도행전 20장 35절은 바울 사도의 밀레도 설교에 있는 내용으로 예수님의 말씀 인용의 일부이다. '받는 것보다는 주는 것이 더 낫다.' 하는 개념을 표현하기 위해, μᾶλλον이 사용되었다. 바울 사도는 갈라디아서 4장 9절에서 '하나님을 아는 것' 과 '하나님이 의해 아신 바 된 것' 을 비교하면서, 갈라디아 성도들이 이제는 하나님을 알 뿐만 아니라 하나님에 의해 아신 바 되었다는 것을 강조한다.

μόνον εἰπὲ λόγῳ (마 8:8)
다만 말씀으로만 말하십시오.
εἰπέ는 λέγω의 명령법 제2부정과거 능동태 2인칭 단수형이다.

μόνον πίστευε (막 5:36)
다만 믿으시오.
πίστευε는 πιστεύω의 명령법 현재 능동태 2인칭 단수형이다.

마태복음 8장 8절은 가버나움의 백부장이 한 말이다. μόνον이 동사를 수식하여, '오시지 말고 말씀만 하시면 된다는 점' 을 강조하였다. 마가복음 5장 36절은 '딸이 죽었으니 예수를 더 이상 괴롭히지 말라.' 하는 사람들의 말을 들으시고 회당장 야이로에게 예수님께서 하신 말씀이다. '두려워 말고 믿기만 하면 된다는 점' 이 강조되었다.

7.5. 연습문제

※ 다음 문장에 쓰인 부사를 고려하여 번역하시오.

οὕτως γράφω (살후 3:17)
τότε γενήσεται ὁ λόγος ὁ γεγραμμένος (고전 15:54)[63)]
νῦν τέκνα θεοῦ ἐσμεν (요일 3:2)

---

63) γεγραμμένος는 γράφω의 분사 현재완료 수동태 남성 단수 주격형이다. 어미 μένος 앞에서 양순음 φ가 양순음 μ의 영향으로 μ가 되었다. 자음 동화이다.

ἔτι ζήσομεν (롬 6:2)[64]

ἤδη ἡμέραι τρεῖς (마 15:32; 막 8:2)

ἦν ἄνθρωπος ἐκεῖ (눅 6:6)

ὧδε ὁ χριστός (마 24:23; 막 13:21)

πάλιν ἐρῶ (빌 4:4)[65]

πολλῷ μᾶλλον ἡ χάρις τοῦ θεοῦ (롬 5:15)[66]

※ 다음 문장을 작문하되, 부사를 넣어 작문하시오.

우리가 이렇게 얘기한다[현재]. (살전 2:4; 히 6:9).

그때에 그분이 말씀하셨습니다[현재완료]. (히 10:9).

이제야 우리가 살아납니다[현재]. (살전 3:8).

여전히 그가[/아벨이] 얘기합니다[현재]. (히 11:4).

이미 저 낮이 (눅 24:29)

거기에서 그들이 살아계신 하나님의 아들들이라고 일컬어질 것입니다[미래]. (롬 9:26).

여기 것들[/여기에서 일어나는 것들] (골 4:9)

다시 내가 옵니다[현재]. (요 14:3).

오히려 주는 것이[현재 부정사] (행 20:35)

---

64) ζήσομεν은 단축동사 ζάω의 직설법 미래 능동태 1인칭 복수형이다. α가 σ 앞에서 η로 길어졌다.

65) ἐρῶ는 λέγω의 직설법 미래 능동태 1인칭 단수형이다.

66) πολλῷ μᾶλλον은 '매우 더욱, 훨씬 더' 와 같이 번역될 수 있다. 여기서 πολλῷ는 중성 단수 여격형으로 "차이의 정도(degree of difference, R 532)"를 표현하여 μᾶλλον의 의미를 더해준다.

8. 접속사

'접속사'는 "단어와 단어, 구절과 구절, 문장과 문장을 이어 주는 구실을 하는 문장 성분"이라고 정의할 수 있다. 그런데 한국어에서는 "최현배 등의 여러 학자들이 이러한 부류들을 부사 속에 포함시킴으로써" '접속 부사'로 분류된다(한 481).

헬라어 접속사는 크게 '등위 접속사'와 '종위 접속사'로 나뉜다. 등위 접속사는 "통사적으로 동등한 두 개 혹은 그 이상의 단위들을 접속"하고, 종위 접속사는 "뒤따르는 종속절을 인도함과 동시에, 종속절과 주절을 연결하는 기능"을 한다(박 280).

문법 개념을 습득하는 것이 이 책의 기본 목표기에, 신약성경에서 가장 많이 쓰이는 접속사 10개를 살펴보자.[67] 빈도순을 따라 각 단어와 의미를 나열하면 다음과 같다.

καί 그리고, 그리고는, 또한, 며, 및, 도, 이어, 그런데, 그런데도, 그러고도, 그러면서, 그러면서도, 까지, 까지도, 그러면, 그러더니, 그러자, 자, 그래서, 그러니, 즉 (9018회)[68]

δέ 하나, 하니, 하면, 하여, 한데, 해서, 한편, 또 한편, 다른 한편으로는, 그런데, 그러다가, 그러자, 후에, 그 바람에, 바야흐로, 다만, 당시, 행여, 마침, 채

67) 접속사에 대한 자세한 설명은 '박 280-324'를 참고하라.

68) 이 가운데 773회는 '강조'의 의미로 사용되기에, '부사'로 취급되기도 한다.

(2642회)

ὅτι 다시 말해서, 다음과 같이, 사실, 사실상, 실은, 다음 내용을, 때문이다, 한 것이다, 라며, 라면서, 한 것을, 한 바를 (1296회)

γάρ 왜냐하면 때문이다, 이는 때문이다, 이유는 에 있었다, 아서, 때문에, 이로 인하여, 까닭이다, 입니다, 것이다 (1041회)

ἵνα 부디, 아무쪼록, 어떻게든, 하기 위함이라 (663회)

ἀλλά 그러나, 하지만, 오히려, 도리어 (638회)

οὖν 그래서, 그러므로, 그러니, 그러니까 (499회)

εἰ 면, 혹여, 만일 (497회)

ἐάν 면 (270회)

τέ 결국, 마침내, 그 결과, 결과적으로, 그리하여, 그래서, 그러다가, 그러면, 그럼, 그뿐 아니라, 뿐[만] 아니라, 뿐더러, 조차 (215회)

헬라어보다 한국어 접속 부사가 훨씬 더 발달했기에, 이처럼 의미가 다양하다. 외우지는 않더라도 자주 읽으면 헬라어 접속사의 '의미 영역'이 확인될 것이다.

위의 접속사 가운데 등위 접속사는 καί, δέ, τέ, ἀλλά, οὖν, γάρ이다. 이 가운데 καί, δέ, τέ는 '계합 접속'에, ἀλλά는 '반의 접속'에, οὖν은 '추론 접속'에, γάρ는 '원인 접속'에 쓰인다고 말한다(박 281). '계합(契合)'이란 '동여매 합했음'을, '반의(反義)'는 '뜻이 반대됨'을, '추론(推論)'은 "미루어 생각하여 논함"을, '원인(原因)'은 "어떤 사물이나 상태를 변화시키거나 일으키게 하는 근본이 된 일이나 사건"을 뜻한다. 그러므로, καί, δέ, τέ는 단위를 연결하고 있음을 나타내는 표지(標識)이고, ἀλλά는 뒤따르는 내용이 앞선 내용과 뜻이 반대됨을 미리 표현하는 표지이며, οὖν은 앞서 나온 내용을 미루어 생각할 때 찾아낼 수 있는 내용이 이어짐을 나타내는 표지이고, γάρ는 "선행문의 사건이나 사태가 원인이 되어 후행문의 사건이나 상태를 변화시킴을 나타내는 표지"(한 616)이다. καί는 '계합, 반의, 추론' 접속에, δέ는 주로 '전환'의 의미로 쓰이지만 '반의, 추론' 접속에도, τέ는 '상관 접속'에 쓰인다(박 282-

283).

위의 접속사 가운데 종위 접속사는 ὅτι, εἰ, ἐάν, ἵνα이다. 이 가운데 ὅτι는 '원인절, 선언절, 보충절'을 이끌고, εἰ와 ἐάν은 '조건절'을 이끌며, ἵνα는 '목적절, 결과절, 보충절'을 이끈다. '원인절'은 "특정한 상황이나 사건의 원인, 이유, 목적을 나타내는 절"이고, '선언절'은 "어떤 정보를 제공하기 위하여 강조적으로 진술하는 문장 유형"이고, '보충절'은 "목적어나 보어가 되는" 절이며, '조건절'은 "다른 상황, 정황, 동작이 이루어질 수 있도록 정황, 상황, 행동을 만들어내는 조건을 나타내는 절"이고, '목적절'은 "주절의 동작에 의도나 목적을 표현하는" 절이며, '결과절'은 "원인을 나타내는 주절에서 진술된 내용의 논리적인 결과를 나타내는" 절이다(박 293, 310, 321, 300, 311, 308). 이로 볼 때, ὅτι는 원인이나 정보를 제공하는 절을 이끌면서 목적어나 보어가 되기도 하고, εἰ와 ἐάν은 조건을 나타내는 절을 이끌며, ἵνα는 주절 내용의 목적이나 결과가 담긴 절을 이끄는데 드물게 목적어나 보어가 되기도 하는 절을 이끈다. 조금, 쉽게 설명하자면, ὅτι는 '그것이 어떻게 된 것인가 하면'과 같은 의미를 갖고, εἰ와 ἐάν은 '만일 ~면'과 같은 뜻을 가지며, ἵνα는 주로 '목적'을 표현한다.

8.1. 등위 접속사

그럼, 이제 등위 접속사 καί, δέ, τέ, ἀλλά, οὖν, γάρ를 예문을 통해 살펴보자. 이 가운데 καί와 ἀλλά는 연결되는 단위 사이에 위치하고, δέ, τέ, οὖν, γάρ는 이어지는 단위의 '한 단어' 혹은 '하나의 개념' 뒤에 놓인다. 후자와 같은 단어들을 '후치사(postpositives, R 424)'라고 부른다. 그리고 τέ는 "앞선 단어에 긴밀하게 밀착되어 빠르게 발음되면서 악센트가 상실되는" 전접어이기에 "대부분 악센트를 상실하나 강조될 때나 다른 전접어로 이어질 때는 악센트가 남는다"(박 34). 한편, ἀλλά는 "모음과 함께 시작하는 단어 앞에 나올 때" 단어 끝의 α가 축출되고 대신 생략부호(᾽)가 붙어, ἀλλ᾽ 형태가 된다(박 30).

ἐγερθήσεται γὰρ ἔθνος ἐπὶ ἔθνος καὶ βασιλεία ἐπὶ βασιλείαν (마 24:7; 막 13:8)

민족이 민족에 맞서, 또한 나라가 나라에 맞서 일어날[/일으켜 세워질] 것이기 때문이다.

ἐγερθήσεται는 ἐγείρω의 직설법 미래 수동태 3인칭 단수형이다.

καί는 ἔθνος ἐπὶ ἔθνος와 βασιλεία ἐπὶ βασιλείαν를 연결한다.

γάρ는 이 문장이 직전 문장과 관련하여 '난리가 일어나더라도 그것이 끝이 아닌 이유'를 설명한다는 것을 보여준다.

ἐποίησεν δὲ οὕτως. (행 12:8).

하니 그가[/베드로가] 그렇게 했습니다.

ἐποίησεν은 ποιέω의 직설법 부정과거 능동태 3인칭 단수형이다.

천사가 베드로에게 "허리띠를 동이고 네 신발의 끈을 죄어라." 말하였는데, 어떻게 되었는지 설명한다. 베드로가 그렇게 했다.

τῇ τε γυναικὶ ἔλεγον (요 4:42)

결국 그들이[/믿은 사마리아인들이] 저 부인에게 말합니다[/말했습니다].

ἔλεγον은 λέγω의 직설법 미완료과거 능동태 3인칭 복수형이다.

동네 사람들이 처음에는 수가성 여인의 증거를 듣고 예수님을 믿었다(4:39). 그러나 예수께서 그들 곁에 이틀을 묵으시자, 예수님의 말씀으로 인해 한층 더 많은 이들이 믿게 되었다. 그 결과 '믿은 사마리아 사람들이' 수가성 여인에게 '더 이상 그에게 속한 얘기로 인해 믿지 않는다.' 그렇게 말한다. τέ는 '예수님의 이틀 체류'와 '동네 사람들의 말' 사이의 '상관관계'를 표현한다.

ἀλλὰ τὰ τῶν ἀνθρώπων (마 16:23)

도리어 사람들에게 속한 것들을

ἀλλά는 앞선 문장의 내용과 반대되는 내용이 이어짐을 미리 알려준다. 예수께서 베

드로에게 하신 말씀이다. 베드로는 '하나님께 속한 것들'을 생각하지 않고, "도리어 사람들에게 속한 것들을" 생각하고 있다.

ἦλθαν οὖν καὶ εἶδαν (요 1:39)

그러므로 그들이 왔고 보았습니다.

ἦλθαν은 ἔρχομαι의 직설법 제2부정과거 능동태 3인칭 복수형이다. 본래 ἦλθον 형태로 쓰는 것이 원칙이나, 1인칭 단수가 아니라 3인칭 복수형임을 분명히 하기 위해, 부정과거 3인칭 복수 어미 σαν을 붙이고 θ 다음에 σ가 생략된 형태인 ἦλθαν을 사용하기도 한다.

εἶδαν은 ὁράω의 직설법 제2부정과거 능동태 3인칭 복수형이다. 본래 εἶδον 형태로 쓰는 것이 원칙이나, 위 ἦλθαν과 같은 이유로, εἶδαν 형태를 쓰기도 한다.

οὖν은 예수께서 세례 요한의 제자 두 사람(안드레와 사도 요한)에게 "와서 보라" 하신 말씀에 기초하여 미루어 생각할 수 있는 일이 이어짐을 알려준다.

καί는 ἦλθαν과 εἶδαν을 연결한다.

8.2. 종위 접속사

이제는 종위 접속사 ὅτι, εἰ, ἐάν, ἵνα를 예문을 통해 살펴보자.

먼저, ὅτι가 원인절, 선언절, 보충절을 이끄는 예를 차례로 살펴보자. ὅτι 앞에 콤마가 있으면, ὅτι절은 원인절이다. ὅτι 앞에 콤마가 없고 이어지는 문장이 직접인용이면, ὅτι절은 선언절이다. ὅτι 앞에 콤마가 없고 이어지는 문장이 직접인용이 아니면, ὅτι절은 보충절이다.

ὅτι πολλοί ἐσμεν. (막 5:9).

우리가 많기 때문이요.

ἐσμεν은 εἰμί의 직설법 현재 능동태 1인칭 복수형이다. 두 음절로 구성된 εἰμί로 전접어이기에 악센트가 없다(박 34).

ὅτι는 원인절을 이끌어, 더러운 귀신의 이름이 '군대(레기온)' 인 이유를 설명한다. 더러운 귀신은 '그들이 많기에' 이름이 군대 즉, 레기온이라고 밝힌다. 콤마는 비평본 편집자가 넣은 것으로, ὅτι가 원인절을 이끈다는 것을 표현한다.

λέγοντες ὅτι ἐὰν εἴπωμεν· ἐξ οὐρανοῦ, ἐρεῖ· (눅 20:5)

[그들이] 말하기를, "우리가 '하늘로부터' 라고 말하면, 그가 ~라고 말할 것이다."

λέγοντες는 λέγω의 분사 현재 능동태 남성 복수 주격형이다.

εἴπωμεν은 λέγω의 가정법 제2부정과거 능동태 1인칭 복수형이다.

ἐρεῖ는 λέγω의 직설법 미래 능동태 3인칭 단수형이다.

ὅτι는 '말하는 내용' 이 직접 담긴 선언절을 이끈다.

ἐάν 조건절이 주절에서 직설법 미래 동사를 갖기에, ἐάν 조건문은 '더 생생한 미래 조건' 을 표현한다(박 301, 306-307). "화자의 보다 분명하고도 절실한 감정이나 태도를 표현"한다(박 306).

Ἠκούσατε ὅτι ἐρρέθη (마 5:21, 27, 38, 43)

여러분이 그것이 언급되었다고 들었습니다.

Ἠκούσατε는 ἀκούω의 직설법 부정과거 능동태 2인칭 복수형이다.

ἐρρέθη는 λέγω의 직설법 부정과거 수동태 3인칭 단수형이다.

ὅτι가 ἐρρέθη라는 보충절을 이끌기에, ὅτι절은 Ἠκούσατε의 목적어이다.

이제는 εἰ와 ἐάν이 이끄는 조건절의 예이다.[69] εἰ 조건절은 주로 직설법 동사를 취하고,[70] ἐάν 조건절은 늘 가정법 동사를 취한다. 조건절과 함께 쓰인 주절을 '귀결절' 이라고 부르고, 조건절과 귀결절을 합하여 '조건문' 이라고 부른다. 조건문은 때로 귀결절 없이 조건절만으로 이뤄지기도 한다. εἰ는 "뒤따라오는 단어 때문에 악센트가 없는" '후접어' 이다(박 36).

---

69) 두 접속사가 이끄는 다양한 형태의 조건절에 대해서는 박 300-307쪽을 보라.

70) εἰ 조건절은 드물게 희구법 동사를 취한다(박 301).

εἰ υἱὸς εἶ τοῦ θεοῦ, εἰπέ (마 4:3; 눅 4:3)

만일 네가 거 하나님의 아들이면, 말하라.

εἶ는 εἰμί의 직설법 현재 능동태 2인칭 단수형이다.

εἰπέ는 λέγω의 명령법 제2부정과거 능동태 2인칭 단수형이다.

εἰ 조건절은 직설법 현재 동사를 취한 '단순 현재 조건'이라고 할 수 있다.

마귀는 θεός 앞에는 관사를 붙이고 υἱός 앞에는 관사를 붙이지 않음으로써, 예수님이 하나님의 '독생자' 혹은 '특별한 아들'일 가능성을 배제한 표현을 사용한다.

ἐὰν πιστεύσῃς ὄψῃ τὴν δόξαν τοῦ θεοῦ (요 11:40)

네가 믿으면, 거 하나님의 거 영광을 볼 것이다.

πιστεύσῃς는 πιστεύω의 가정법 부정과거 능동태 2인칭 단수형이다.

ὄψῃ는 ὁράω의 직설법 미래 이태중간 2인칭 단수형이다.

ἐάν 조건절이 가정법 동사를, 귀결절이 직설법 미래 동사를 갖기에, 이 조건문은 '더 생생한 미래 조건'에 속한다.

이제, ἵνα가 목적절, 결과절, 보충절을 이끄는 예를 차례로 살펴보자. ἵνα절은 보통 목적절을 이끄는데, ἵνα 앞에 있는 콤마는 ἵνα가 결과절을 이끈다는 표시이다. ἵνα절이 목적어나 보어가 되면, ἵνα가 보충절을 이끄는 것으로 본다. ἵνα 앞에 콤마가 있으면, ἵνα절은 보충절이 아닌 한 결과절이다. ἵνα 앞에 콤마가 없고 목적어나 보어가 되지 않으면, ἵνα절은 목적절이다. ἵνα절이 목적어나 보어가 되면, ἵνα절은 보충절이다.

ἵνα φάγωμεν (눅 22:8)

아무쪼록 우리가 먹도록

φάγωμεν은 ἐσθίω의 가정법 제2부정과거 능동태 1인칭 복수형이다.

ἵνα절은 목적절이다. '우리가 먹는 목적을 위해' 유월절 식사를 준비하라고, 예수께서 베드로와 요한에게 말씀하셨다.

τοῖς ἔργοις πιστεύετε, ἵνα γνῶτε καὶ γινώσκητε (요 10:38)
거 일들을 믿으세요. 그러면 여러분이 알고 알겠지요.
πιστεύετε는 πιστεύω의 명령법 현재 능동태 2인칭 복수형이다.
γνῶτε는 γινώσκω의 가정법 제2부정과거 능동태 2인칭 복수형이다. 부정과거 시제는 전체적으로 알게 될 것을 표현한다.
γινώσκητε는 γινώσκω의 가정법 현재 능동태 2인칭 복수형이다. 현재 시제는 구체적으로 알게 될 것을 표현한다.
ἵνα 절은 예수님이 하신 일들을 믿을 때 어떤 '결과'가 예상되는지를 알려준다. 성부께서 예수님 안에, 예수님이 성부 안에 계신 것을 알게 될 것이다.

ἵνα πιστεύσωσιν (행 19:4)
그들이 믿으라고
πιστεύσωσιν은 πιστεύω의 가정법 부정과거 능동태 3인칭 복수형이다.
ἵνα 절을 λέγων의 목적어로 보면, ἵνα는 보충절을 이끈다고 말할 수 있다. 물론, 목적절로 봐서 '무엇을 위해 말한다.' 그렇게 번역할 수도 있다.

이처럼, ἵνα가 어떤 절을 이끄는가에 대해서는 해석의 여지가 있다. 예를 들어본다.

τὰ τοῦ κυρίου, ἵνα ᾖ ἁγία καὶ τῷ σώματι καὶ τῷ πνεύματι
(고전 7:34)
거 주님께 속한 것들을, 아무쪼록 거 몸뿐 아니라 거 영의 견지에서도 거룩하기를
ᾖ는 εἰμί의 가정법 현재 능동태 2인칭 단수형이다.
καί가 연이어 나오는 경우, '~뿐 아니라 ~도'로 번역이 가능하다.
ἵνα 절을 목적절로 보아, '거 몸뿐 아니라 거 영의 견지에서 거룩하기 위해 거 주님께 속한 것들을 염려한다.' 이렇게 본문을 이해할 수도 있고, 결과절로 보아, '주님께 속한 것들을 염려하면, 거룩하게 된다.' 이렇게 본문을 이해할 수도 있고, 보충절로 보아, '주님께 속한 것들 가운데 대표적인 한 가지가 몸과 영의 거룩'이라고 이해할 수도 있다.

8.3. 연습문제

※ 다음 문장에 쓰인 접속사를 고려하여 번역하시오.

καὶ ὁ λόγος ἦν πρὸς τὸν θεόν, καὶ θεὸς ἦν ὁ λόγος. (요 1:1).

Μετὰ δὲ τὰς δύο ἡμέρας ἐξῆλθεν (요 4:43)

ἐάν τε γὰρ ζῶμεν, τῷ κυρίῳ ζῶμεν (롬 14:8)[71)]

ἀλλ᾽ ἐπὶ τῷ θεῷ τῷ ἐγείροντι τοὺς νεκρούς (고후 1:9)

εἰδότι οὖν καλὸν ποιεῖν (약 4:17)

, ὅτι υἱὸς ἀνθρώπου ἐστίν. (요 5:27)

εἰ ἔγνωσαν (고전 2:8)[72)]

ἐὰν εἰδῆτε ὅτι δίκαιός ἐστιν (요일 2:29)[73)]

ἐγὼ ἦλθον ἵνα ζωὴν ἔχωσιν (요 10:10)

※ 다음 문장을 작문하되, 알맞은 접속사를 넣어 작문하시오.

오시오[현재 명령 2인칭 복수]. 그러면 볼 것이오[미래 이태중간 2인칭 복수]. (요 1:39).

한편 의로운 자는 믿음으로 말미암아 살 것입니다[미래 중간태]. (롬 1:17).

결국 전혀 다른 말들로[여격] (행 2:40)

오히려 예수 그리스도와 하나님 아버지를 통해 (갈 1:1)

그러므로 거 예수께서 거 열둘에게 말씀하셨습니다[부정과거]. (요 6:67).

한편 만일 내가 행하면[직설법 현재] (요 10:38)

---

71) ζῶμεν은 단축동사 ζάω의 가정법 현재 능동태 1인칭 단수형이다. α가 ο를 만나, ο가 α를 흡수하고 길어져 ω가 되었다.

72) '비현실적 과거 조건' 의 예이다(박 303-304).

73) '보편적 현재 조건' 의 예이다(박 305-306). εἰδῆτε는 οἶδα의 가정법 제2현재완료 능동태 2인칭 복수형이다. οἶδα의 가정법 제2현재완료는 현재형 어간 ειδ에 가정법 현재 어미를 붙여 만들어, εἰδῶ, εἰδῇς, εἰδῇ, εἰδῶμεν, εἰδῆτε, εἰδῶσι가 된다(박 141).

한편 지금 여러분은 다음과 같이 말합니다. "우리가 봅니다." (요 9:41).

한편 그대가 해로운 것을 행하면[가정법 현재] (롬 13:4)

예수께서 거 그리스도, 거 하나님의 거 아들이심을 여러분이 믿도록[가정법 부정과거] (요 20:31)

9. 대명사

"사람이나 사물의 이름을 대신하여 쓰는 단어 부류"를 대명사(代名詞)라고 부른다. 명사 대신 쓴다는 의미이다. 헬라어에는 매우 다양한 대명사가 있다(박 185-211). 여기서는 사람을 가리키는 '인칭 대명사', 사물이나 장소, 시간을 가리키는 '지시 대명사', 가리키는 대상이 무엇인지 알 수 없는 의문문에 쓰이는 '의문 대명사', 가리키는 대상이 무엇이든 상관이 없을 때 쓰이는 '부정 대명사', 앞에 오는 명사를 대신하는 동시에 뒤에 오는 절을 선행사에 연결하여 주는 '관계 대명사'에 대해서만 살펴본다.

9.1. 인칭 대명사

인칭 대명사는 사람을 가리키는 대명사로, 말하는 사람(화자, 話者) 자신을 가리키는 1인칭 대명사, 듣는 사람(청자, 聽者)을 가리키는 2인칭, 말하는 사람과 듣는 사람을 제외한 나머지를 가리키는 3인칭이 있다(박 91-92).

1인칭 대명사는 수(단수, 복수) 및 격(주격, 속격, 여격, 대격)에 따라서만 형태가 달라지고, 성(남성, 여성, 중성)에 따라서는 형태가 달라지지 않는다. 2인칭 대명사도 1인칭 대명사와 같다.[74] 다만, 호격은 주격과 같은 형태를 취한다. 3인칭 대명사는 수 및 격뿐 아니라, 성에 따라서도 형태가 달라진다.

74) 개념상 2인칭 대명사는 호격으로 쓰일 수 있고, 실제로 주격 형태가 호격으로 쓰이지만, 신약성경에는 용례가 없다.

헬라어 동사가 인칭과 수를 표현하기에, 주격으로 쓰인 인칭 대명사는 강조하는 기능을 한다. 예로, 기본형으로 쓰이는 1인칭 단수 동사는 인칭과 수를 포함하기에, πιστεύω는 '내가 믿는다' 라는 뜻을 갖는다. 여기에 1인칭 대명사 단수 주격형인 ἐγώ가 함께 쓰여 ἐγὼ πιστεύω가 되면, '나는 믿는다' 와 같이 주어가 강조된다. 번역에 쓰인 '는' 혹은 받침 있는 낱말 뒤에 붙는 '은' 한국어에서 "어떤 대상이 다른 것과 대조됨을 나타내거나, 문장 속에서 어떤 대상이 화제임을 나타내거나, 강조의 뜻을 나타내는 보조사" 이다.

3인칭 대명사로 쓰이는 αὐτός가 1인칭 및 2인칭 대명사와 함께 쓰이면 대명사를 한층 더 강조하게 된다. 예로, 사도행전 10장 26절을 보면, 베드로가 고넬료에게 이렇게 말한다. καὶ ἐγὼ αὐτὸς ἄνθρωπός εἰμι. ἄνθρωπος는 '사람' 이다. 여기에 εἰμί가 붙으면 '나는 사람이다' 가 된다. 다만, εἰμί가 전접어이기에, ἄνθρωπος의 끝음절(마지막 음절)에 악센트가 하나 더 붙고 εἰμί는 앞선 단어에 붙여 ἄνθρωπόςεἰμι, '안쓰로포세이미' 와 같이 한 단어처럼 읽는다. 여기에 ἐγὼ가 붙어 ἐγὼ ἄνθρωπός εἰμι가 되면, '나는 사람이다' 가 된다. 그런데, 여기에 αὐτός가 붙으면 1인칭 대명사가 한층 더 강조되어, '나 자신도 사람이다' 가 된다. 여기의 '자신' 은 "다름이 아니고 앞에서 가리킨 바로 그 사람임을 강조하여 이르는 말" 이다. 그런데 베드로는 여기에 접속사 καί까지 붙여 말했다. 이러한 καί는 '도' 로 번역된다. 그래서 καὶ ἐγὼ αὐτὸς ἄνθρωπός εἰμι는 '나 자신도 사람이다' 가 된다. 자신이 사람이라는 점을 이보다 더 강조하기는 어려울 것이다.

그럼, 먼저 1인칭 및 2인칭 대명사가 수 및 격에 따라 어떻게 변하는지 살펴보자.

		1인칭	2인칭
단수	주격	ἐγώ	σύ
	속격	ἐμοῦ, μου	σοῦ, σου
	여격	ἐμοί, μοι	σοί, σοι
	대격	ἐμέ, με	σέ, σε

복수	주격	ἡμεῖς	ὑμεῖς
	속격	ἡμῶν	ὑμῶν
	여격	ἡμῖν	ὑμῖν
	대격	ἡμᾶς	ὑμᾶς

1인칭 단수는 '나, 저'를, 복수는 '우리'를 의미한다. 격은 명사에서 배운 그대로이다. 주격은 주어가 되거나 주어의 보아가 될 때 사용된다. 속격은 기원이나 출처, 소유나 소속 관계, 혹은 부분을 나타낸다. 여격은 행위 주체가 수행하는 동작으로 인해 수여, 영향 등의 작용을 받는 간접목적어를 표현할 때 사용된다. 대격은 타동사의 직접목적어가 되거나 동사를 수식한다. 1인칭 대명사 속격과 여격과 대격은 두 가지 형태를 갖는데, ἐμοῦ, ἐμοί, ἐμέ는 강조하거나 전치사 다음에 주로 쓰인다. μου, μοι, με는 그 외의 경우에 쓰이며 전접어이다. 예로, ὁ υἱός μου는[75] '거 내 아들이'이고, τὸν υἱόν μου는[76] '거 내 아들을'이다.

한편, 2인칭 단수는 '너, 네, 당신, 그대'를, 복수는 '너희, 여러분'을 의미한다. 1인칭 대명사와 마찬가지로, σοῦ, σοί, σέ는 강조 형태이다. σου, σοι, σε는 그 외의 경우에 쓰이며 전접어이다. ὁ υἱός σου는[77] '거 네 아들이'이고, τὸν υἱόν σου는[78] '거 네 아들을'이다.

이제 3인칭 대명사로 쓰이며 '그, 저, 자신도, 직접, 스스로, 스스로가, 같은, 바로'의 뜻을 갖는 αὐτός의 성과 수와 격에 따른 변화형을 살펴보자.

---

75) 마 3:17; 17:5; 막 9:7; 눅 3:22; 9:35; 15:24; 벧전 5:13; 벧후 1:17에 나온다.

76) 마 2:15; 21:37; 막 9:17; 12:6; 눅 9:38; 20:13에 나온다.

77) 눅 15:30; 요 4:50, 53; 19:26에 나온다.

78) 눅 9:41에만 나온다.

		남성	여성	중성
단수	주격	αὐτός	αὐτή	αὐτό
	속격	αὐτοῦ	αὐτῆς	αὐτοῦ
	여격	αὐτῷ	αὐτῇ	αὐτῷ
	대격	αὐτόν	αὐτήν	αὐτό
복수	주격	αὐτοί	αὐταί	αὐτά
	속격	αὐτῶν	αὐτῶν	αὐτῶν
	여격	αὐτοῖς	αὐταῖς	αὐτοῖς
	대격	αὐτούς	αὐτάς	αὐτά

인칭 대명사 αὐτός의 변화를 보면, 관사와 어미가 같다. 또한, '어간이 ρ 외의 자음으로 끝나는 형용사' 인 ὅλος, ἕκαστος, μέσος처럼 변하는데, 한 가지 다른 점은 중성 단수와 대격 어미가 ν이 없다는 점이다. 형용사는 명사를 수식하기에 명사 변화와 유사하지만, 대명사는 관사처럼 뭔가를 가리키기에 관사와 같은 어미를 취한다.

앞서 설명한 대로, αὐτός 주격이 1인칭 대명사나 2인칭 대명사와 함께 쓰이면, 대명사를 강조하며 '자신' 과 같은 뜻을 가진다. αὐτός 주격이 3인칭 동사와 함께 쓰이면 주어를 강조하여 '바로' 와 같은 뜻을 갖는다.

αὐτὸς ἠγέρθη ἀπὸ τῶν νεκρῶν (마 14:2)
바로 그가 죽은 자들로부터 일으켜졌다.
ἠγέρθη는 ἐγείρω의 직설법 부정과거 수동태 3인칭 단수형이다.
분봉 왕 헤롯이 예수님에 대한 소문을 듣고 한 말이다. 여기서 '그' 는 '세례 요한' 을 가리킨다.

이처럼 αὐτός는 3인칭 대명사의 기능 외에도 강조를 위해 다양하게 사용된다. 주격뿐 아니라 속격, 여격, 대격 형태로 쓰여 명사나 대명사를 강조한다.

9.1.2. 연습문제

※ 다음 문장에 쓰인 인칭 대명사를 고려하여 번역하시오.

ἐγὼ μεθ' ὑμῶν εἰμι πάσας τὰς ἡμέρας (마 28:20)

τοῖς ἔργοις πιστεύετε, ἵνα γνῶτε καὶ γινώσκητε ὅτι ἐν ἐμοὶ ὁ πατὴρ κἀγὼ ἐν τῷ πατρί (요 10:38)[79]

κύριε, εἰ σὺ εἶ (마 14:28)

ἐλθέτω ἡ βασιλεία σου· (마 6:10)[80]

ἡμεῖς ἠκούσαμεν αὐτοῦ λέγοντος (막 14:58)

μεθ' ἡμῶν ὁ θεός (마 1:23)

εἰ δὲ Χριστὸς ἐν ὑμῖν (롬 8:10)

εἰσῆλθεν καὶ ἐξῆλθεν ἐφ' ἡμᾶς ὁ κύριος Ἰησοῦς (행 1:21)

※ 다음 문장을 작문하되, 알맞은 인칭 대명사를 넣어 작문하시오.

거 하늘들 안의 거 내 아버지의 거 뜻을 행하는[분사 현재] 자 (마 7:21)

네게 내가 말한다, "일으켜지거라[명령 부정과거]." (눅 7:14).

그렇게 너희도 그들에게 행하라[명령 현재]. (마 7:12).

너희 거 성부께서도 아시기[현재완료] 때문이다. (마 6:8, 32).

한데 우리 곁에 일곱 형제가 있었습니다. (마 22:25).

내가 여러분에게로 옵니다. (요 14:18).

그들은 하나님의 아들들이라 불릴 것이기 때문이다. (마 5:9).

79) 신약성경에 84회 쓰인 κἀγώ는 καί의 끝모음과 ἐγώ의 첫 모음이 탈락되어 이뤄진 단어로, '나도, 저도, 그리고 나는'을 뜻한다. 이러한 현상을 융합(crasis)이라고 부른다(박 30-31).

80) 두 문장 사이에 있는 표시(·)는 콜론(:)이나 세미콜론(;)과 같은 의미를 갖는 문장부호이다.

9.2. 지시 대명사

사물이나 장소, 시간을 가리키는 지시 대명사 가운데에서는, 가까이에 있는 것을 가리키는 근접 지시 대명사 οὗτος와 먼 데 있는 것을 가리키는 원접 지시 대명사 ἐκεῖνος를 살펴본다.[81)]

οὗτος는 '이 사람, 이분, 이자, 이제, 이러, 간' 과 같은 뜻을, ἐκεῖνος는 '저, 저 사람' 과 같은 뜻을 갖는다. 그리고 둘 다 변화는 αὐτός처럼 변한다.

		남성	여성	중성
단수	주격	οὗτος	αὕτη	τοῦτο
	속격	τούτου	ταύτης	τούτου
	여격	τούτῳ	ταύτῃ	τούτῳ
	대격	τοῦτον	ταύτην	τοῦτο
복수	주격	οὗτοι	αὗται	ταῦτα
	속격	τούτων	τούτων	τούτων
	여격	τούτοις	ταύταις	τούτοις
	대격	τούτους	ταύτας	ταῦτα

οὗτος μέγας κληθήσεται ἐν τῇ βασιλείᾳ τῶν οὐρανῶν (마 5:19)
이는 거 하늘들의 거 나라에서 크다고 일컬어질 것이다.
κληθήσεται는 καλέω의 직설법 미래 수동태 3인칭 단수형이다.
οὗτος는 바로 앞서 나오는 '지극히 작은 계명 하나라도 버리지 않고 행하며 가르치는 자' 를 가리킨다. 앞에 언급된 단어, 구, 지시물을 가리키는 지시 대명사를 '전방대용어' 혹은 '전방조응어' 라고 부른다.

81) 다른 지시 대명사들에 대해서는 박 193-200을 보라.

ταῦτα αὐτοῦ λαλοῦντος αὐτοῖς (마 9:18)

이것들을 그분이[/예수께서] 그들에게 얘기하실 때

ταῦτα는 중성 복수 대격으로 '요한의 제자들의 질문에 대한 예수님의 대답' (9:15-17)을 가리킨다. 전방대용어이다.

αὐτοῦ λαλοῦντος는 독립속격분사구문이다.

αὐτοῦ는 인칭 대명사 αὐτός의 남성 단수 속격형으로 예수님을 가리킨다.

λαλοῦντος는 λαλέω의 분사 현재 능동태 남성 단수 속격형이다.

αὐτοῖς는 3인칭 대명사 남성 복수 여격형으로 '요한의 제자들' (9:14)을 가리킨다.

		남성	여성	중성
단수	주격	ἐκεῖνος	ἐκείνη	ἐκεῖνο
	속격	ἐκείνου	ἐκείνης	ἐκείνου
	여격	ἐκείνῳ	ἐκείνῃ	ἐκείνῳ
	대격	ἐκεῖνον	ἐκείνην	ἐκεῖνο
복수	주격	ἐκεῖνοι	ἐκεῖναι	ἐκεῖνα
	속격	ἐκείνων	ἐκείνων	ἐκείνων
	여격	ἐκείνοις	ἐκείναις	ἐκείνοις
	대격	ἐκείνους	ἐκείνας	ἐκεῖνα

περὶ γὰρ ἐμοῦ ἐκεῖνος ἔγραψεν (요 5:46)

나와 관련하여 저가[/모세가] 기록했기 때문이다.

περὶ ἐμοῦ는 '나와 관련하여'를 의미한다. 여기서 '나'는 '예수님'이다.

'원인 접속'에 사용되는 등위 접속사 γάρ가 후치사이기에 περί 다음에 놓였다.

ἐκεῖνος는 원접 지시 대명사로 남성 단수 주격형이다. 앞서 나온 '모세'를 가리킨다.

그러므로 ἐκεῖνος는 전방대용어이다.

ἔγραψεν은 γράφω의 직설법 부정과거 능동태 3인칭 단수형이다.

πολλοὶ ἐροῦσίν μοι ἐν ἐκείνῃ τῇ ἡμέρᾳ (마 7:22)

많은 이들이 내게 저 날에 말할 것이다.

πολλοί는 형용사 πολύς의 남성 복수 주격형으로 독립적으로 쓰였기에 '많은 이들'로 번역된다.

ἐροῦσίν은 λέγω의 직설법 미래 능동태 3인칭 복수형이다. 변칙자음 뉘(ν)가 붙었다.[82] 1인칭 대명사의 단수 여격형인 μοι가 전접어이기에 악센트가 끝음절이 하나 더 붙었다. 여기서 '나'는 '예수님'이다.

ἐκείνῃ는 τῇ ἡμέρᾳ가 '여호와의 날, 종말의 날'과 같이 멀리 있는 날임을 알려준다.

9.2.1. 연습문제

※ 다음 문장에 쓰인 지시 대명사를 고려하여 번역하시오.

ταῦτά σοι πάντα δώσω (마 4:9)

λέγω τούτῳ· πορεύθητι, καὶ πορεύεται (마 8:9; 눅 7:8)

οὗτοί εἰσιν οἱ τὸν λόγον ἀκούσαντες (막 4:18)

ἐκεῖνον λαβὼν δὸς αὐτοῖς ἀντὶ ἐμοῦ καὶ σοῦ (마 17:27)[83]

ἐγὼ οἶδα αὐτόν, ὅτι παρ' αὐτοῦ εἰμι κἀκεῖνός με ἀπέστειλεν. (요 7:29).[84]

※ 다음 문장을 작문하되, 알맞은 지시 대명사를 넣어 작문하시오.

이것 때문에 내가 여러분에게 말합니다[현재]. (마 6:25; 12:31; 21:43; 막 11:24; 눅 12:22).

---

82) 원칙적으로는 자음 앞에 쓰였기에 변칙자음 뉘가 붙지 않아야 하지만, 요즘 비평본 편집의 경향을 따라 변칙자음 뉘가 붙었다.

83) δός는 δίδωμι의 명령법 부정과거 능동태 2인칭 단수형이다. δίδωμι의 명령법 부정과거는 δός, δότω, δότε, δότωσαν 혹은 δόντων과 같이 변한다(박 95, 104).

84) κἀκεῖνος는 접속사 καί의 끝모음과 지시 대명사 ἐκεῖνος의 첫 모음이 탈락되어 형성되었다. 이것도 모음 융합의 경우에 속한다.

이 거 열둘을 거 예수께서 보내셨습니다[부정과거]. (마 10:5).

이는[/이 사람은] 거 말씀을 듣는[분사 현재] 자이다[현재]. (마 13:20, 22, 23).

한편 거 저 성으로부터의[/성 출신] 많은 이들이 그분을 믿었습니다[부정과거]. (요 4:39).

오히려 저분이 나를 보내셨습니다[부정과거]. (요 8:42).

9.3. 의문, 부정 대명사

'의문 대명사'는 '누구, 무엇, 어디, 언제' 등과 같이 가리키는 대상이 무엇인지 알 수 없는 의문문에 쓰인다(한 445).[85] 남성과 여성에 함께 쓰이는 τίς는 기본적으로 '누구'를 의미하고, 중성인 τί는 기본적으로 '무엇'을 의미하지만 '왜'나 '어떻게'의 의미도 갖는다.

'부정 대명사'는 가리키는 대상이 무엇이든 상관이 없을 때 쓰인다(한 445). 여기서 '부정(不定)'이란 '정해지지 않았음'을 뜻한다. 헬라어에서는 의문 대명사의 악센트만 바꾸면 부정 대명사가 된다. τις는 기본적으로 '어느'를, 중성인 τι는 기본적으로 '어떤'을 의미한다.

9.3.1. 의문 대명사

의문 대명사의 의미는 한국어로 다양하게 표현된다.

τίς 누구, 누구라고

τί 무엇, 어떤 일, 무엇을, 뭘, 무슨, 무슨 의미, 왜, 어떻게

그럼, 의문 대명사의 곡용과 예를 살펴보자.

---

85) 헬라어의 경우, '어디, 언제'와 같은 질문은 장소나 시간을 의미하는 '의문 소사'와 함께 만들어진다. '의문 소사'는 다음 장에서 다뤄진다. 그리고 헬라어의 다양한 '의문 대명사'들은 박 200-206을 보라.

		남성 및 여성	중성
단수	주격	τίς	τί
	속격	τίνος	τίνος
	여격	τίνι	τίνι
	대격	τίνα	τί
복수	주격	τίνες	τίνα
	속격	τίνων	τίνων
	여격	τίσι	τίσι
	대격	τίνας	τίνα

의문 대명사의 악센트는 첫음절에 있고, 뒤따라오는 단어의 영향을 받지 않고 항상 애큐트를 유지한다. 악센트로 의문문임을 표현한다. 남성 및 여성의 형태가 같고, 속격과 여격은 중성마저 형태가 같다. 그리고 헬라어로 물음표는 세미콜론(;)과 같이 표기한다.

τίς ἐκ τῶν δύο ἐποίησεν; (마 21:31)
거 둘 가운데 누가 행했느냐?
ἐποίησεν은 ποιέω의 직설법 부정과거 직설법 3인칭 단수형이다. 첫째 아들과 둘째 아들 가운데 누가 아버지께 순종했는지를 질문하는 의문문이다. 주어 τίς가 단수이기에, ἐποίησεν도 단수를 취했다.

εἶπαν οὖν αὐτῷ· τίς εἶ; (요 1:22)
그러므로 그들이 그에게 말했습니다. "너는 누구냐?"
εἶπαν은 λέγω의 직설법 제2부정과거 능동태 3인칭 복수형이다. 여기서 '그들'은 '제사장들과 레위인들'이고, '그'는 '세례 요한'이다. 세례 요한이 '그리스도가 아니다, 엘리야도 아니다, 그 선지자도 아니다.' 이렇게 대답하자, 그들이 요한에게 물었다. τίς εἶ; "너는 누구냐?"

τί φάγωμεν; (마 6:31)

우리가 무엇을 먹을까요?

φάγωμεν은 ἐσθίω의 가정법 제2부정과거 능동태 1인칭 복수형이다. 예수님이 '뭘 먹을 수 있을까?' 와 같은 염려 표현의 예시로 제시하셨다.

τί ἡμῖν καὶ σοί, υἱὲ τοῦ θεοῦ; (마 8:29)

나에게와 너에게 무엇이 {있느냐}, 거 하나님의 아들이여?

문장에서 εἰμί 동사의 직설법 현재 능동태 3인칭 단수형인 ἐστί는 종종 생략된다. 보통 τί ἡμῖν καὶ σοί는 '우리와 네가 무슨 상관이 있느냐?' 와 같이 번역된다. 가다라 지방의 귀신 들린 자가 예수님께 한 말이다.

9.3.2. 부정 대명사

부정 대명사의 의미도 한국어로 다양하게 표현된다.

τις 어떤, 어느, 사람, 하나, 자, 누구든지, 누군가, 대단한 인물, 각각, 몇몇

τι 어떤, 한, 몇, 말, 짓, 거리

그럼, 부정 대명사의 곡용과 예를 살펴보자.

		남성 및 여성	중성
단수	주격	τις	τι
	속격	τινός	τινός
	여격	τινί	τινί
	대격	τινά	τι
복수	주격	τινές	τινά
	속격	τινῶν	τινῶν
	여격	τισί	τισί
	대격	τινάς	τινά

부정 대명사는 전접어이지만, 앞 단어가 끝음절에 악센트를 갖지 않으면 '두 음절 부정 대명사'는 끝음절에 악센트를 갖는다(박 34-35, 200). 다시 말해, 앞선 단어가 끝음절에 악센트를 가지면, '두 음절 부정 대명사'도 악센트를 갖지 않는다. 이런 특성을 갖는 이유는 헬라어 악센트가 이어지는 두 음절까지 영향을 미치는 것과 관계된다.

καὶ ἐάν τις ὑμῖν εἴπῃ τι, ἐρεῖτε ὅτι (마 21:3)
그리고 누군가가 여러분에게 어떤 말을 하면, 다음과 같이 여러분은 말할 것이요.
귀결절이 직설법 미래를 취하기에, '더 생생한 미래 조건'에 속한다(박 301, 306-307).
τις는 남성이나 여성의 단수 주격형이고, τι는 중성 단수 대격형이다.
εἴπῃ는 λέγω의 가정법 제2부정과거 능동태 3인칭 단수형이다.
ἐρεῖτε는 λέγω의 직설법 미래 능동태 2인칭 복수형이다.
ὅτι는 '말하는 내용'이 직접 담긴 선언절을 이끈다.
나귀와 나귀 새끼를 풀어 끌고 오라고 말씀하신 다음에, 예수님이 하신 말씀이다.

δι᾽ ἐμοῦ ἐάν τις εἰσέλθῃ σωθήσεται καὶ εἰσελεύσεται καὶ ἐξελεύσεται (요 10:9)
나를 통해 누군가가 들어오면, 그는 구원될 것이고 들어올 것이고 나갈 것이다.
위의 예와 마찬가지로, 귀결절에 직설법 미래가 쓰였기에 '더 생생한 미래 조건'에 속한다(박 301, 306-307).
δι᾽ ἐμοῦ는 ἐάν절에 포함되는 전치사구이나 강조를 위해 접속사 앞에 위치하였다.
이처럼 헬라어는 종속절의 구성요소가 강조를 위해 접속사 앞으로 나오기도 한다.
εἰσέλθῃ는 εἰσέρχομαι의 가정법 제2부정과거 능동태 3인칭 단수형이다.
σωθήσεται는 σῴζω의 직설법 미래 수동태 3인칭 단수형이다.
εἰσελεύσεται는 εἰσέρχομαι의 직설법 미래 이태중간 3인칭 단수형이다.
ἐξελεύσεται는 ἐξέρχομαι의 직설법 미래 이태중간 3인칭 단수형이다.

ὁ ἀδελφός σου ἔχει τι κατὰ σοῦ (마 5:23)

거 너의 형제가 너와 맞서 어떤 것을 가진다.

τι는 중성 단수 대격형이다.

ἔχω σοί τι εἰπεῖν. (눅 7:40).

σοί가 전접어이지만 전접어 τι로 인해 악센트를 갖는다.

τι는 중성 단수 대격형으로 εἰπεῖν의 목적어이다.

εἰπεῖν은 λέγω의 부정사 제2부정과거 능동태형이다.

예수께서 바리새인 시몬에게 하신 말씀이다.

9.3.3. 연습문제

※ 다음 문장에 쓰인 의문 대명사를 고려하여 번역하시오.

ἀλλὰ τί ἐξήλθατε ἰδεῖν; (마 11:8, 9; 눅 7:25, 26)[86)]

τί οὖν ποιήσω Ἰησοῦν τὸν λεγόμενον χριστόν; (마 27:22)[87)]

οἶδά σε τίς εἶ, ὁ ἅγιος τοῦ θεοῦ (막 1:24)

καὶ ἦλθον [3인칭 복수] ἰδεῖν τί ἐστιν τὸ γεγονός (막 5:14)[88)]

τίνα με λέγουσιν οἱ ἄνθρωποι εἶναι; (막 8:27)

καὶ ἀποκριθεὶς αὐτῷ ὁ Ἰησοῦς εἶπεν· τί σοι θέλεις ποιήσω; (막 10:51)[89)]

---

86) ἐξήλθατε는 ἐξέρχομαι의 직설법 제2부정과거 능동태 2인칭 복수형이나, 미완료과거 어미를 붙이지 않고 부정과거 어미를 붙였다. 어미 σατε의 σ가 θ에 흡수되었다.

87) ποιήσω는 단축동사 ποιέω의 직설법 미래 능동태 1인칭 단수형일 수도 있고, 가정법 부정과거 능동태 1인칭 단수형일 수도 있다. 문맥상 둘 다 가능하다. 직설법이 되면, '무엇을 할 것인가?' 가 되고, 가정법이 되면, '무엇을 할 수 있는가?' 가 된다. ποιέω가 두 개의 대격을 가지면, '누구에게 무엇을 하다.' 라는 뜻을 갖는다(LSJ 1428).

88) γεγονός는 γίνομαι의 분사 현재완료 능동태 중성 단수 주격형이다. 현재완료 어미 κος의 κ가 ν에 흡수되었다.

τέκνον, τί ἐποίησας ἡμῖν οὕτως; (눅 2:48)[90]

※ 다음 문장을 작문하되, 알맞은 의문 대명사를 넣어 작문하시오.

왜 이는[/이 사람은][91] 이렇게 얘기하는가[현재]? (막 2:7).

한편 여러분은 내가 누구라고 말합니까[현재]? (막 8:29).

한편 거 예수께서 그에게 말씀하셨습니다[부정과거]. "왜 그대는 나를 선하다고[형용사] 말하시오[현재]?" (막 10:18).

그러므로 무엇을 우리가 행해야 합니까[가정법 부정과거]? (눅 3:10).

우리가 무엇을 해야 합니까[가정법 부정과거], 남자 형제들? (행 2:37).

우리가 거 이 사람들에게 무엇을 행해야 하는가[가정법 부정과거]? (행 4:16).

한편 그가 말했습니다. "당신은 누구십니까, 주님?" (행 9:5).

※ 다음 문장에 쓰인 부정 대명사를 고려하여 번역하시오.

τινὲς δὲ τῶν ἐκεῖ ἑστηκότων ἀκούσαντες ἔλεγον (마 27:47)

εἴ τις θέλει πρῶτος εἶναι, ἔσται πάντων ἔσχατος (막 9:35)

ἀφίετε εἴ τι ἔχετε κατά τινος (막 11:25)

Εἶπεν δέ· ἄνθρωπός τις εἶχεν δύο υἱούς. (눅 15:11).

εἰ δέ τις ἀγαπᾷ τὸν θεόν, οὗτος ἔγνωσται ὑπ᾽ αὐτοῦ. (고전 8:3).[92]

---

89) 이 구절의 ποιήσω도 단축동사 ποιέω의 직설법 미래 능동태 1인칭 단수형일 수도 있고, 가정법 부정과거 능동태 1인칭 단수형일 수도 있다. 문맥상 둘 다 가능하다. 직설법이 되면, '내가 네게 무엇 할 것을'이 되고, 가정법이 되면, '내가 내게 무엇 하기를'이 된다.

90) ἐποίησας는 단축동사 ποιέω의 직설법 부정과거 능동태 2인칭 단수형이다. ε가 σ 앞에서 길어졌다.

91) "[/이 사람은]"은 '이는'의 대체역을 표기한 것이다.

92) ἀγαπᾷ는 단축동사 ἀγαπάω의 직설법 현재 능동태 3인칭 단수형일 수도 있고, 가정법 현재 능동태 3인칭 단수형일 수도 있다. 이 구절에서는 문맥상 직설법이다. 접속사 εἰ가 가정법을 취하지 않기 때문이다.

※ 다음 문장을 작문하되, 알맞은 부정 대명사를 넣어 작문하시오.

서 있는[분사 현재완료] 이들 가운데 몇몇이 여기에 있습니다. (막 9:1).

한편 그들 가운데 몇몇이 말했습니다[부정과거]. (눅 11:15; 요 11:37).

죽은 이들로부터 누군가가 그들에게로 가면[가정법 부정과거] (눅 16:30)

누군가가 나를 사랑하면[가정법 현재] (요 14:23)

한편 몇 날 뒤에 그가 말했습니다. (행 15:36).

9.4. 관계 대명사

'관계 대명사'는 앞에 오는 명사를 대신하는 동시에 뒤에 오는 절을 선행사에 연결하여 주는 대명사이다.[93] 그래서 '접속사+대명사'로 번역한다. 선행사를 포함하는 관계 대명사는 '~것, ~자'와 같이 번역하면 된다. 그럼, 관계 대명사의 성수격에 따른 변화형을 살펴보자.

		남성	여성	중성
단수	주격	ὅς	ἥ	ὅ
	속격	οὗ	ἧς	οὗ
	여격	ᾧ	ᾗ	ᾧ
	대격	ὅν	ἥν	ὅ
복수	주격	οἵ	αἵ	ἅ
	속격	ὧν	ὧν	ὧν
	여격	οἷς	αἷς	οἷς
	대격	οὕς	ἅς	ἅ

관계 대명사 어미는 지금까지 살펴본 관사 및 대명사 어미와 유사하다. 그럼, 용례를

93) 본래, 관계 대명사에는 '부정 관계 대명사'와 상호 관계 대명사'도 있지만, 이 부분에 대해서는 박 208-211을 보라.

살펴보자. 문장에서 관계 대명사의 성과 수는 선행사를 따르고 격은 문장 내 성분을 따른다. 관계 대명사가 선행사의 격을 따르는 경우가 있는데, 이런 현상을 견인(attraction)이라 부른다. 반대로, 선행사가 관계 대명사의 격을 따르는 경우가 있는데, 이런 현상을 역견인(inverse attraction)이라고 부른다.

ἴδετε ἄνθρωπον ὃς εἶπέν μοι πάντα (요 4:29)
여러분은 사람을 보시오. 그런데 그는 내게 모든 것들을 말했소.
ἴδετε는 ὁράω의 명령법 제2부정과거 능동태 2인칭 복수형이다.
εἶπέν은 λέγω의 직설법 제2부정과거 능동태 3인칭 단수형이다. 뒤따르는 전접어 μοι로 인해, 끝음절에 악센트가 하나 더 붙었다.
관계 대명사 ὃς의 선행사는 ἄνθρωπον이다. 그러므로 남성과 단수를 갖는다. 한편, ἄνθρωπον은 ἴδετε의 목적어로 대격을 갖지만, ὃς는 εἶπέν의 주어이기에 주격을 갖는다. 이처럼, 관계 대명사는 성과 수는 선행사와 일치되고 격은 문장 내 역할을 따른다.

ὁ πιστεύων εἰς ἐμὲ τὰ ἔργα ἃ ἐγὼ ποιῶ κἀκεῖνος ποιήσει (요 14:12)
나를 믿는 자는 거 내가 행하는 거 일들을[/거 일들을, 한편 내가 행하는 그것들을] 저도 행할 것이다.
πιστεύων은 πιστεύω의 분사 현재 능동태 남성 단수 주격형이다.
ποιῶ는 ποιέω의 직설법 현재 능동태 1인칭 단수형이다. 모음 단축이 일어났다.
ποιήσει는 ποιέω의 직설법 미래 능동태 3인칭 단수형이다. σ 앞에서 ε가 η로 길어졌다.
τὰ ἔργα가 관계 대명사 ἃ의 선행사이고 ποιήσει의 목적어이다.
관계 대명사 ἃ는 선행사를 따라 중성 복수를, ποιῶ의 목적어이기에 대격을 취한다.

ὃν ἐλθὼν ὁ κύριος αὐτοῦ εὑρήσει ποιοῦντα οὕτως. (눅 12:43).

한편 거 그의 주님께서 오셔서 그가 이렇게 행하는 것을 발견하신다.

ἐλθὼν은 ἔρχομαι의 분사 제2부정과거 능동태 남성 단수 주격형이다. 주절의 주어와 같기에 주격이 쓰였다.

εὑρήσει는 εὑρίσκω의 직설법 미래 능동태 3인칭 단수형이다.

ποιοῦντα는 ποιέω의 분사 현재 능동태 남성 단수 대격형이다.

ὃν은 εὑρήσει의 목적어이다. 선행사의 성과 수를 따라 남성 단수가 되었고, 문장 내 기능이 εὑρήσει의 목적어이기에 대격을 취했다. 번역은 '한편 그가' 정도가 된다.

ὃ λαλεῖ γίνεται (마 11:23)

그가 얘기하는 것이 실현된다.

λαλεῖ는 λαλέω의 직설법 현재 능동태 3인칭 단수형이다.

γίνεται는 γίνομαι의 직설법 현재 이태동사 3인칭 단수형이다.

관계대명사절인 ὃ λαλεῖ가 γίνεται의 주어이다. ὃ는 선행사를 포함하는 관계 대명사이면서 λαλεῖ의 목적어가 된다. 그래서 ὃ는 대격이다.

예를 들어, '그가 거 말을 얘기한다. 거 말이 실현된다.'를 헬라어로 써보면, λαλεῖ τὸν λόγον. ὁ λόγος γίνεται. 이렇게 될 것이다. 이 두 문장을 관계 대명사를 사용하여 하나의 문장을 만들면, ὁ λόγος ὃν λαλεῖ γίνεται. 이렇게 된다. 여기서 ὁ λόγος ὃν을 선행사를 포함하는 중성 관계 대명사 ὃ를 통해 표현하면, 위의 예문과 같이 된다.

καὶ ὃς ἐὰν εἴπῃ λόγον κατὰ τοῦ υἱοῦ τοῦ ἀνθρώπου, ἀφεθήσεται αὐτῷ (마 12:32)

또한 거 사람의 거 아들에 맞서 말을 한다면 그는, 그것이 그에게서 놓일 것이다.

εἴπῃ는 λέγω의 가정법 제2부정과거 능동태 3인칭 단수형이다.

ἀφεθήσεται는 ἀφίημι의 직설법 미래 수동태 3인칭 단수형이다.

만일 ὃς가 없다면, ἐάν 조건문은 '더 생생한 미래 조건'이 될 것이다.

그런데 ὅς가 있기에 ὃς ἐὰν절은 '어떤 조건이 충족되는 자'를 의미한다. ὅς가 선행사를 포함하는 관계 대명사이고 남성이기 때문이다.

ἀλλὰ περὶ ὧν δέδωκάς μοι (요 17:9)
오히려 당신이 내게 주신 이들에 관하여
δέδωκάς는 δίδωμι의 직설법 현재완료 능동태 2인칭 단수형이다. 뒤따라오는 μοι가 전접어이기에 끝음절에 악센트를 하나 더 가졌다.
관계 대명사 ὧν은 전치사 περί의 목적어이기에 속격을 취했다. 본래 관계 대명사 ὧν은 δέδωκάς의 목적어이므로 대격이었을 것이다. 그런데 선행사와 관계 대명사가 합쳐지면서 견인 현상이 발생했다. 다시 말해, 관계 대명사가 선행사의 격을 갖게 된 것이다. 본래 문장은 ἀλλὰ περὶ πάντων οὓς δέδωκάς μοι와 같았을 터인데, πάντων οὓς를 결합하여 선행사를 포함하는 관계 대명사이면서 περί의 목적어인 ὧν이 되었다.

9.4.1. 연습문제

※ 다음 문장에 쓰인 관계 대명사를 고려하여 번역하시오.

οὐδεὶς γὰρ δύναται ταῦτα τὰ σημεῖα ποιεῖν ἃ σὺ ποιεῖς (요 3:2)[94]
ἣν ὁ υἱὸς τοῦ ἀνθρώπου ὑμῖν δώσει (요 6:27)
οὗτος ἦν ὃν εἶπον [1인칭 단수] (요 1:15)
οὗτός ἐστιν ὑπὲρ οὗ ἐγὼ εἶπον (요 1:30)
οὗτοι οἱ λόγοι μου οὓς ἐλάλησα πρὸς ὑμᾶς ἔτι ὢν σὺν ὑμῖν (눅 24:44)[95]

94) ποιεῖν은 단축동사 ποιέω의 부정사 현재 능동태형이다. ε가 ει를 만나 εῖ가 되었다. ποιεῖς도 ε가 ει를 만나 모음이 단축되면서 악센트가 써컴플렉스로 길어졌다.

95) ἐλάλησα는 단축동사 λαλέω의 직설법 부정과거 능동태 1인칭 단수형이다. ε가 σ 앞에서 η로 길어졌다.

※ 다음 문장을 작문하되, 알맞은 관계 대명사를 넣어 작문하시오.

그가 내게 내가 행한[부정과거] 모든 것들을 말했다[부정과거]. (요 4:39).

한편 내가 가진 것 이것을 당신에게 내가 줍니다. (행 3:6).

거 사람이 거 말씀을 믿었다[부정과거]. 그런데 그것을 그에게 거 예수께서 말씀하셨다[부정과거]. 그러더니 그가 간다[미완료 과거]. (요 4:50).

나도 거 영광을, 한편 당신이 내게 주신[현재완료] 그것을, 그들에게 주었습니다[현재완료]. (요 17:22).

날들이 온다[현재]. 한편 그{날}들에[96] 그들이 말할 것이다[미래].[97] (눅 23:29).

---

96) "그{날}들에"에서 '{날}'은 헬라어로 표현되지는 않았지만 이해를 돕기 위해 첨가한 내용이다. 단순히 '때'를 넣을 수도 있지만, '때'라는 의미를 갖는 헬라어도 있기에 적절해 보이지 않는다. 그렇다고 '그들에'로 번역하면 '사람들'을 가리킨다는 오해를 피하기 어렵다.

97) "그들이 말할 날들이 온다." 이렇게 번역할 수 있다.

10. 소사와 감탄사

일반적으로 '소사' 를 영어 particle로 표현하는데, particle은 주로 '불변화사' 로 번역된다. '어형 변화를 하지 않는 단어' 를 '불변화사' 라고 부르는데, 헬라어에서 어형 변화를 하지 않기에 '불변화사' 라고 부를 만한 품사는 '부사, 전치사, 접속사, 소사' 가 있다. 그러므로, 이 책에서 '소사' 는 '부사, 전치사, 접속사를 제외한 나머지 불변화사' 로 이해하면 된다. '소사' 를 한자어로 小辭 혹은 小詞를 사용하는데, 아마도 단어가 짧아 이렇게 표현한 것 같다. '소사' 에 관해서는 박 325-339에 매우 자세히 설명했기에, 여기서는 가장 많이 쓰이는 '부정 소사' 및 '의문 소사' 로 쓰이는 οὐ, οὐχί, μή, μήτι 만 살펴본다.

감탄사는 '명령형과 연관되는 감탄사' 와 '의성어와 연관되는 감탄사' 가 있다. 마찬가지로 박 340-343에서 자세히 설명하였기에, 종류별로 하나씩만 소개한다.

10.1. 소사

우리가 다룰 소사 가운데, οὐ, οὐχί, μή는 부정 소사로,[98] οὐχί와 μήτι는 의문 소사로 쓰인다. 이 가운데 οὐ는 "뒤따라오는 단어 때문에 악센트가 없는" '후접어' 이다 (박 36). 뒤따라오는 단어에 기대어 발음된다. 그러므로 뒤따라오는 단어에 따라 οὐκ 혹은 οὐχ 형태를 취하기도 한다. 약한 숨표를 가진 단어가 뒤따라오면 οὐκ가, 강한

98) μή의 전체 용례 1042회 가운데 1회만 의문 소사로 쓰인다.

숨표를 가진 단어가 뒤따라오면 οὐχ가 된다. 그리고 οὐχί는 οὐ의 강조 표현이고, μήτι는 μή의 강조 표현이다. 그러므로 기본 의미는 같다.

οὐ와 μή를 구별하는 유명한 표현이 있다. "οὐ는 사실과 명제를 부정하고 μή는 의지와 생각을 부정한다. οὐ는 부정하고, μή는 거절한다. οὐ는 절대적이고, μή는 상대적이다. οὐ는 객관적이고, μή는 상대적이다."(LSJ 1266). 의문 소사 οὐχί는 '긍정' 의 대답이 기대될 때 쓰이고, 의문 소사 μή와 μήτι는 '부정' 의 대답이 기대될 때 쓰인다.

부정 소사로 쓰이는 οὐ, οὐχί, μή의 의미와 예를 살펴보자.[99)]

οὐ 아니다, 않다, 안 될 말이다

οὐχί 결코 아니다

μή 말다, 않다, 금하다

Οὐ πᾶς ὁ λέγων μοι· κύριε κύριε, εἰσελεύσεται εἰς τὴν βασιλείαν τῶν οὐρανῶν (마 7:21)

내게 '주여, 주여' 말하는 모든 자가 거 하늘들의 거 나라에 들어가는 것이 아니다.

λέγων은 λέγω의 분사 현재 능동태 남성 단수 주격형이다.

εἰσελεύσεται는 εἰσέρχομαι의 직설법 미래 이태중간 3인칭 단수형이다.

Οὐ는 εἰσελεύσεται를 부정한다. 이 문장은 예수님의 의지 표현이라기보다는 '사실 명제' 에 가깝다.

ἀλλ' οὐχὶ πάντες. (요 13:10).

그러나 결코 전부는 아니다.

세족식 때 예수님께서 제자들이 깨끗하다고 말씀하시면서 덧붙이신 말씀이다. 가룟 유다를 고려할 때, 결코 전부가 깨끗한 것은 아니었다.

---

99) οὐ와 μή가 함께 쓰인 경우에 대해서는 박 328을 보라.

ὁ μὴ ὢν μετ᾽ ἐμοῦ κατ᾽ ἐμοῦ ἐστιν (마 12:30; 눅 11:23)

나와 함께 있지 않는 자는 나와 맞선다.

ὢν은 εἰμί의 분사 현재 능동태 남성 단수 주격형이다.

ἐστιν은 εἰμί의 직설법 현재 능동태 3인칭 단수형이다. 앞 단어 ἐμοῦ의 끝음절에 악센트가 있기에, 후접어가 되어 악센트를 상실했다.

μή는 ὢν을 부정한다. 보통 직설법 외의 법은 μή로 부정한다.

의문 소사로 쓰이는 οὐχί와 μήτι의 의미와 예를 살펴보자.

οὐχί 아닌가, 않느냐, 않았느냐?

μήτι 누가 있겠느냐, 누가 하겠느냐?

καὶ αἱ ἀδελφαὶ αὐτοῦ οὐχὶ πᾶσαι πρὸς ἡμᾶς εἰσιν; (마 13:6)

그리고 그의 누이들이 모두 우리에게로 있지 않느냐?

εἰσιν은 εἰμί의 직설법 현재 능동태 3인칭 복수형이다. 앞 단어 ἡμᾶς의 끝음절에 악센트가 있기에, 후접어가 되어 악센트를 상실했다.

οὐχί는 εἰσιν을 부정한다. 그리고 '긍정'의 대답을 기대하는 표현이다. 그러므로 대답은 '그렇다.'가 될 것이다. 일종의 설의법("쉽게 판단할 수 있는 사실을 의문의 형식으로 표현하여 상대편이 스스로 판단하게 하는 수사법")이다.

μήτι ἐγώ εἰμι, κύριε; (마 26:22)

나는 아니지요, 주님?

μήτι는 εἰμί를 부정한다. 앞 단어 ἐγώ의 끝음절에 악센트가 있기에, 후접어가 되어 악센트를 상실했다.

"너희 중의 한 사람이 나를 팔리라"고 예수님이 말씀하시자, 제자들이 한 질문이다. 이때 가룟 유다는 "나는 아니지요, 선생님[랍비님]?" 이렇게 질문했다(마 26:25).

10.2. 감탄사

감탄사로는 가장 많이 쓰이는 두 표현을 살펴본다. '명령형과 연관되는 감탄사' ἰδού와 '의성어와 연관되는 감탄사' οὐαί이다. 각각 신약성경에 200회와 48회가 나온다.

ἰδού가 형태상으로는 ὁράω의 명령법 제2부정과거 중간태 2인칭 단수형이지만, '보라, 보십시오, 자'와 같은 의미의 감탄사로 쓰인다.

οὐαί는 한국어 '아'("놀라거나, 당황하거나, 초조하거나, 다급할 때 가볍게 내는 소리"나 "기쁘거나, 슬프거나, 뉘우치거나, 칭찬할 때 가볍게 내는 소리") '화' 정도로 표현할 수 있다. '화로다'로 번역되기도 하는데, '어떡하나?' 정도의 의미로 이해하는 것이 좋을 때가 많다.

이제 용례를 살펴보자.

ἰδοὺ ἐγὼ μεθ' ὑμῶν εἰμι πάσας τὰς ἡμέρας (마 28:20)
보라, 나는 너희와 함께 있다, 거 모든 날들을!

'지상명령(至上命令)'으로 알려진 표현 다음에 주어진 약속이다. 예수님은 제자들과 세상이 끝날 때까지 함께 계신다.

οὐαὶ δὲ τῷ ἀνθρώπῳ ἐκείνῳ (마 26:24; 막 14:21)
한편 아! 저 사람에게는

여기서 '저 사람'은 가룟 유다를 가리킨다. 안타까움이 감탄사 οὐαί에 배어 있다. 예수님의 안타까움이 이어지는 문장에서 표현된다. '저 사람이 태어나지 않았다면, 저 사람에게 좋았을 것이다.'

10.3. 연습문제

※ 다음 문장에 쓰인 소사와 감탄사를 고려하여 번역하시오.

οὐ δυνάμεθα γὰρ ἡμεῖς ἃ εἴδαμεν καὶ ἠκούσαμεν μὴ λαλεῖν. (행 4:20).[100)]

οὐχὶ ἡ χείρ μου ἐποίησεν ταῦτα πάντα; (행 7:50).[101)]

ἐκεῖ αὐτὸν ὄψεσθε· ἰδοὺ εἶπον [1인칭 단수] ὑμῖν. (마 28:7).

ἰδοὺ ἔρχεται ἔτι δύο οὐαὶ μετὰ ταῦτα. (계 9:12).

οὐαὶ οὐαί, ἡ πόλις ἡ μεγάλη (계 18:10)

※ 다음 문장을 작문하되, 알맞은 소사와 감탄사를 넣어 작문하시오.

내가 의로운 이들을 부르러[부정사 부정과거] 오지[부정과거] 않았다. (막 2:17).

우리는 그에게 어떤 일이 일어났는지[부정과거] 모른다[알지(현재완료) 않는다]. (행 7:40).

예수님 우리 주님을 내가 뵙지[현재완료] 않았는가? (고전 9:1).

이가 거 그리스도는 아니겠지[현재]? (요 4:29).

보라! 내가 너희에게 말한다. (요 4:35).

---

100) λαλεῖν은 단축동사 λαλέω의 부정사 현재 능동태형이다. ε가 ε를 만나 ει가 되었다.

101) ἐποίησεν은 단축동사 ποιέω의 직설법 부정과거 능동태 3인칭 단수형이다. ε가 σ 앞에서 η로 길어졌다.

부록 1

연습문제 풀이

연습문제의 답만 적지 않고 설명을 곁들였다.

독해 및 작문 문제의 풀이를 이해하고 '암송'하다 보면,

헬라어 실력이 늘 뿐 아니라

헬라어에 익숙해질 것으로 기대된다.

1.4. 연습문제

※ 알파벳을 순서대로 쓰시오.

α β γ δ ε ζ η θ ι κ λ μ ν ξ ο π ρ σ τ υ φ χ ψ ω

※ 모음을 쓰시오.

α ε η ι ο υ ω

※ 후설모음이면서 폐모음인 이중모음을 쓰시오.

ου

※ 자음 가운데 양순음을 쓰시오.

π ψ β μ φ

※ 이중자음 두 개가 어떤 자음들의 합인지 쓰시오.

ξ는 κ와 σ의 합이고, ψ는 π와 σ의 합이다.

※ 아래 문장의 괄호 안에 알맞은 말을 넣으시오.

폐에서 나온 기류가 입안에서 어떠한 장애도 받지 않고 만들어지는 소리를 (모음)이라고 부른다.

개모음과 폐모음이 만나면 (개모음)이 우세하고, 전설모음과 후설모음이 만나면 (후설모음)이 우세하며, 장음과 단음이 만나면 (장음)이 우세하다.

양순음과 구개음이 치조음을 만날 때, 치조음이 무성음이면 양순음과 구개음은 (무성음)이 된다.

이중모음의 숨표와 악센트는 (마지막 글자)에 붙인다.

2.5. 연습문제

※ 다음 단어의 뜻을 쓰되, 성과 수와 격을 고려하여 쓰시오.

ἔθνεσι	민족들에게
ἁμαρτίαν	죄를
πόλεως	성(城)의, 도시의
πατέρας	아버지들을, 조상들을
τέκνῳ	아이에게, 자녀에게

※ 다음의 의미를 갖는 헬라어 단어를 쓰시오.

복음들을	εὐαγγέλια
마음의	καρδίας
사람들에게	ἀνθρώποις
날에, 낮에	ἡμέρᾳ
영들로	πνεύμασι

※ 아래 문장의 괄호 안에 알맞은 말을 넣으시오.

헬라어 명사는 (성)과 (수)와 (격)을 갖는다.

헬라어의 격에는 주격, (속격), 여격, (대격), 호격이 있다.

헬라어 격 가운데 기원이나 출처, 소유나 소속 관계, 혹은 부분을 나타내는 격은 (속격)이다.

3.1.2. 연습문제

※ 아래 표현을 해석하시오.

πάντα ἄνθρωπον (요 1:9; 골 1:28)

모든 사람을

πᾶς λόγος (엡 4:29)

모든 말씀이

πᾶσαν πίστιν (딛 2:10)

모든 믿음을, 모든 신실함을

πᾶσα βασιλεία (마 12:25; 눅 11:17)

모든 나라가

παντὸς ὀνόματος (엡 1:21)

모든 이름의

πᾶν στόμα (롬 3:19)

로마서 3장 19절의 문맥을 고려하면, πᾶν στόμα가 대격이기에 '모든 입을'로 번역하면 된다. 그러나, πᾶν στόμα가 따로 있으면, 형태상 주격일 수 있다. 주격이면, '모든 입이'로 번역된다.

※ 아래 표현을 헬라어로 쓰시오.

모든 아들을 (히 12:6)

πάντα υἱόν

모든 형제들이 (갈 1:2)

πάντες ἀδελφοί

모든 죄가 (마 12:31)

πᾶσα ἁμαρτία

모든 날을 (행 17:17; 롬 14:5)

πᾶσαν ἡμέραν

모든 피가 (마 23:35)

πᾶν αἷμα

모든 자녀들이 (롬 9:7)

πάντες τέκνα

3.5. 연습문제

※ 다음 구의 뜻을 쓰되, 성과 수와 격을 고려하여 쓰시오.

πόλεις πάσας (마 9:35; 행 8:40)

모든 성들을. 여성 복수 대격이다.

θεοὶ πολλοὶ (고전 8:5)

많은 신들이. 남성 복수 주격이다.

σημεῖα μεγάλα (마 24:24; 눅 21:11; 행 6:8; 계 13:13)

대단한 표적들을. 중성 복수 대격이다. 주격도 같은 형태를 가지기에, 주격으로 번역하면 '대단한 표적들이'가 된다.

ἁγίαν πόλιν (마 4:5; 27:53)

거룩한 성을. 여성 단수 대격이다.

πνεῦμα ἅγιον (눅 1:35; 행 19:2)

거룩한 영이. 중성 단수 주격이다. 대격도 같은 형태를 가지기에, 대격으로 번역하면 '거룩한 영을'이 된다.

δύο ἀδελφούς (마 4:18, 21)

두 형제를. 형제들 둘을. 남성 복수 대격이다.

※ 다음의 의미를 갖는 헬라어 구를 쓰시오.

모든 성이, 모든 도시가 (마 12:25)

πᾶσα πόλις

많은 표적들을 (요 11:47)

πολλὰ σημεῖα

큰 표적이 (계 12:1)

σημεῖον μέγα

좋은 날들을 (벧전 3:10)

ἡμέρας ἀγαθάς

악한 영들의 (눅 7:21; 8:2)

πνευμάτων πονηρῶν

세 영들을 (계 16:13)

πνεύματα τρία

※ 아래 문장의 괄호 안에 알맞은 말을 넣으시오.

형용사는 명사처럼 (성)과 (수)와 (격)에 따라 변화된다.

πᾶς의 남성 단수 속격 형태는 (παντός)이다.

μέγας의 중성 복수 대격 및 호격 형태는 (μεγάλα)이다.

εἷς의 여성 단수 속격 형태는 (μιᾶς)이다.

4.4. 연습문제

※ 다음 구의 뜻을 쓰되, 성과 수와 격을 고려하여 쓰시오.

τὴν καλὴν γῆν (마 13:23)

그[거] 좋은 땅을. 여성 단수 대격이다.

ἡ πρώτη γῆ (계 21:1)

그[거] 첫째 땅이. 여성 단수 주격이다.

τὴν αἰώνιον βασιλείαν (벧후 1:11)

그[거] 영원한 나라를. 여성 단수 대격이다.

τὸ καλὸν ὄνομα (약 2:7)

그[거] 아름다운 이름을. 그[거] 좋은 이름을. 중성 단수 대격이다. 주격도 같은 형태를 취하므로, '그[거] 아름다운 이름이, 그[거] 좋은 이름이'와 같이 번역해도 된다.

πᾶσα ἡ πόλις (마 8:34; 21:10; 행 13:44)

그[거] 모든 성이. 여성 단수 주격이다.

ὅλον τὸ σῶμα (마 5:29, 30; 6:22, 23; 눅 11:34; 고전 12:17. 주격으로 번역하시오.)

그[거] 몸 전체가. 중성 단수 주격이다.

τὰ ἔργα τὰ καλά (딤전 5:25. 주격으로 번역하시오.)

그[거] 좋은 일들이. 중성 복수 주격이다. '거 일들, 거 좋은'과 같이 풀어 쓰는 것도 가능하다.

ἡ ἡμέρα ἡ μεγάλη (계 6:17)

그[거] 큰 날이. 여성 단수 주격이다. '거 날, 거 큰'과 같이 풀어 쓸 수 있다.

τὴν γῆν τὴν καλήν (마 13:8; 막 4:8, 20)

그[거] 좋은 땅을. 여성 단수 대격이다. '거 땅, 거 좋은'과 같이 표현할 수 있다.

τοὺς ἁγίους (행 9:32, 41; 고전 16:1; 고후 8:4; 9:1; 엡 1:15; 골 1:4; 몬 5; 히 13:24)

거룩한 자들. 거룩한 이들. 남성 복수 대격이다.

※ 다음의 의미를 갖는 헬라어 구를 관사를 사용하여 쓰시오.

거 자기 주인에게 (롬 14:4)

τῷ ἰδίῳ κυρίῳ

그 자기의 마음에 (고전 7:37)

τῇ ἰδίᾳ καρδίᾳ

그 거룩한 성을 (마 4:5; 27:53)

τὴν ἁγίαν πόλιν

그 큰 성이 (계 18:21)

ἡ μεγάλη πόλις

그 모든 몸이 (엡 4:16; 골 2:19)

πᾶν τὸ σῶμα

그 몸 전체를 (약 3:2, 3, 6)

ὅλον τὸ σῶμα

그 자기 형제를 (요 1:41)

τὸν ἀδελφὸν τὸν ἴδιον이 본문에 있는 표현이다. τὸν ἴδιον ἀδελφόν도 가능하다. 전자는 '거 형제를, 거 자기의'로, 후자는 '거 자기의 형제를'로 표현할 수 있다. 전자는 '형제'가, 후자는 '자기의'가 강조된 것으로 볼 수 있다.

그 악한 날에 (엡 6:13)

τῇ ἡμέρᾳ τῇ πονηρᾷ가 본문의 표현이다. τῇ πονηρᾷ ἡμέρᾳ도 가능하다. 전자는 '거 날에, 거 악한'으로, 후자는 '거 악한 날에'로 표현할 수 있다. 전자는 '날'이, 후자는 '악한'이 강조된 것으로 볼 수 있다. 전자는 '악하다'고 하는 부연 설명이 붙은 것으로 이해할 수 있기 때문이다.

거 큰 날의 (계 16:14)

τῆς ἡμέρας τῆς μεγάλης가 본문의 표현이다. τῆς μεγάλης ἡμέρας도 가능하다. 전자는 '거 날의, 거 큰'으로, 후자는 '거 큰 날의'로 표현할 수 있다. 전자는 '날'이, 후자는 '큰'이 강조된 것으로 볼 수 있다.

거 자기 영광을 (요 7:18)

τὴν δόξαν τὴν ἰδίαν이 본문의 표현이다. τὴν ἰδίαν δόξαν도 가능하다. 전자

는 '거 영광을, 거 자기'로, 후자는 '거 자기 영광을'로 표현할 수 있다. 전자는 '영광'이, 후자는 '자기'가 강조된 것으로 볼 수 있다.

5.3. 연습문제

※ 다음 전치사구의 뜻을 쓰되, 성과 수와 격을 고려하여 쓰시오.

ἐν τῷ ὀνόματι τῷ ἰδίῳ (요 5:43)

거 자신의 이름 안에서. 전치사 ἐν을 '으로'의 의미 가운데 "지위나 신분 또는 자격을 나타내는 격 조사"로 표현하여, '거 자신의 이름으로'로 번역할 수 있다.

εἰς τὸ μέσον (막 3:3; 눅 4:35; 5:19; 6:8; 요 20:19, 26)

거 한가운데로. τὸ μέσον은 중성 단수 대격이다.

ἐκ μέσου τῶν δικαίων (마 13:49)

의로운 이들 가운데로부터. μέσος를 뒤따르는 격은 '속격'이다. 그래서 속격 τῶν δικαίων이 쓰였다. ἐκ가 속격을 취하기에, 속격 μέσου가 쓰였다.

ἐπὶ δικαίους (마 5:45; 벧전 3:12)

의인들 위로. δικαίους는 남성 복수 대격이다. 전치사 ἐπί가 대격을 취하면 '움직임'을 표현한다. 동사가 '비를 내리다.'와 같이 '움직임'을 표현하기에, 대격을 취했다.

πρὸς πάντας ἀνθρώπους (행 22:15; 딛 3:2)

모든 사람들에게. '모든 사람을 향해'도 가능하다.

διὰ τοῦ αἵματος τοῦ ἰδίου (행 20:28)

거 자기 것의 거 피를 통해. 여기서 '자기'는 '하나님'을 가리킨다. 그러므로 '자기 것'은 하나님께 속한 예수님으로 보는 것이 맞을 것이다. 그러므로 '거 피'는 '예수님의 보혈'을 의미한다.

ἀπὸ νεκρῶν ἔργων (히 6:1; 9:14)

죽은 행위들로부터. '죽은 이들의 행위로부터'로 보기는 어렵다. 그런 의미를 위해서라면, ἀπὸ ἔργων νεκρῶν과 같이 썼을 것이다.

κατὰ τοῦ πνεύματος τοῦ ἁγίου (마 12:32)

거 거룩한 영에 맞서. τοῦ πνεύματος τοῦ ἁγίου는 중성 단수 속격이다. '성령에 맞서'와 같이 간결하게 표현할 수도 있다. 위 표현을 순서대로 표현하면, '거 영에 맞서, 거 거룩한' 정도가 될 것이다. '영에 맞선다.' 하는 개념과, '그 영은 거룩하다.' 하는 개념이 함께 어우러져 있다.

μετὰ μίαν ἡμέραν (행 28:13)

한 날 뒤에. 문맥을 고려할 때, '하루 만에'도 좋다. μίαν ἡμέραν은 여성 단수 대격이다.

περὶ πολλά (눅 10:41)

많은 것들에 관하여. πολλά는 중성 복수 대격이다.

ὑπὸ πάντων τῶν ἐθνῶν (마 24:9)

거 모든 민족들에 의해. πάντων τῶν ἐθνῶν은 중성 복수 속격이다.

παρὰ κυρίου (마 21:42; 막 12:11; 눅 1:45; 엡 6:8; 딤후 1:18; 벧후 2:11)

주님에게서. κυρίου는 남성 단수 속격이다.

ὑπὲρ πάντα (엡 1:22; 3:20)

모든 것들 위로. '만물 위로'도 좋다. πάντα는 중성 복수 대격이다.

σὺν τοῖς πρεσβυτέροις (눅 20:1)

거 장로들과 함께. τοῖς πρεσβυτέροις는 남성 복수 여격이다.

※ 다음의 의미를 갖는 헬라어 전치사구를 쓰시오.

모든 선한 일에 (골 1:10)

ἐν παντὶ ἔργῳ ἀγαθῷ.

그 선에 이를 (롬 13:4; 15:2; 16:19)

εἰς τὸ ἀγαθόν

그[거] 유대인들로부터 (요 4:22; 11:19; 11:45; 12:9)

ἐκ τῶν Ἰουδαίων

그[거] 온 땅 위로 (마 27:45; 눅 4:25)

ἐπὶ πᾶσαν τὴν γῆν

거룩한 이들에게로 (행 9:32)

πρὸς τοὺς ἁγίους

거룩한 영을 통해 (행 1:2; 4:25; 롬 5:5; 딤후 1:14)

διὰ πνεύματος ἁγίου

죽은 자들로부터 (마 14:2; 27:64; 28:7)

ἀπὸ τῶν νεκρῶν

다른 이와 맞서 (고전 4:6)

κατὰ τοῦ ἑτέρου

그[거] 열둘과 함께 (마 26:20; 막 11:11; 14:17)

μετὰ τῶν δώδεκα

선한 것과 관련하여 (마 19:17)

περὶ τοῦ ἀγαθοῦ

형태상 τοῦ ἀγαθοῦ는 남성 단수 속격일 수도 있고, 중성 단수 속격일 수도 있다.

보통 이 구절의 τοῦ ἀγαθοῦ를 '중성'으로 본다. 그러나, 이어지는 문장에서 ὁ ἀγαθός, '선한 분'이 언급되기에 '남성'으로 볼 여지도 있다.

그[거] 하늘 아래 (눅 17:24; 행 2:5; 4:12; 골 1:23)
ὑπὸ τὸν οὐρανόν

그 모든 사람들과 비교할 때 (눅 13:4)
παρὰ πάντας τοὺς ἀνθρώπους

모든 이름을 넘어서는 그 이름을 (빌 2:9)
τὸ ὄνομα τὸ ὑπὲρ πᾶν ὄνομα

그[거] 유대인들과 함께 (행 14:4)
σὺν τοῖς Ἰουδαίοις

6.2.1.1. 연습문제

※ 동사의 법을 고려하여 다음 문장이나 구의 뜻을 쓰시오.

εἰμὶ πάσας τὰς ἡμέρας (마 28:20)
나는 거 모든 날들에 있습니다. πάσας τὰς ἡμέρας는 여성 복수 대격이다. 시간을 대격으로 표현하면 '정도(程度)'를 표현한다(S 1582). 예수님께서 '항상 제자들과 함께 계실 것임'이 대격에 담겨 있다.

διδοὺς πᾶσι (행 17:25)
모두에게 주시는
διδούς는 δίδωμι의 분사 현재 능동태 남성 단수 주격형이다. '하나님께서는 받는 분이 아니고 주시는 분'이라고 바울 사도가 아덴에서 전했다.

ἀφιέναι ἁμαρτίας (마 9:6; 막 2:7, 10; 눅 5:24)
죄들을 놓아주는 것

ἀφιέναι는 ἀφίημι의 부정사 현재 능동태형이다.

ἁμαρτίας는 형태상 여성 단수 속격일 수도 있고, 여성 복수 대격일 수도 있다. 여기서는 ἀφιέναι의 목적어로 '여성 복수 대격'으로 쓰였다.

※ 다음의 의미를 갖는 헬라어 문장이나 구를 쓰시오.

내가 첫째가는 것이다. (계 1:17).

εἰμὶ ὁ πρῶτος

본래 인칭 대명사가 문장 앞에 있기에 εἰμί가 전접어가 되어 악센트가 없지만, 아직 이 책에서 인칭 대명사를 다루지 않아서 인칭 대명사를 뺐기 때문에, εἰμὶ와 같이 악센트가 붙었다.

그[거] 자녀들에게 주는 것 (마 7:11; 눅 11:13)

διδόναι τοῖς τέκνοις

διδόναι는 δίδωμι의 부정사 현재 능동태형이다.

그[거] 땅으로부터인 자는 그[거] 땅으로부터이다. (요 3:31).

ὁ ὢν ἐκ τῆς γῆς ἐκ τῆς γῆς ἐστιν

ὤν은 εἰμί의 분사 현재 능동태 남성 단수 주격형이다.

ὁ ὢν ἐκ τῆς γῆς까지가 주어부이고, ἐκ τῆς γῆς ἐστιν이 술어부이다.

6.2.2.5. 연습문제

※ 동사의 시제를 고려하여 다음 문장이나 구의 뜻을 쓰시오.

ἤκουσα παρὰ τοῦ θεοῦ (요 8:40)

내가 거 하나님에게서 들었다.

ἤκουσα는 ἀκούω의 직설법 부정과거 능동태 1인칭 단수형이다.

πᾶς ὁ ἀκούων (마 7:26)

듣는 자 모두가
ἀκούων은 ἀκούω의 분사 현재 능동태 남성 단수 주격형이다.

πᾶς ὁ ἀκούσας (요 6:45)
들은 자 모두가
ἀκούσας는 ἀκούω의 분사 부정과거 능동태 남성 단수 주격형이다.

ὁ πιστεύσας (행 11:21)
믿는 자가
πιστεύσας는 πιστεύω의 분사 부정과거 능동태 남성 단수 주격형이다.

πίστευσον ἐπὶ τὸν κύριον Ἰησοῦν (행 16:31)
그 주님 예수님을 믿으십시오.
πίστευσον은 πιστεύω의 명령법 부정과거 능동태 2인칭 단수형이다.

πορεύσομαι πρὸς τὸν πατέρα (눅 15:18)
내가 그 아버지께로 갈 것이다.
πορεύσομαι는 πορεύομαι의 직설법 미래 이태동사 1인칭 단수형이다.

εἰς τὰ ἔθνη πορεύσομαι (행 18:6)
그 민족들에게로 내가 갈 것입니다.
τὰ ἔθνη는 '이방인' 혹은 '다른 민족들'로도 번역이 가능하다.

πορεύου εἰς γῆν (마 2:20)
땅으로 가라.
πορεύου는 πορεύομαι의 명령법 현재 이태동사 2인칭 단수형이다.

πορευθεὶς εἷς τῶν δώδεκα (마 26:14)
그 열둘 가운데 하나가 가서
πορευθείς는 πορεύομαι의 분사 부정과거 이태수동 남성 단수 주격형이다.

ὁ ἐσθίων (막 14:18; 롬 14:3, 6)

먹는 자가

ἐσθίων은 ἐσθίω의 분사 현재 능동태 남성 단수 주격형이다.

※ 다음의 의미를 갖는 헬라어 문장이나 구를 쓰시오.

내가 많은 이들로부터 들었습니다. (행 9:13).

ἤκουσα ἀπὸ πολλῶν

ἐκ πολλῶν도 가능하나, ἀπὸ πολλῶν이 더 구체적인 출처를 표현한다.

그는 그 말씀을 듣는 자이다. (마 13:20, 22, 23).

ἐστὶν ὁ τὸν λόγον ἀκούων

본래 이 문장 서두에 지시 대명사가 있기에 ἐστιν이 전접어로 악센트를 갖지 않는다. 다만, 이 책에서 아직 지시 대명사를 다루지 않았기에 지시 대명사를 빼고 ἐστιν에 악센트를 추가했다.

나는 그[거] 하나님을 믿는다. (행 27:25. 하나님은 여격으로 쓰시오.)

πιστεύω τῷ θεῷ

πιστεύω 동사는 '믿는 대상'을 표현할 때 여격을 목적어로 갖거나, εἰς+대격을 목적으로 갖는다. τῷ θεῷ는 남성 단수 여격이다.

믿는 자 모두가 (요 3:15, 16; 12:46; 행 13:39; 롬 10:11; 요일 5:1)

πᾶς ὁ πιστεύων

πιστεύων은 πιστεύω의 분사 현재 능동태 남성 단수 주격형이다.

그[거] 아버지께로 내가 간다. (요 14:12).

πρὸς τὸν πατέρα πορεύομαι

내가 그[거] 아버지께로 간다. (요 14:28; 16:28).

πορεύομαι πρὸς τὸν πατέρα
'내가 간다, 거 아버지께로.' 이렇게 표현할 수도 있다.

그 형제들에게로 가라. (요 20:17).
πορεύου πρὸς τοὺς ἀδελφούς
πορεύου는 πορεύομαι의 명령법 현재 이태동사 2인칭 단수형이다.

다른 이에게 가는 (눅 14:31)
πορευόμενος ἑτέρῳ
πορευόμενος는 πορεύομαι의 분사 현재 이태동사 남성 단수 주격형이다.

하늘로 간[가셔서] (벧전 3:22)
πορευθεὶς εἰς οὐρανόν
πορευθείς는 πορεύομαι의 분사 부정과거 이태수동 남성 단수 주격형이다.

그 사람의 그 아들이[인자가] 먹는 (마 11:19; 눅 7:34)
ὁ υἱὸς τοῦ ἀνθρώπου ἐσθίων
ἐσθίων은 ἐσθίω의 분사 현재 능동태 남성 단수 주격형이다.

6.2.3.6. 연습문제

※ 동사의 태를 고려하여 다음 문장이나 구의 뜻을 쓰시오.

ἀγαπῶ τὸν πατέρα (요 14:31)
내가 거 아버지를 사랑한다.

ὁ ἀγαπῶν τὸν θεὸν (요일 4:21)
거 하나님을 사랑하는 자가
ἀγαπῶν은 ἀγαπάω의 분사 현재 능동태 남성 단수 주격형이다.

ἀγαπήσας τοὺς ἰδίους (요 13:1)
자기에게 속한 이들을 사랑하시는

τοὺς ἰδίους를 '자기 사람들' 정도로 번역할 수 있다.

ἀγαπήσας는 ἀγαπάω의 분사 부정과거 능동태 남성 단수 주격형이다. 문맥에 따라, '사랑하실 때, 사랑하셔서' 정도로 번역될 수 있다.

ἑώρακα τὸν κύριον (요 20:18)

내가 거 주님을 뵈었습니다.

ἑώρακα는 ὁράω의 직설법 현재완료 능동태 1인칭 단수형이다. 막달라 마리아가 제자들에게 한 말이다.

ἔργον ποίησον (딤후 4:5)

일을 하라.

ποίησον은 ποίεω의 명령법 부정과거 능동태 2인칭 단수형이다. 여기서 '너'는 '디모데'이다. 본래는 '전도인의 일을 하라.' 이런 내용이다.

ἓν ἔργον ἐποίησα (요 7:21)

일 하나를 내가 행했다.

ἐποίησα는 ποίεω의 직설법 부정과거 능동태 1인칭 단수형이다. 예수님의 말씀이다.

πάντα ποιῶ διὰ τὸ εὐαγγέλλιον (고전 9:23)

모든 것들을 내가 거 복음 때문에 행한다.

ποιῶ는 ποιέω의 직설법 현재 능동태 1인칭 단수형이다. 가정법 현재 능동태 1인칭 단수형도 같은 형태를 취하지만, 문맥을 볼 때 직설법이 맞다.

λαληθῆναι τὸν λόγον τοῦ θεοῦ (행 13:46)

거 하나님의 거 말씀이 얘기되는 것이

λαληθῆναι는 λαλέω의 부정사 부정과거 수동태형이다. τὸν λόγον τοῦ θεοῦ가 λαληθῆναι의 주어이다. 부정사가 '대격'이기에 부정사의 주어도 '대격'이 되었다.

ὁ ζῶν πατὴρ (요 6:57)

거 살아계신 아버지께서

ζῶν은 ζάω의 분사 현재 능동태 남성 단수 주격형이다.

※ 다음의 의미를 갖는 헬라어 문장이나 구를 쓰시오.

내가 그[거] 하나님을 사랑한다. (요일 4:20).

ἀγαπῶ τὸν θεόν

ἀγαπῶ는 단축동사 ἀγαπάω의 직설법 현재 능동태 1인칭 단수형이다.

τὸν θεόν은 남성 단수 대격이다.

너는 그 손들을 보라[부정과거 명령]. (요 20:27).

ἴδε τὰς χεῖρας

ἴδε는 ὁράω의 명령법 제2부정과거 능동태 2인칭 단수형이다.

τὰς χεῖρας는 여성 복수 대격이다.

너는 선한 일[관사]을 하라[현재 명령]. (롬 13:3).

τὸ ἀγαθὸν ποίει

ἔργον ἀγαθὸν ποίει와 같이 작문할 수도 있다. 한편, 관사를 사용하면, 포괄적인 내용을 지칭할 수 있다. 다만, 위 구절의 문맥을 고려할 때, τὸ ἀγαθόν은 τὸ ἀγαθὸν ἔργον에서 ἔργον을 생략한 표현이라고 볼 수 있다. 바로 앞에, τῷ ἀγαθῷ ἔγρῳ라는 표현이 있기 때문이다.

τὸ ἀγαθόν은 중성 단수 대격이다.

ποίει는 ποιέω의 명령법 현재 능동태 2인칭 단수형이다. ε + ε = ει 로 모음 단축이 일어났다.

너는 그[거] 지난번 일들을 행하라[부정과거 명령]. (계 2:5).

τὰ πρῶτα ἔργα ποίησον

τὰ πρῶτα ἔργα는 중성 복수 대격이다.
ποίησον은 ποιέω의 명령법 부정과거 능동태 2인칭 단수형이다. σ 앞에서 모음이 길어졌다.

그 아버지의 그 이름으로 나는 행한다. (요 10:25).
ποιῶ ἐν τῷ ὀνόματι τοῦ πατρός
ποιῶ는 ποιέω의 직설법 현재 능동태 1인칭 단수형이다.
τῷ ὀνόματι는 중성 단수 여격이다.
τοῦ πατρός는 남성 단수 속격이다.

그 예수의 그 이름에 근거하여 얘기하는 것[현재 부정사] (행 5:40)
λαλεῖν ἐπὶ τῷ ὀνόματι τοῦ Ἰησοῦ
λαλεῖν은 λαλέω의 부정사 현재 능동태형이다. ε + ε = ει 로 모음 단축이 일어났다.
τοῦ Ἰησοῦ는 남성 단수 속격이다.

그[거] 거룩한 영에 의해 그[거] 말씀을 얘기한 것[부정과거 부정사] (행 16:6)
ὑπὸ τοῦ ἁγίου πνεύματος λαλῆσαι τὸν λόγον
τοῦ ἁγίου πνεύματος는 중성 단수 속격이다.
λαλῆσαι는 λαλέω의 부정사 부정과거 능동태형이다. σ 앞에서 모음이 길어졌다.
τὸν λόγον은 남성 단수 대격이다.

그[거] 하나님의 그[거] 말씀이 살아 있는[있어서] (히 4:12)
ζῶν ὁ λόγος τοῦ θεοῦ
ζῶν은 ζάω의 분사 현재 능동태 남성 단수 주격형이다.
ὁ λόγος는 남성 단수 주격이다.
τοῦ θεοῦ는 남성 단수 속격이다.

그[거] 하나님에 의해 불리는[부르심을 받은, 현재분사] (히 5:4)

καλούμενος ὑπὸ τοῦ θεοῦ

καλούμενος는 καλέω의 분사 현재 수동태 남성 단수 주격형이다. 중간태와 수동태 형태가 같으나, 뒤따라오는 전치사 ὑπό의 사용 및 문맥을 고려할 때 수동태이다.

6.2.4.4. 연습문제

※ 다음 직설법 문장을 법, 시제, 태, 인칭, 수를 고려하여 번역하시오.

εἰμὶ ἐκ τοῦ σώματος (고전 12:16)

나는 거 몸으로부터이다. 위 구절에서 '나'는 '귀'이다. 본래 부정을 의미하는 소사가 사용되었으나 아직 배우지 않아서 뺐다. 여기서 전치사 ἐκ는 '출처'를 표현한다. '몸으로부터 비롯됨'을 표현한다.

τῇ γυναικὶ ἔλεγον [3인칭 복수] (요 4:42)

그 부인에게 그들이 말했다. 사마리아의 수가 성 여인은 기혼 여성이다. 그러므로, '부인'이라고 부르는 것이 적절하다. '그들'은 수가 성 동네 사람들이다.

τῇ γυναικί는 여성 단수 여격이다.

ἔλεγον은 λέγω의 직설법 미완료과거 능동태 3인칭 복수형이다.

ἄνθρωπος εἶχεν τέκνα δύο (마 21:28)

사람이 자녀 둘을 두고 있었다. '한 사람'이라고 번역할 수도 있지만, '한 사람'은 εἷς ἄνθρωπος의 번역으로 적당하다. '어떤 사람'도 가능하지만, 그 표현은 앞으로 배울 부정 대명사가 포함된 표현이다. 그래서 '사람이'가 적절할 수 있다. '동물이나 곤충이 아니고 사람이'의 의미로 볼 수도 있고, '한'이나 '어떤'을 추가할 수 있는 보편 상황으로 볼 수도 있다.

εἶχεν은 ἔχω의 직설법 미완료과거 능동태 3인칭 단수형이다. 시상접두모음이 붙고 모음 단축이 일어났다.

τέκνα δύο는 중성 복수 대격이다.

ἐγένετο μετὰ ἡμέρας τρεῖς (눅 2:46)

사흘 뒤에 이런 일이 있었다.

ἐγένετο는 γίνομαι의 직설법 제2부정과거 이태동사 3인칭 단수형이다.

ἡμέρας τρεῖς는 여성 복수 대격이다.

ἔρχεται ὁ πονηρός (마 13:19)

악한 자가 온다.

ἔρχεται는 ἔρχομαι의 직설법 현재 이태동사 3인칭 단수형이다.

ὁ πονηρός는 남성 단수 주격이다.

ποιεῖ πάντας (계 13:16)

그가 모든 이들을 삼는다. 그가 모든 이들에게 조치를 취한다. '다른 짐승'이 '이마에 표를 받게 하는 조치'를 취한다는 내용이다. πάντας의 격을 살려 번역하면, '모든 이들을 삼는다.' 정도가 되고, 동사의 의미를 살려 번역하면, '모든 이들에게 조치를 취한다.' 정도가 된다.

ποιεῖ는 ποιέω의 직설법 현재 능동태 3인칭 단수형이다. 참고로, 명령법 현재 능동태 2인칭 단수형은 ποίει이다.

πάντας는 남성 복수 대격형이다. πᾶς가 '모든'을 뜻하기에 단수를 사용해도 되지만, '구성원의 다양성'을 표현할 때는 복수형을 쓴다. 위 문장은 '다양한 구성원'을 의미하는 "곧 작은 자나 큰 자나 부자나 빈궁한 자나 자유한 자나 종들"이란 표현으로 이어진다.

τὸν θεὸν ὄψονται (마 5:8)

거 하나님을 그들이 볼 것입니다.

τὸν θεόν은 남성 단수 대격이다.

ὄψονται는 ὁράω의 직설법 미래 이태동사 3인칭 복수형이다.

οἱ νεκροὶ ἀκούσουσιν (요 5:25)

죽은 자들이 들을 것입니다.

οἱ νεκροί는 남성 복수 주격이다.

ἀκούσουσιν은 ἀκούω의 직설법 미래 능동태 3인칭 복수형이다.

ὁ ἐν τοῖς οὐρανοῖς δώσει ἀγαθά (마 7:11)

거 하늘들 안의 분이 선한 것들을 주실 것입니다. ὁ ἐν τοῖς οὐρανοῖς를 ὁ ὢν ἐν τοῖς οὐρανοῖς로 이해하여, '거 하늘들에 계신 분'으로 번역할 수 있다. 여기서 ὢν은 εἰμί의 분사 현재 능동태 남성 단수 주격형이다.

τοῖς οὐρανοῖς는 남성 복수 여격이다.

δώσει는 δίδωμι의 직설법 미래 능동태 3인칭 단수형이다.

ἀγαθά는 중성 복수 대격이다.

οἶδα ἄνθρωπον ἐν Χριστῷ (고후 12:2)

내가 그리스도 안에 {있는} 사람을 압니다. ἐν Χριστῷ가 οἶδα와 관계되는 것으로 보고, '내가 그리스도 안에서 사람을 압니다.' 이렇게 번역할 수도 있지만, 이런 의미라면, 문장을 ἄνθρωπον οἶδα ἐν Χριστῷ와 같이 구성했을 가능성이 크다.

οἶδα는 εἴδω의 직설법 현재완료 능동태 1인칭 단수형이다. 현재완료형이 기본형으로 쓰인다.

ἄνθρωπον은 남성 단수 대격이다.

Χριστῷ는 남성 단수 여격이다.

μετὰ γυναικὸς ἐλάλει (요 4:27)

여자와 함께 그분이 말씀하고 계셨습니다. 제자들은 수가 성 여인이 기혼 여성인 줄 모르고 있었기에, '여자'로 표현할 수 있다.

γυναικός는 여성 단수 속격이다.

ἐλάλει는 λαλέω의 직설법 미완료과거 능동태 3인칭 단수형이다.

ὁ πρῶτος ἔλαβεν γυναῖκα (막 12:20)

첫째가는 이가 부인을 맞이했습니다.

ὁ πρῶτος는 남성 단수 주격이다.

ἔλαβεν은 λαμβάνω의 직설법 제2부정과거 능동태 3인칭 단수형이다.

γυναῖκα는 여성 단수 대격이다.

τὸν λόγον ἐπίστευσαν (행 4:4)

거 말씀을 그들이 믿었습니다.

τὸν λόγον은 남성 단수 대격이다.

ἐπίστευσαν은 πιστεύω의 직설법 부정과거 능동태 3인칭 복수형이다.

ἀπεκρίθη ἡ γυνή (요 4:17)

거 부인이 대답했습니다.

ἀπεκρίθη는 ἀποκρίνομαι의 직설법 부정과거 이태수동 3인칭 단수형이다. ἀποκρίνομαι는 어간이 비음 ν로 끝나는 비음동사이다. 그러므로 ν 다음에 θ와 σ가 생략되는 것이 보통이지만, σ만 ν 다음에 생략되고 θ 앞에서는 ν가 생략된다. ἀποκρίνομαι와 같은 이태동사가 굳이 중간태 형태가 따로 있는데도 수동태 형태를 취할 때가 있다. 이때는 '수동의 의미'가 있을 때가 있다(S 813). θ가 아니라 ν가 생략되는 이유가 '수동의 의미'를 드러내기 위함일 가능성을 생각해 본다. 이 문장의 경우, '수가 성 여인이 대답할 수밖에 없었다.' 하는 의미가 추가된다. 예수님께서 "네 남편을 불러오라." 그렇게 말씀하시니, "나는 남편이 없나이다."와 같이 대답할 수밖에 없었다.

ἔγνω τῷ σώματι (막 5:29)

그가 거 몸으로 알았습니다. 이 구절에서 주어가 여성이므로, '그녀가 거 몸으로 알았습니다.' 이렇게 번역할 수 있다. 본래 '그'가 '여성'도 포함하는 삼인칭 대명사이기에, 성경에는 여성도 '그'로 표현되었다. 다만, 요즘에는 '영어' 등의 영향으로 '그녀'도 많이 쓰인다.
ἔγνω는 γινώσκω의 직설법 제2부정과거 능동태 3인칭 단수형이다.
τῷ σώματι는 중성 단수 여격이다.

ἐξῆλθεν ὁ Ἰησοῦς (막 8:27)
거 예수께서 나가셨습니다.
ἐξῆλθεν은 ἐξέρχομαι의 직설법 제2부정과거 능동태 3인칭 단수형이다. 이태동사이지만, 부정과거에서 능동태로 쓰였다. 굳이 이태로 표현할 필요가 없기에, 능동태로 쓰였을 수 있다.

δυνάμεθα (마 20:22; 막 10:39)
우리가 할 수 있다.
δυνάμεθα는 δύναμαι의 직설법 현재 이태동사 1인칭 복수형이다.

θέλετε πορεύεσθαι (고전 10:27)
여러분이 가기를 원한다. 본래 조건절 내의 표현이기에, '여러분이 가기를 원한다면'이 본래 의미이다.
θέλετε는 θέλω의 직설법 현재 능동태 2인칭 복수형이다.
πορεύεσθαι는 πορεύομαι의 부정사 현재 이태동사형이다.

εἰσῆλθον [3인칭 복수] εἰς τὴν ἁγίαν πόλιν (마 27:53)
그들이 거 거룩한 성으로 들어왔습니다.
εἰσῆλθον은 εἰσέρχομαι의 직설법 제2부정과거 능동태 3인칭 복수형이다.
τὴν ἁγίαν πόλιν은 여성 단수 대격이다.

γέγραπται (마 2:5 등)
그것이 기록되었습니다. 주로 구약성경을 인용할 때 쓰이는 표현이다.
γέγραπται는 γράφω의 직설법 현재완료 수동태 3인칭 단수형이다. 본래 γέγραφται이나, 기식음이면서 양순음인 φ가 무성음이면서 치조음인 τ를 만나, 무

성음이면서 양순음인 π가 되었다(박 137-138). 한편, γέγραπται가 중간태일 수도 있지만, 의미를 고려할 때 수동태이다.

οἱ ἀδελφοὶ ἔγραψαν (행 18:27)

거 형제들이 편지를 보냈습니다.

οἱ ἀδελφοί 남성 복수 주격이다.

ἔγραψαν은 γράφω의 직설법 부정과거 능동태 3인칭 복수형이다.

εὗρον [3인칭 복수] ἄνθρωπον (마 27:32)

그들이 사람을 만났습니다. '그들'은 군인들이고, '사람'은 구레네 사람 시몬이다.

εὗρον은 εὑρίσκω의 직설법 제2부정과거 능동태 3인칭 복수형이다.

ἄνθρωπον은 남성 단수 대격이다.

ἔφαγον οἱ πατέρες (요 6:58)

거 조상들이 먹었습니다.

ἔφαγον은 ἐσθίω의 직설법 제2부정과거 능동태 3인칭 복수형이다.

οἱ πατέρες는 남성 복수 주격이다.

ἔφαγον πάντες (마 14:20; 15:37; 막 6:42)

모두가 먹었습니다.

πάντες는 남성 복수 주격이다.

ἔστη Ἰησοῦς (요 21:4)

예수께서 서셨습니다.

ἔστη는 ἵστημι의 직설법 제2부정과거 능동태 3인칭 단수형이다.

ἐπορεύθη εἰς πόλιν (눅 7:11)

그분이 성으로 가셨습니다.

ἐπορεύθη는 πορεύομαι의 직설법 부정과거 이태수동 3인칭 단수형이다.

πόλιν은 여성 단수 대격이다.

πορεύσομαι πρὸς τὸν πατέρα (눅 15:18)

내가 거 아버지께로 갈 것이다.

πορεύσομαι는 πορεύομαι의 직설법 미래 이태중간 1인칭 단수형이다.

τὸν πατέρα는 남성 단수 대격이다.

μέγας κληθήσεται ἐν τῇ βασιλείᾳ τῶν οὐρανῶν (마 5:19)

그는 거 하늘들의 거 나라에서 크다고 일컬어질 것입니다.

κληθήσεται는 καλέω의 직설법 미래 수동태 3인칭 단수형이다.

τῇ βασιλείᾳ는 여성 단수 여격이다.

τῶν οὐρανῶν는 남성 복수 속격이다.

νεκροὶ ἐγείρονται (마 11:5; 눅 7:22)

죽은 이들이 일으켜 세워집니다. 죽은 이들이 일어납니다.

νεκροί는 남성 복수 주격이다.

ἐγείρονται는 ἐγείρω의 직설법 현재 수동태 3인칭 복수형이다. 형태는 중간태도 가능하나, 의미상 수동태가 더 적절하다.

τὸν ἕτερον ἀγαπήσει (마 6:24; 눅 16:13)

거 다른 이를 그가 사랑할 것입니다.

τὸν ἕτερον은 남성 단수 대격이다.

ἀγαπήσει는 ἀγαπάω의 직설법 미래 능동태 3인칭 단수형이다.

εἷς ἀφίεται (마 24:40)

하나는 그냥 내버려 두어질 것입니다.

εἷς는 남성 단수 주격이다.

ἀφίεται는 ἀφίημι의 직설법 현재 수동태 3인칭 단수형이다.

ἔζησεν (눅 15:32)

그가 살아났다. '탕자의 비유'에서 아버지가 작은아들에 대해 한 말이다.

ἔζησεν는 ζάω의 직설법 부정과거 능동태 3인칭 단수형이다.

τοὺς δώδεκα ἀπέστειλεν ὁ Ἰησοῦς (마 10:5)

거 열둘을 거 예수께서 보내셨습니다.

τοὺς δώδεκα는 남성 복수 대격이다.

ἀπέστειλεν은 ἀποστέλλω의 직설법 제2부정과거 능동태 3인칭 단수형이다.

※ 다음을 법, 시제, 태, 인칭, 수를 고려하여 직설법 문장으로 작문하시오.

나는 선하다. (마 20:15).

ἀγαθός εἰμι

그[거] 영을 통해 그들이 말한다[미완료과거]. (행 21:4).

ἔλεγον διὰ τοῦ πνεύματος

전치사구를 먼저 쓴 διὰ τοῦ πνεύματος ἔλεγον도 가능하다.

아들 둘을[두 아들을] 그가 가졌습니다[부정과거]. (갈 4:22).

δύο υἱοὺς ἔσχεν. 이 문장에서 '그'는 '아브라함'이다.

δύο υἱούς는 남성 복수 대격이다.

ἔσχεν은 ἔχω의 직설법 부정과거 능동태 3인칭 단수형이다.

τέκνα δύο는 중성 복수 대격이다.

내가 죽게 되었다[부정과거]. (계 1:18).

ἐγενόμην νεκρός

ἐγενόμην은 γίνομαι의 직설법 제2부정과거 이태동사 1인칭 단수형이다.

νεκρός는 ἐγενόμην의 보어로 남성 단수 주격이다.

거 전혀 다른 이가 왔다[부정과거]. (눅 19:20).

ὁ ἕτερος ἦλθεν

ἦλθεν은 ἔρχομαι의 직설법 제2부정과거 능동태 3인칭 단수형이다.

주님께서 행하셨다[현재완료]. (눅 1:25).

πεποίηκεν κύριος

πεποίηκεν은 ποιέω의 직설법 현재완료 능동태 3인칭 단수형이다.

그분이 두 형제를 보셨다[부정과거]. (마 4:18).

εἶδεν δύο ἀδελφούς

εἶδεν은 ὁράω의 직설법 제2부정과거 능동태 3인칭 단수형이다.

δύο ἀδελφούς는 남성 복수 대격이다.

그들이 제각기[하나 각각] 듣습니다[미완료과거]. (행 2:6).

ἤκουον εἷς ἕκαστος

ἤκουον은 ἀκούω의 직설법 미완료과거 능동태 3인칭 복수형이다.

εἷς ἕκαστος는 남성 단수 주격으로, 주어 '그들'과 동격이다(S 952).

모든 것들을 그분이 주셨습니다[현재완료]. (요 3:35).

πάντα δέδωκεν

πάντα은 중성 복수 대격이다.

δέδωκεν은 δίδωμι의 직설법 현재완료 능동태 3인칭 단수형이다.

그[거] 하나님께서 아신다[현재완료]. (고후 11:11).

ὁ θεὸς οἶδεν.

οἶδεν은 οἶδα의 직설법 현재완료 능동태 3인칭 단수형이다.

그리스도 안에서 우리는 얘기한다[현재]. (고후 12:19).

ἐν Χριστῷ λαλοῦμεν

Χριστῷ는 남성 단수 여격이다.

λαλοῦμεν은 λαλέω의 직설법 현재 능동태 1인칭 복수형이다. ε + ο = ου로 단축되었다.

그들이 거룩한 영을 받는다[미완료과거]. (행 8:17).
ἐλάμβανον πνεῦμα ἅγιον.
ἐλάμβανον은 λαμβάνω의 직설법 미완료과거 능동태 3인칭 복수형이다.
πνεῦμα ἅγιον은 중성 단수 대격이다.

그리스도 예수를 우리가 믿는다[부정과거, 전치사 εἰς 사용]. (갈 2:16).
εἰς Χριστὸν Ἰησοῦν ἐπιστεύσαμεν
Χριστὸν Ἰησοῦν은 남성 단수 대격이다.
ἐπιστεύσαμεν은 πιστεύω의 직설법 부정과거 능동태 1인칭 복수형이다.

예수께서 대답하셨다[부정과거]. (요 8:19, 49, 54; 9:3; 11:9; 18:8, 34, 36).
ἀπεκρίθη Ἰησοῦς
ἀπεκρίθη는 ἀποκρίνομαι의 직설법 부정과거 이태수동 3인칭 단수형이다. 이태중간을 사용하여 ἀπεκρίνατο로 답할 수도 있다(예. 마 27:1; 막 14:61; 눅 3:16; 23:9; 요 5:17, 19; 행 3:12).

그분이 모든 것들을 아신다[현재]. (요일 3:20).
γινώσκει πάντα.
γινώσκει는 γινώσκω의 직설법 현재 능동태 3인칭 단수형이다.
πάντα는 중성 복수 대격이다.

그들이 그[거] 성으로부터 나왔다[부정과거]. (요 4:30).
ἐξῆλθον ἐκ τῆς πόλεως
ἐξῆλθον은 ἐξέρχομαι의 직설법 제2부정과거 능동태 3인칭 복수형이다.
τῆς πόλεως는 여성 단수 속격이다.

그[거] 하나님이 하실 수 있다[현재]. (마 3:9).

δύναται ὁ θεός

δύναται는 δύναμαι의 직설법 현재 이태동사 3인칭 단수형이다.

그가 으뜸이 되는 것을 원한다[현재]. (막 9:35).

θέλει πρῶτος εἶναι

θέλει는 θέλω의 직설법 현재 능동태 3인칭 단수형이다.

πρῶτος는 εἶναι의 보어이다. 부정사의 주어와 주어의 보어는 대격을 취하는 것이 원칙이지만, εἶναι의 주어와 주어의 보어는 드물게 주격을 취한다.

εἶναι는 εἰμί의 부정사 현재 능동태형이다.

그[거] 하나님의 그[거] 나라에 그들이 들어갈 것이다[미래]. (막 10:23).

εἰς τὴν βασιλείαν τοῦ θεοῦ εἰσελεύσονται.

τὴν βασιλείαν은 여성 단수 대격이다.

τοῦ θεοῦ는 남성 단수 속격이다.

εἰσελεύσονται는 εἰσέρχομαι의 직설법 미래 이태중간 3인칭 복수형이다.

내가 썼다[현재완료]. (요 19:22).

γέγραφα.

γέγραφα는 γράφω의 직설법 현재완료 능동태 1인칭 단수형이다.

그[거] 형제들이 썼다[부정과거]. (행 18:27).

οἱ ἀδελφοὶ ἔγραψαν

οἱ ἀδελφοί는 남성 복수 주격이다.

ἔγραψαν은 γράφω의 직설법 부정과거 능동태 3인칭 복수형이다.

그들이 사람을 발견했다. (마 27:32).

εὗρον ἄνθρωπον

εὗρον은 εὑρίσκω의 직설법 제2부정과거 능동태 3인칭 복수형이다.

ἄνθρωπον은 남성 단수 대격이다.

우리가 발견된다[현재]. (고전 15:15).

εὑρισκόμεθα

εὑρισκόμεθα는 εὑρίσκω의 직설법 현재 수동태 1인칭 복수형이다.

그들 모두가 먹었다. (마 14:20; 15:37; 막 6:42).

ἔφαγον πάντες

ἔφαγον은 ἐσθίω의 직설법 제2부정과거 능동태 3인칭 복수형이다.

πάντες는 남성 복수 주격이다.

그들이 둘을 세웠다[부정과거]. (행 1:23).

ἔστησαν δύο

ἔστησαν은 ἵστημι의 직설법 부정과거 능동태 3인칭 복수형이다.

δύο는 남성 복수 대격이다.

그[거] 아버지께로 내가 간다. (요 14:12).

πρὸς τὸν πατέρα πορεύομαι

τὸν πατέρα는 남성 단수 대격이다.

내가 거 아버지께로 간다[현재]. (요 14:28; 16:28).

πορεύομαι πρὸς τὸν πατέρα

위 문제에서 '전치사구'와 '본동사'의 위치만 바뀌었다. '내가 간다, 거 아버지께로.' 이렇게 번역할 수도 있다.

그는 하나님의 아들이라고 불릴 것이다[미래]. (눅 1:35).

κληθήσεται υἱὸς θεοῦ

κληθήσεται는 καλέω의 직설법 미래 수동태 3인칭 단수형이다.

υἱὸς θεοῦ는 κληθήσεται의 보어이다. 본동사가 능동태를 취하면, υἱὸς θεοῦ는 본동사의 목적어의 보어가 된다.
υἱός는 남성 단수 주격이고, θεοῦ는 남성 단수 속격이다.

그[거] 아버지께서 죽은 자들을 일으키신다[현재]. (요 5:21).
ὁ πατὴρ ἐγείρει τοὺς νεκρούς
ὁ πατήρ는 남성 단수 주격으로 이 문장의 주어이다.
ἐγείρει는 ἐγείρω의 직설법 현재 능동태 3인칭 단수형이다.
τοὺς νεκρούς는 남성 복수 대격으로 이 문장의 목적어이다.

그[거] 아버지께서 그[거] 아들을 사랑하신다[현재]. (요 3:35).
ὁ πατὴρ ἀγαπᾷ τὸν υἱόν
ἀγαπᾷ는 ἀγαπάω의 직설법 현재 능동태 3인칭 단수형이다.
τὸν υἱόν은 남성 단수 대격으로 이 문장의 목적어이다.

그가 그[거] 영을 놓아주었다[부정과거]. (마 27:50).
ἀφῆκεν τὸ πνεῦμα.
ἀφῆκεν은 ἀφίημι의 직설법 부정과거 능동태 3인칭 단수형이다.
τὸ πνεῦμα는 중성 단수 대격으로 이 문장의 목적어이다.

의로운 자는 믿음으로[부터] 살 것이다[미래 중간태]. (롬 1:17; 갈 3:11).
ὁ δίκαιος ἐκ πίστεως ζήσεται.
ὁ δίκαιος는 남성 단수 주격으로 이 문장의 주어이다.
πίστεως는 여성명사 πίστις의 단수 속격형이다.
ἐκ πίστεως는 '믿음으로부터'로 '예수 그리스도를 통한 구원 방식'을 압축적으로 표현한다. '행위로부터'에 해당하는 ἐξ ἔργων의 반대편에 있는 개념이다.
ζήσεται는 ζάω의 직설법 미래 중간태 3인칭 단수형이다. 중간태와 수동태형이 같으니, '살게 된다, 생명을 얻는다'와 같은 의미로 해석된다면, 수동태가 될 여지가 없지는

않다. 그러나 이 표현이 하박국 2장 4절의 인용이고, 하박국에 사용된 히브리어 동사가 수동태가 아니기에, 중간태로 보는 것이 더 적절해 보인다. 그럼, 왜 능동태형인 ζήσει(요 6:51, 57, 58)가 쓰이지 않고 중간태형이 쓰였을까? 기본적으로, 구약성경의 헬라어 번역 성경인 '칠십인역'에서 위 표현이 사용된 것과 무관하지 않다. 그럼, ζήσεται가 중간태라는 것을 고려할 때, '살 것이다'의 의미는 어떻게 달라지는가? 주어가 동작하는 능동태 측면에서 보면, '의인은 살아 있다, 산다.' 그렇게 볼 수 있다. 주어가 동작을 받는 수동태 측면에서 보면, '의인은 살게 된다, 생명을 얻는다.' 그렇게 볼 수 있다. 칠십인역 번역자는 하박국 2장 4절을 번역할 때, 의인이 동작하는 부분과 동작을 받는 부분을 함께 표현하기 위해 중간태를 사용했을 수 있다. 그리고 이 표현을 바울 사도도 그대로 가져왔을 수 있다.

그[거] 아버지께서 그[거] 아들을 보내셨다[현재완료]. (요일 4:14).
ὁ πατὴρ ἀπέσταλκεν τὸν υἱόν
ἀπέσταλκεν은 ἀποστέλλω의 직설법 현재완료 능동태 3인칭 단수형이다. 현재완료는 '완료상'을 가져, '상태'나 '조건 성취'를 표현한다.
τὸν υἱόν은 남성 단수 대격으로, 이 문장의 목적어이다.

※ 다음 가정법 문장을 법, 시제, 태, 인칭, 수를 고려하여 번역하시오.

εἴπωσιν πᾶν πονηρόν (마 5:11)
그들이 온갖 악한 것을 말할 수 있다.
εἴπωσιν은 λέγω의 가정법 제2부정과거 능동태 3인칭 복수형이다. 어미에 변칙자음 뉘가 붙었다. 본문에서 이 문장은 '시간을 표현하는 종속절'의 일부이므로, '말할 때'와 같이 번역된다.
πᾶν πονηρόν은 중성 단수 대격이다.

ἔλθῃ ὁ κύριος (마 21:40)

거 주님께서 오실 수 있다.

ἔλθῃ는 ἔρχομαι의 가정법 제2부정과거 능동태 3인칭 단수형이다. 본문에서는 이 문장이 '시간을 표현하는 종속절'의 일부이므로, '오실 때'와 같이 번역된다.

ὁ κύριος는 남성 단수 주격이다.

ἔχητε πίστιν (마 17:20; 21:21).

여러분이 믿음을 가질 수 있습니다.

ἔχητε는 ἔχω의 가정법 현재 능동태 2인칭 복수형이다. 본문에서는 '조건을 표현하는 종속절'에 포함되기에, '가지면'과 같이 번역된다.

πίστιν은 여성명사 πίστις의 단수 대격형이다.

ποιήσωμεν τὰ κακά (롬 3:8)

우리가 해로운 것들을 행하자. 바울 사도를 비방하는 이들이 지어낸 말이다.

ποιήσωμεν는 ποιέω의 가정법 부정과거 능동태 1인칭 복수형이다. 가정법 1인칭 복수가 '청유'의 의미가 있기에, '행하자'와 같이 번역할 수 있다.

τὰ κακά는 중성 복수 대격이다.

τὸν θεὸν ἀγαπῶμεν [가정법] (요일 5:2)

거 하나님을 우리가 사랑하자.

τὸν θεόν은 남성 단수 대격이다.

ἀγαπῶμεν은 ἀγαπάω의 가정법 현재 능동태 1인칭 복수형이다. '청유'의 의미를 담아, '사랑하자'로 번역했다.

ἀκούσωσιν πάντα τὰ ἔθνη (딤후 4:17).

거 모든 민족들이 들을 수 있습니다.

ἀκούσωσιν은 ἀκούω의 가정법 부정과거 능동태 3인칭 복수형이다. 원칙대로라면 변칙자음 뉘가 붙지 않아도 되는데, 비평본에 보통 붙어 있어서 여기에도 붙였다. 본래

'목적을 표현하는 종속절'에 포함된 문장이기에, '듣도록' 정도로 번역할 수 있다.
πάντα τὰ ἔθνη는 중성 복수 주격이다. 대격과 형태가 같으므로 대격으로 보고 번역하면, '그들이 모든 민족들을 들을 수 있다.'와 같이 되는데, 의미가 자연스럽지 않고 어법에도 맞지 않다. ἀκούω 동사는 보통 속격을 목적어로 취하고, 드물게 대격을 목적어로 취할 때는 '말하는 대상'보다는 '언급된 내용'을 목적어로 갖는다.

※ 다음을 법, 시제, 태, 인칭, 수를 고려하여 가정법 문장으로 작문하시오.

그가 인자[그 사람의 그 아들]와 맞서 말할 거예요[부정과거]. (마 12:32).
εἴπῃ λόγον κατὰ τοῦ υἱοῦ τοῦ ἀνθρώπου. λόγον이 없어도 위 내용을 표현하는 것이 되지만, 성경 본문을 따랐다. 뒤집어서, 이 문장을 번역한다고 할 때, '말을 말하다' 혹은 '말을 하다'와 같이 표현할 수는 있지만, 우리말 어법상 적절하지 않기에 결국 '말할 거예요' 혹은 '말할 수 있다.'와 같이 번역할 수밖에 없다. 본래는 '조건을 표현하는 종속절'의 일부이므로, '말한다면'과 같이 번역된다.
εἴπῃ는 λέγω의 가정법 제2부정과거 능동태 3인칭 단수형이다.

인자[그 사람의 그 아들]가 올 거예요[부정과거]. (마 10:23).
ἔλθῃ ὁ υἱὸς τοῦ ἀνθρώπου.
ἔλθῃ는 ἔρχομαι의 가정법 제2부정과거 능동태 3인칭 단수형이다. 본래는 '시간을 표현하는 종속절'의 일부이므로, '올 때까지' 정도로 번역된다.

내가 그[거] 모든 믿음을 가지련다[현재]. (고전 13:2).
ἔχω πᾶσαν τὴν πίστιν
ἔχω는 형태상 직설법 현재 능동태 1인칭 단수일 수도 있으나, 이 구절에서는 가정법 현재 능동태 1인칭 단수이다. 본래 '조건을 표현하는 종속절' 안에 있는 문장이므로, '가진다면' 정도로 번역된다.
πᾶσαν τὴν πίστιν은 여성 단수 대격이다.

해로운 것을 네가 행할 수 있다[현재]. (롬 13:4).

τὸ κακὸν ποιῇς

τὸ κακόν은 중성 단수 대격이다.

ποιῇς는 ποιέω의 가정법 현재 능동태 2인칭 단수형이다.

모든 것들이 생길[실현될] 수 있다[부정과거 단수형]. (눅 21:32).

πάντα γένηται.

πάντα는 중성 복수 주격으로 주어이다.

γένηται는 γίνομαι의 가정법 제2부정과거 이태동사 3인칭 단수형이다. γίνομαι의 의미가 본래, '되다, 생기다, 실현되다'와 같은 의미를 갖기에 수동태로 쓰인 것으로 보기 어렵다.

그들이 거룩한 영을 받을 것 같다[부정과거]. (행 8:15).

λάβωσιν πνεῦμα ἅγιον

λάβωσιν은 λαμβάνω의 가정법 제2부정과거 능동태 3인칭 복수형이다. 본래 '목적을 표현하는 종속절'에 포함되기에, '받도록' 정도로 번역된다.

πνεῦμα ἅγιον은 중성 단수 대격이다.

※ 다음 명령법 문장을 법, 시제, 태, 인칭, 수를 고려하여 번역하시오.

πάντα εἰς δόξαν θεοῦ ποιεῖτε (고전 10:31)

모든 것들을 하나님의 영광에게로[/하나님께 영광이 되도록] 여러분은 행하십시오.

πάντα는 중성 복수 대격이다.

δόξαν은 여성 단수 대격이다.

θεοῦ는 남성 단수 속격이다.

ποιεῖτε는 ποιέω의 명령법 현재 능동태 2인칭 복수형이다.

ποιησάτω ἀγαθόν (벧전 3:11)

그로 선한 것을 행하게 하라.

ποιησάτω는 ποιέω의 명령법 부정과거 능동태 3인칭 단수형이다.

ἀγαθόν은 중성 단수 대격이다. 독립적 용법으로 쓰였다.

εἰπὲ λόγῳ (마 8:8; 눅 7:7)

말씀으로 하십시오[말하십시오]. 가버나움 백부장이 한 말이다.

εἰπέ는 λέγω의 명령법 제2부정과거 능동태 2인칭 단수형이다.

λόγῳ는 남성 단수 여격이다.

ὁ ἀκούων εἰπάτω (계 22:17)

듣는 자가 말하게 하라.

ἀκούων은 ἀκούω의 분사 현재 능동태 남성 단수 주격형이다.

εἰπάτω는 λέγω의 명령법 제2부정과거 능동태 3인칭 단수형이다.

ἔρχου (요 1:46; 11:34 등)

그대는 오시오. 너는 오라.

ἔρχου는 ἔρχομαι의 명령법 현재 이태동사 2인칭 단수형이다.

※ 다음을 법, 시제, 태, 인칭, 수를 고려하여 명령법 문장으로 작문하시오.

그[거] 지난번 일들을 행하라[부정과거]. (계 2:5).

τὰ πρῶτα ἔργα ποίησον

τὰ πρῶτα ἔργα는 중성 복수 대격이다.

ποίησον은 ποιέω의 명령법 부정과거 능동태 2인칭 단수형이다.

너는 선한 것을 행하라. (롬 13:3).

τὸ ἀγαθὸν ποίει

τὸ ἀγαθόν은 중성 단수 대격이다.

ποίει는 ποιέω의 명령법 현재 능동태 2인칭 단수형이다. ε + ε = ει가 되었다. 참

고로, 직설법 현재 능동태 3인칭 단수형은 ποιεῖ이다. ε + ει = εῖ가 되었다.

여러분은 사람을 보십시오[부정과거]. (요 4:29).
ἴδετε ἄνθρωπον
ἴδετε는 ὁράω의 명령법 제2부정과거 능동태 2인칭 복수형이다.
ἄνθρωπον은 남성 단수 대격이다.

그것이 알게 하라[현재]. (행 2:36).
γινωσκέτω
γινωσκέτω는 γινώσκω의 명령법 현재 능동태 3인칭 단수형이다. 본래 주어가 '이스라엘 온 집'이기에, '이스라엘 온 집이 알게 하라'는 의미이다.

오십시오, 주님 예수님[주 예수여! 오시옵소서]! (계 22:20).
ἔρχου κύριε Ἰησοῦ.
ἔρχου는 ἔρχομαι의 명령법 현재 이태동사 2인칭 단수형이다.
κύριε Ἰησοῦ는 남성 단수 호격이다.

6.2.5.3. 연습문제

※ 다음 부정사 구문을 시제와 태를 고려하여 번역하시오.

ἀκοῦσαι τὸν λόγον τοῦ θεοῦ (행 13:7)
거 하나님의 거 말씀을 듣는 것
ἀκοῦσαι는 ἀκούω의 부정사 부정과거 능동태형이다.
τὸν λόγον은 남성 단수 대격이다.
τοῦ θεοῦ는 남성 단수 속격이다.

τοῦ πιστεύειν ἐπὶ πᾶσιν (눅 24:25)
모든 것들에 근거하여 믿는 것의 측면에서

πιστεύειν은 πιστεύω의 부정사 현재 능동태형이다.

πᾶσιν은 중성 복수 여격이다. 남성 복수 여격도 같은 형태를 가지지만, 문맥을 고려할 때 중성으로 보는 것이 더 낫다. '모든 것'이 '선지자들이 얘기한 것'이기 때문이다. 변칙자음 뉘가 붙었다.

πνεῦμα θεοῦ ἔχειν (고전 7:40)

하나님의 영을 받아 가지는 것

πνεῦμα는 중성 단수 대격이다. ἔχειν의 주어일 수도 있으나, 목적어로 보는 것이 내용상 더 자연스럽다.

θεοῦ는 남성 단수 속격이다.

ἔχειν은 ἔχω의 부정사 현재 능동태형이다.

ἐξῆλθεν πορεύεσθαι (행 20:1)

그가 가려고 나갔습니다.

ἐξῆλθεν은 ἐξέρχομαι의 직설법 제2부정과거 능동태 3인칭 단수형이다.

πορεύεσθαι는 πορεύομαι의 부정사 현재 이태동사형이다.

ἀγαθὸν ποιῆσαι (막 3:4)

선한 것을 행하는 것

ἀγαθόν은 중성 단수 대격이다.

ποιῆσαι는 ποιέω의 부정사 부정과거 능동태형이다.

※ 다음을 시제와 태를 고려하여 부정사 구문으로 작문하시오.

그[거] 하나님의 그[거] 말씀을 듣는 것[현재] (눅 5:1)

ἀκούειν τὸν λόγον τοῦ θεοῦ

ἀκούειν은 ἀκούω의 부정사 현재 능동태형이다.

τὸν λόγον은 남성 단수 대격이다.

τοῦ θεοῦ는 남성 단수 속격이다.

그[거] 민족들이 그[거] 복음의 그[거] 말씀을 듣고[부정과거] 믿도록[부정과거] (행 15:7)

ἀκοῦσαι τὰ ἔθνη τὸν λόγον τοῦ εὐαγγελίου καὶ πιστεῦσαι.

ἀκοῦσαι는 ἀκούω의 부정사 부정과거 능동태형이다.

τὰ ἔθνη는 중성 복수 대격으로, ἀκοῦσαι의 주어이다.

τὸν λόγον τοῦ εὐαγγελίου는 ἀκοῦσαι의 목적어이다.

πιστεῦσαι는 πιστεύω의 부정사 부정과거 능동태형이다.

선한 것들을 얘기하는 것[현재] (마 12:34)

ἀγαθὰ λαλεῖν

ἀγαθά는 중성 복수 대격이다.

λαλεῖν은 λαλέω의 부정사 현재 능동태형이다.

아들이라고 불리는 것[부정과거] (눅 15:19, 21)

κληθῆναι υἱός

κληθῆναι는 καλέω의 부정사 부정과거 수동태형이다.

υἱός는 부정사의 보어이므로 대격을 취하는 것이 원칙이다. '탕자'라고 불리는 둘째 아들이 '자신이 아버지의 아들이라는 점'을 강조하고 싶었던 것 같다. 달리 말하면, 비유를 말씀하시는 예수님께서 '탕자가 아버지의 아들'이라는 점을 강조하시는 듯싶다.

가는 것을[현재] 너희가 원한다[직설법 현재]. (고전 10:27).

θέλετε πορεύεσθαι

θέλετε는 θέλω의 직설법 현재 능동태 2인칭 복수형이다.

πορεύεσθαι는 πορεύομαι의 부정사 현재 이태동사형이다.

※ 다음 문장을 분사의 시제, 태, 성, 수, 격을 고려하여 번역하시오.

ἀκούσας ὁ Ἰησοῦς λέγει (막 2:17)

거 예수께서 들으신 뒤에 말씀하십니다.

ἀκούσας는 ἀκούω의 분사 부정과거 능동태 남성 단수 주격형이다.

λέγει는 λέγω의 직설법 현재 능동태 3인칭 단수형이다.

ἐλθόντες εἶδον (마 2:11)

오더니 그들이 봤습니다. 여기서 '그들'은 '동방에서 온 박사들'이다. 본래는 '거 집으로 오더니 봤습니다.'이다.

ἐλθόντες는 ἔρχομαι의 분사 제2부정과거 능동태 남성 복수 주격형이다.

εἶδον은 ὁράω의 직설법 제2부정과거 능동태 3인칭 복수형이다. 제2부정과거이기에 미완료과거 어미를 취했다. 미완료과거 어미이기에 1인칭 단수와 3인칭 복수 형태가 같으나, 주격으로 쓰인 분사가 복수이기에 3인칭 복수가 맞다.

οἱ τὸν λόγον τοῦ θεοῦ ἀκούοντες (눅 8:21)

거 하나님의 거 말씀을 듣는 자들이

τὸν λόγον τοῦ θεοῦ는 ἀκούοντες의 목적어이다.

ἀκούοντες는 ἀκούω의 분사 현재 능동태 남성 복수 주격형이다.

ὁ πρῶτος λαβὼν γυναῖκα (눅 20:29)

거 첫째가 아내를 맞이한 뒤에

ὁ πρῶτος는 남성 단수 주격이다.

λαβών은 λαμβάνω의 분사 제2부정과거 능동태 남성 단수 주격형이다.

γυναῖκα는 여성 단수 대격으로 λαβών의 목적어이다.

ὁ πιστεύων εἰς τὸν υἱὸν τοῦ θεοῦ (요일 5:10)

거 하나님의 거 아들까지[/아들을] 믿는 자가

πιστεύων은 πιστεύω의 분사 현재 능동태 남성 단수 주격형이다.

τὸν υἱόν은 남성 단수 대격이다.

τοῦ θεοῦ은 남성 단수 속격이다.

ἀποκριθὲν τὸ πνεῦμα τὸ πονηρὸν εἶπεν (행 19:15)

거 악한 거 영이 대꾸하더니 말했습니다.

ἀποκριθέν은 ἀποκρίνομαι의 분사 부정과거 이태수동 중성 단수 주격형이다. 비음 동사이지만 θ 앞에서 ν가 생략되었다. 수동의 의미를 분명히 하기 위함으로 보인다.

τὸ πνεῦμα τὸ πονηρόν은 중성 단수 주격으로 주어이다.

εἶπεν은 λέγω의 직설법 제2부정과거 능동태 3인칭 단수형이다.

※ 다음을 분사의 시제, 태, 성, 수, 격을 고려하여 작문하시오.

그[거] 하나님의 그[거] 말씀을 듣는[현재] 자들 (눅 11:28)

οἱ ἀκούοντες τὸν λόγον τοῦ θεοῦ

ἀκούοντες는 ἀκούω의 분사 현재 능동태 남성 복수 주격형이다.

τὸν λόγον은 남성 단수 대격이다.

τοῦ θεοῦ는 남성 단수 속격이다.

그들이 와서[분사 부정과거] 봤습니다[직설법 부정과거]. (막 9:14).

ἐλθόντες εἶδον 본래는 '거 제자들에게로 와서 봤습니다.'이다.

ἐλθόντες는 ἔρχομαι의 분사 제2부정과거 능동태 남성 복수 주격형이다.

εἶδον은 ὁράω의 직설법 제2부정과거 능동태 3인칭 복수형이다. 주격으로 쓰인 분사가 복수이기에 3인칭 복수이다.

그[거] 죄를 행하는[현재] 모든 자가 (요 8:34; 요일 3:4)

πᾶς ὁ ποιῶν τὴν ἁμαρτίαν

ποιῶν은 ποιέω의 분사 현재 능동태 남성 단수 주격형이다.

τὴν ἁμαρτίαν은 여성 단수 대격이다.

그[거] 하나님을 아는[현재] 자가 (요일 4:6)

ὁ γινώσκων τὸν θεόν

γινώσκων은 γινώσκω의 분사 현재 능동태 남성 단수 주격형이다.

τὸν θεόν은 남성 단수 대격이다.

그[거] 하나님을 사랑하는[현재] 자가 (요일 4:21)

ὁ ἀγαπῶν τὸν θεόν

ἀγαπῶν은 ἀγαπάω의 분사 현재 능동태 남성 단수 주격형이다.

그[거] 살아계신[현재] 아버지께서 (요 6:57)

ὁ ζῶν πατήρ

ζῶν은 ζάω의 분사 현재 능동태 남성 단수 주격형이다.

7.5. 연습문제

※ 다음 문장에 쓰인 부사를 고려하여 번역하시오.

οὕτως γράφω (살후 3:17)

이와 같이 내가 씁니다.

τότε γενήσεται ὁ λόγος ὁ γεγραμμένος (고전 15:54)

그제야 거 기록된 거 말씀이 이뤄질 것입니다.

γενήσεται는 γίνομαι의 직설법 미래 이태중간 3인칭 단수형이다.

γεγραμμένος는 γράφω의 분사 현재완료 수동태 남성 단수 주격형이다. 본래 γεγραφμένος이지만, 파열음이면서 양순음인 φ가 비음이면서 양순음인 μ를 만나 동화된 것으로 보인다.

νῦν τέκνα θεοῦ ἐσμεν (요일 3:2)

이제는 우리가 하나님의 자녀들입니다.

τέκνα는 중성 복수 주격으로 ἐσμέν의 보어이다.
ἐσμέν은 εἰμί의 직설법 현재 능동태 1인칭 복수형이다.

ἔτι ζήσομεν (롬 6:2)
여전히 우리가 살 것이다. 본래는 의문문으로 '살 수 없다.' 하는 의미를 담고 있는 표현이다.
ζήσομεν은 ζάω의 직설법 미래 능동태 1인칭 복수형이다.

ἤδη ἡμέραι τρεῖς (마 15:32; 막 8:2)
이미 삼 일. '이미 삼 일이다.' 하는 의미로 보인다.
ἡμέραι τρεῖς은 여성 복수 주격이다.

ἦν ἄνθρωπος ἐκεῖ (눅 6:6)
사람이 거기에 있었습니다. '사람' 대신에 '어떤 사람' 혹은 '한 사람'과 같이 표현할 수도 있다.
ἦν은 εἰμί의 직설법 미완료과거 능동태 3인칭 단수형이다.

ὧδε ὁ χριστός (마 24:23; 막 13:21)
여기에 거 그리스도가 {계시다.}
εἰμί의 직설법 현재 능동태 3인칭 단수형인 ἐστίν이 생략된 문장이다.

πάλιν ἐρῶ (빌 4:4)
다시 내가 말할 것입니다.
ἐρῶ는 λέγω의 직설법 미래 능동태 1인칭 단수형이다. '다시 말하더라도 기뻐하라고 할 것입니다.' 이런 의미이다.

πολλῷ μᾶλλον ἡ χάρις τοῦ θεοῦ (롬 5:15)
훨씬 더 거 하나님의 거 은혜가

※ 다음 문장을 작문하되, 부사를 넣어 작문하시오.

우리가 이렇게 얘기한다[현재]. (살전 2:4; 히 6:9).

οὕτως λαλοῦμεν

λαλοῦμεν은 λαλέω의 직설법 현재 능동태 1인칭 복수형이다.

그때에 그분이 말씀하셨습니다[현재완료]. (히 10:9).

τότε εἴρηκεν

εἴρηκεν은 λέγω의 직설법 현재완료 능동태 3인칭 단수형이다.

이제야 우리가 살아납니다[현재]. (살전 3:8).

νῦν ζῶμεν

ζῶμεν은 ζάω의 직설법 현재 능동태 1인칭 복수형이다.

여전히 그가[/아벨이] 얘기합니다[현재]. (히 11:4).

ἔτι λαλεῖ.

λαλεῖ는 λαλέω의 직설법 현재 능동태 3인칭 단수형이다.

이미 거 낮이 (눅 24:29)

ἤδη ἡ ἡμέρα.

거기에서 그들이 살아계신 하나님의 아들들이라고 일컬어질 것입니다[미래]. (롬 9:26).

ἐκεῖ κληθήσονται υἱοὶ θεοῦ ζῶντος.

κληθήσονται는 καλέω의 직설법 미래 수동태 3인칭 복수형이다. 어간 καλε가 κλη가 되었다. 주로 수동태형에서 이 어간이 쓰인다.

ζῶντος는 ζάω의 분사 현재 능동태 남성 단수 속격형이다. 본래 중성 단수 속격도 같은 형태를 취하나, 수식하는 θεοῦ가 남성이기에 남성이다.

여기 것들[/여기에서 일어나는 것들] (골 4:9)
τὰ ὧδε.

다시 내가 옵니다[현재]. (요 14:3).
πάλιν ἔρχομαι

오히려 주는 것이[현재 부정사] (행 20:35)
μᾶλλον διδόναι
διδόναι는 δίδωμι의 부정사 현재 능동태형이다.

8.3. 연습문제

※ 다음 문장에 쓰인 접속사를 고려하여 번역하시오.

καὶ ὁ λόγος ἦν πρὸς τὸν θεόν, καὶ θεὸς ἦν ὁ λόγος. (요 1:1).
그런데도 거 말씀은 거 하나님을 향해 계셨습니다. 또한 거 말씀은 하나님이셨습니다[/신성을 가지셨습니다].
문장 처음에 나오는 καί를 앞 문장과의 관계를 고려하여 '그런데도'라고 번역했다. 직전 문장인 "처음에 거 말씀이 계셨습니다." 하는 내용에서 '말씀의 선재성'을 읽을 수 있는데, '선재하신 말씀'이 '하나님과 동등 됨을 취할 것으로 여기지 않고' "하나님을 향해" 계셨기 때문이다. '하나님을 향해 계셨다.'라는 표현에는 말씀의 존재 및 생활방식이 담겨 있다. '하나님 바라기'처럼, 하나님께서 하시는 말씀을 듣고 그대로 말하며, 하나님께서 행하시는 것을 보고 그대로 행하시는 방식이다. 일반적으로 ἦν πρὸς τὸν θεόν을 '하나님과 함께 계셨다'로 번역하는데, 이것은 'be 동사'와 '움직임을 의미하는 전치사구'를 함께 쓰지 못하는 어법의 영향 때문이다. 그러나 헬라어로는 εἰμί가 '움직임을 의미하는 전치사구'와 함께 쓰이고, 한국어 '있다' 역시 움직임 표현과 함께 쓰일 수 있다. 사실, '하나님과 함께'에 해당하는 헬라어 표현은 σὺν τῷ θεῷ이다.

Μετὰ δὲ τὰς δύο ἡμέρας ἐξῆλθεν (요 4:43)

한편 거 이틀[두 날들] 뒤에 그분이 떠나셨습니다.

τὰς δύο ἡμέρας은 여성 복수 대격이다.

ἐξῆλθεν은 ἐξέρχομαι의 직설법 제2부정과거 능동태 3인칭 단수형이다.

ἐάν τε γὰρ ζῶμεν, τῷ κυρίῳ ζῶμεν (롬 14:8)

결국 우리가 산다면, 우리가 거 주님의 측면에서[/거 주님과 관계하여, 거 주님을 위해] 살기 때문입니다.

ζῶμεν은 ζάω의 가정법 현재 능동태 1인칭 복수형이다.

τῷ κυρίῳ는 남성 단수 여격이다. '거 주님의 측면에서, 거 주님과 관계하여, 거 주님을 위해'와 같이 번역할 수 있다.

ἀλλ' ἐπὶ τῷ θεῷ τῷ ἐγείροντι τοὺς νεκρούς (고후 1:9)

오히려 거 하나님, 죽은 자들을 일으키시는 분에 근거하여

ἐγείροντι는 ἐγείρω의 분사 현재 능동태 남성 단수 여격형이다.

τοὺς νεκρούς는 남성 복수 대격이다.

εἰδότι οὖν καλὸν ποιεῖν (약 4:17)

그러므로 좋은 것 행하는 것을 아는 자에게

εἰδότι는 οἶδα의 분사 현재완료 능동태 남성 단수 여격형이다.

καλόν은 중성 단수 대격이다. 독립적 용법으로 쓰였다.

ποιεῖν은 ποιέω의 부정사 현재 능동태형이다.

, ὅτι υἱὸς ἀνθρώπου ἐστίν. (요 5:27).

그가 사람의 아들이기 때문이다.

ὅτι 앞에 콤마가 있기에, '(왜냐하면) 때문이다'와 같이 번역할 수 있다.

ἐστίν은 εἰμί의 직설법 현재 능동태 3인칭 단수형이다. 앞선 단어의 악센트가 끝전음절에 있기에, 자체 악센트를 갖게 되었다.

εἰ ἔγνωσαν (고전 2:8)
만일 알았더라면. 접속사 εἰ가 '직설법 부정과거'와 함께 쓰이면, '비현실적 과거 조건'을 의미하는 조건절이 된다.
ἔγνωσαν은 γινώσκω의 직설법 제2부정과거 능동태 3인칭 복수형이다. 제2부정과거이기에 ἔγνων 형태를 쓰는 것이 원칙이나, 1인칭 단수형과 확실하게 구별되도록 부정과거 어미인 σαν을 붙여 ἔγνωσαν이 되었다.

ἐὰν εἰδῆτε ὅτι δίκαιός ἐστιν (요일 2:29)
그분이 의롭다는 것을 여러분이 안다면
εἰδῆτε는 οἶδα의 가정법 제2현재완료 능동태 2인칭 복수형이다.
ἐστιν은 εἰμί의 직설법 현재 능동태 3인칭 단수형이다. 앞선 단어의 끝음절에 악센트가 붙으면서 자체 악센트가 필요 없게 되었다.

ἐγὼ ἦλθον ἵνα ζωὴν ἔχωσιν (요 10:10)
나는 그들이 생명을 갖도록 왔다.
ἦλθον은 ἔρχομαι의 직설법 제2부정과거 능동태 1인칭 단수형이다.
ἔχωσιν은 ἔχω의 가정법 현재 능동태 3인칭 복수형이다.

※ 다음 문장을 작문하되, 알맞은 접속사를 넣어 작문하시오.

오시오[현재 명령 2인칭 복수]. 그러면 볼 것이오[미래 이태중간 2인칭 복수]. (요 1:39).
ἔρχεσθε καὶ ὄψεσθε.
ἔρχεσθε는 ἔρχομαι의 명령법 현재 이태동사 2인칭 복수형이다.
ὄψεσθε는 ὁράω의 직설법 미래 이태중간 2인칭 복수형이다.

한편 의로운 자는 믿음으로 말미암아 살 것입니다[미래 중간태]. (롬 1:17).
ὁ δὲ δίκαιος ἐκ πίστεως ζήσεται.

ὁ δίκαιος는 남성 단수 주격이다.

δέ는 후치사이기에 '한 단어'이면서 '하나의 개념'이라고 할 수 있는 '관사' 다음에 놓였다.

πίστεως 여성 단수 속격이다.

ζήσεται는 ζάω의 직설법 미래 중간태 3인칭 단수형이다.

결국 전혀 다른 말들로[여격] (행 2:40)

ἑτέροις τε λόγοις

ἑτέροις λόγοις는 남성 복수 여격이다.

τε는 후치사이기에 ἑτέροις 다음에 놓였고, 전접어이기에 악센트 없이 ἑτέροις에 기대어 발음한다.

오히려 예수 그리스도와 하나님 아버지를 통해 (갈 1:1)

ἀλλὰ διὰ Ἰησοῦ Χριστοῦ καὶ θεοῦ πατρός

Ἰησοῦ Χριστοῦ καὶ θεοῦ πατρός는 남성 단수 속격이다.

그러므로 거 예수께서 거 열둘에게 말씀하셨습니다[부정과거]. (요 6:67).

εἶπεν οὖν ὁ Ἰησοῦς τοῖς δώδεκα

εἶπεν은 λέγω의 직설법 제2부정과거 능동태 3인칭 단수형이다.

οὖν은 후치사여서 εἶπεν 뒤에 놓였다.

τοῖς δώδεκα는 남성 복수 여격이다. 가리키는 대상이 '남성명사'인 '제자'이기에 남성이다.

한편 만일 내가 행하면[직설법 현재] (요 10:38)

εἰ δὲ ποιῶ 직설법 동사가 쓰이기에 접속사는 ἐάν이 아니라 εἰ가 된다.

εἰ는 후접어이므로 악센트 없이 δέ에 기대어 읽는다.

δέ는 후치사이므로 εἰ 뒤에 놓였다.

ποιῶ는 ποιέω의 직설법 현재 능동태 1인칭 단수형이다. ε + ω = ω로 모음 단

축이 일어났다.

한편 지금 여러분은 다음과 같이 말합니다. "우리가 봅니다." (요 9:41).

νῦν δὲ λέγετε ὅτι βλέπομεν

δέ는 후치사이므로 νῦν 뒤에 놓였다.

λέγετε는 λέγω의 직설법 현재 능동태 2인칭 복수형이다.

ὅτι는 이 문장에서 '선언절'을 이끌기에, '다음과 같이'로 번역된다.

βλέπομεν은 직설법 현재 능동태 1인칭 복수형이다.

한편 그대가 해로운 것을 행하면[가정법 현재] (롬 13:4)

ἐὰν δὲ τὸ κακὸν ποιῇς 가정법 동사가 쓰이기에 접속사 ἐάν으로 조건절을 구성한다.

δέ는 후치사이므로 ἐάν 뒤에 놓였다.

τὸ κακόν은 중성 단수 대격이다.

ποιῇς는 ποιέω의 가정법 현재 능동태 2인칭 단수형이다.

예수께서 거 그리스도, 거 하나님의 거 아들이심을 여러분이 믿도록[가정법 부정과거] (요 20:31)

ἵνα πιστεύσητε ὅτι Ἰησοῦς ἐστιν ὁ χριστὸς ὁ υἱὸς τοῦ θεοῦ

ἵνα는 '목적절'을 이끈다.

πιστεύσητε는 πιστεύω의 가정법 부정과거 능동태 2인칭 복수형이다.

ὅτι는 '보충절'을 이끈다.

ὁ χριστός와 ὁ υἱὸς τοῦ θεοῦ는 예수님에 대한 호칭으로 접속사 없이 나열되었다. '접속사 없이 나열하는 것'을 '접속사 생략(asyndeton)'이라고 부른다. '연결되지 않은'을 뜻하는 헬라어 ἀσύνδετος에서 차용된 문법 용어이다.

9.1.2. 연습문제

※ 다음 문장에 쓰인 인칭 대명사를 고려하여 번역하시오.

ἐγὼ μεθ᾽ ὑμῶν εἰμι πάσας τὰς ἡμέρας (마 28:20)

나는 여러분과 함께 거 모든 날 동안[모든 날들을] 있습니다.

2인칭 대명사 복수 속격인 ὑμῶν이 모음으로 시작하고 강한 숨표를 갖기에, 전치사 μετά가 μεθ᾽가 되었다.

πάσας τὰς ἡμέρας는 여성 복수 대격이다. 시간을 표현하기에 '거 모든 날 동안'으로 표현할 수 있다. '모든 날 동안'이기에 결과적으로 '항상'일 수 있다.

τοῖς ἔργοις πιστεύετε, ἵνα γνῶτε καὶ γινώσκητε ὅτι ἐν ἐμοὶ ὁ πατὴρ κἀγὼ ἐν τῷ πατρί (요 10:38)

거 일들을 믿으십시오. 아무쪼록 내 안에 거 아버지께서, 나도[/그리고 나는] 거 아버지 안에 {있음을} 여러분이 알고 아십시오.

τοῖς ἔργοις는 중성 복수 여격이다. 예수께서 행하신 일을 가리킨다. πιστεύετε의 목적어로 보면, '거 일들을'이 된다.

πιστεύετε는 πιστεύω의 명령법 현재 능동태 2인칭 복수형이다. 직설법 현재 능동태 2인칭 복수형도 같은 형태를 취하나, 문맥을 고려할 때 명령법으로 보는 것이 자연스럽다.

ἵνα 앞에 콤마가 있기에 '결과절'을 이끈다고 보고 번역하였다. '목적절'로 보고, '내 안에 거 아버지께서 나도 거 아버지 안에 {있음을} 여러분이 알고 알도록 거 일들을 믿으십시오.' 이렇게 번역해도 의미는 통한다.

γνῶτε는 γινώσκω의 가정법 제2부정과거 능동태 2인칭 복수형이고, γινώσκητε는 γινώσκω의 가정법 현재 능동태 2인칭 복수형이다. 둘의 의미 차이를 '전체적인 상황 기술'과 '구체적이고 즉각적인 상황 기술' 측면으로 이해하면, '전체적으로 아는 것'과 '구체적으로 아는 것'을 의미한다고 볼 수 있다.

ἐμοί는 1인칭 대명사 단수 여격 강조형이다.

κἀγώ는 καί가 ἐγώ가 만나 모음이 융합되어 형성된 단어이다. καί를 강조로 보면 '나도'가 되고, 단순 접속으로 보면 '그리고 나는'이 된다. 보통 '그리고 나는'으로 해석하지만, '나도'의 의미로 번역할 수도 있다.

κύριε, εἰ σὺ εἶ (마 14:28)
주님, 만일 당신이시라면
κύριε는 남성 단수 호격이다.
2인칭 대명사 단수 주격인 σύ가 쓰여 주어가 강조되었다.
εἶ는 εἰμί의 직설법 현재 능동태 2인칭 단수형이다.

ἐλθέτω ἡ βασιλεία σου· (마 6:10)
거 당신의 나라가 임하세요.
ἐλθέτω는 ἔρχομαι의 명령법 제2부정과거 능동태 3인칭 단수형이다. 주기도문의 일부이다. 3인칭 명령이 한국어에 없기에, 번역이 쉽지 않다. "나라이 임하옵시며"라는 표현은 나름 적절해 보인다.
σου는 2인칭 대명사 단수 속격 가운데 강조되지 않는 형태이다.

ἡμεῖς ἠκούσαμεν αὐτοῦ λέγοντος (막 14:58)
우리는 그가 말할 때 들었습니다. 거짓 증인들이 예수님에 대해 한 말이다.
1인칭 대명사 복수 주격인 ἡμεῖς가 쓰여 주어가 강조되었기에, '우리는'이라고 번역된다.
ἠκούσαμεν은 ἀκούω의 직설법 부정과거 능동태 1인칭 복수형이다.
αὐτοῦ λέγοντος는 '속격 독립 분사구문'이다. '시간'으로 이해하고 번역하면, '그가 말할 때'가 된다. 본동사 ἠκούσαμεν의 주어는 1인칭 복수 ἡμεῖς이고, 분사 λέγοντος의 주어는 3인칭 단수 αὐτοῦ이기에 '속격 독립 분사구문'이 쓰였다.
λέγοντος는 λέγω의 분사 현재 능동태 남성 단수 속격형이다.

μεθ᾽ ἡμῶν ὁ θεός (마 1:23)

우리와 함께 거 하나님께서 {계신다.}

이사야서 7장 14절에 나오는 히브리어 '임마누엘'의 헬라어 번역이다. εἰμί의 직설법 현재 능동태 3인칭 단수형인 ἐστίν이 생략되었다고 보고 '계신다'를 추가할 수 있다.

μετά가 모음을 만나 α가 생략되고 생략부호가 붙었고, 강한 숨표를 만나 치조음이면서 무성음인 τ가 치조음이면서 기식음인 θ가 되어 μεθ'가 되었다.

ἡμῶν은 1인칭 대명사 복수 속격이다.

εἰ δὲ Χριστὸς ἐν ὑμῖν (롬 8:10)

한편 만일 그리스도께서 여러분 안에 {계시면}

ὑμῖν은 2인칭 대명사 복수 여격이다.

εἰμί의 직설법 현재 능동태 3인칭 단수형인 ἐστίν이 생략되었다고 보고 '계시면'를 추가할 수 있다. '단순 현재 조건'이다.

εἰσῆλθεν καὶ ἐξῆλθεν ἐφ᾽ ἡμᾶς ὁ κύριος Ἰησοῦς (행 1:21)

거 주님 예수님께서 우리 위로[가운데] 들어오셨고 나가셨습니다.

εἰσῆλθεν은 εἰσέρχομαι의 직설법 제2부정과거 능동태 3인칭 단수형이다.

ἐξῆλθεν은 ἐξέρχομαι의 직설법 제2부정과거 능동태 3인칭 단수형이다.

ἡμᾶς는 1인칭 대명사 복수 대격이다.

전치사 ἐπί가 ἡμᾶς를 만나, 모음 ι가 생략되고 생략부호가 붙고 π가 기식음 φ로 동화되어, ἐφ'가 되었다. 문맥을 고려하여 '우리 가운데'로 번역할 수 있다.

ὁ κύριος Ἰησοῦς는 남성 단수 주격이다.

※ 다음 문장을 작문하되, 알맞은 인칭 대명사를 넣어 작문하시오.

거 하늘들 안의 거 내 아버지의 거 뜻을 행하는[분사 현재] 자 (마 7:21)

ὁ ποιῶν τὸ θέλημα τοῦ πατρός μου τοῦ ἐν τοῖς οὐρανοῖς.

ποιῶν은 ποιέω의 분사 현재 능동태 남성 단수 주격형이다.

τοῦ πατρός는 남성 단수 속격이다.

μου는 1인칭 대명사 속격이다. 전접어이므로 악센트 없이 앞 단어에 기대어 발음한다.

τοῖς οὐρανοῖς는 남성 복수 여격이다.

네게 내가 말한다, "일으켜지거라[명령 부정과거]." (눅 7:14).

σοὶ λέγω, ἐγέρθητι. 예수님이 과부의 죽은 독자에게 하신 말씀이다.

σοί는 2인칭 대명사 여격의 강조 형태이다.

ἐγέρθητι는 ἐγείρω의 명령법 부정과거 수동태 2인칭 단수형이다. 어간에서 ι가 없어졌지만, 어간이 바뀐 것으로 여기지 않고 부정과거 어미를 붙였다.

그렇게 너희도 그들에게 행하라[명령 현재]. (마 7:12).

οὕτως καὶ ὑμεῖς ποιεῖτε αὐτοῖς

ὑμεῖς는 2인칭 복수 주격형이고, καί는 ὑμεῖς를 강조한다. 여기서 '너희'는 '제자들'을 가리킨다.

ποιεῖτε는 ποιέω의 명령법 현재 능동태 2인칭 복수형이다. 직설법도 같은 형태를 가진다.

αὐτοῖς는 3인칭 남성 복수 여격으로, 일반적인 사람들을 가리킨다.

너희 거 성부께서도 아시기[현재완료] 때문이다. (마 6:8, 32).

οἶδεν γὰρ ὁ πατὴρ ὑμῶν

οἶδεν은 οἶδα의 직설법 제2현재완료 능동태 3인칭 단수형이다.

ὑμῶν은 2인칭 대명사 복수 속격이다.

한데 우리 곁에 일곱 형제가 있었습니다. (마 22:25).

ἦσαν δὲ παρ' ἡμῖν ἑπτὰ ἀδελφοί

사두개인들이 예수님을 시험하기 위해 지어낸 이야기이다.

ἦσαν은 εἰμί의 직설법 미완료과거 능동태 3인칭 복수형이다.

παρά가 모음을 만나 α가 생략되고 생략부호가 붙었다.

ἡμῖν은 1인칭 대명사 복수 여격이다.

ἑπτὰ ἀδελφοί는 남성 복수 주격으로 이 문장의 주어이다.

내가 여러분에게로 옵니다. (요 14:18).

ἔρχομαι πρὸς ὑμᾶς.

ὑμᾶς는 2인칭 대명사 복수 대격이다.

그들은 하나님의 아들들이라 불릴 것이기 때문이다. (마 5:9).

, ὅτι αὐτοὶ υἱοὶ θεοῦ κληθήσονται.

ὅτι가 원인절을 이끌기에 앞에 콤마를 넣었다.

αὐτοί는 3인칭 대명사 남성 복수 주격이다. 인칭 대명사가 추가되었기에, '그들은'으로 번역된다.

κληθήσονται는 καλέω의 직설법 미래 수동태 3인칭 복수형이다. 수동태에서 어간이 κλη가 되었다.

υἱοὶ θεοῦ는 주격보어이다.

9.2.1. 연습문제

※ 다음 문장에 쓰인 지시 대명사를 고려하여 번역하시오.

ταῦτά σοι πάντα δώσω (마 4:9)

이 모든 것들을 네게 내가 줄 것이다. 마귀가 예수님을 시험하며 한 말이다.

ταῦτα는 근접 지시 대명사 οὗτος의 중성 복수 대격형이다. 2인칭 대명사 단수 여격인 σοι가 전접어 이기에, 끝음절에 악센트가 하나 더 붙었다.

πάντα도 중성 복수 대격이다.

δώσω는 δίδωμι의 직설법 미래 능동태 1인칭 단수형이다.

σοι는 δώσω의 간접목적어이고, ταῦτα πάντα는 δώσω의 직접목적어이다.

λέγω τούτῳ· πορεύθητι, καὶ πορεύεται (마 8:9; 눅 7:8)

내가 이에게 말합니다. "가라." 그러면 그가 갑니다. 가버나움의 백부장이 한 말이다.

τούτῳ는 근접 지시 대명사 οὗτος의 남성 단수 여격이다. 중성도 같은 형태이지만, 문맥에서 '군인'이라는 남성명사와 연관되기에 남성이다.

πορεύθητι는 πορεύομαι의 명령법 부정과거 이태수동 2인칭 복수형이다.

πορεύεται는 πορεύομαι의 직설법 현재 이태동사 3인칭 단수형이다.

οὗτοί εἰσιν οἱ τὸν λόγον ἀκούσαντες (막 4:18)

이들은 거 말씀을 들은 자들이다.

οὗτοι는 근접 지시 대명사 οὗτος의 남성 복수 주격형이다. 이어지는 εἰσίν이 전접어이고 οὗτοι의 악센트가 끝전음절에 있기에, 끝음절에 악센트가 하나 더 붙었다.

εἰσίν은 εἰμί의 직설법 현재 능동태 3인칭 복수형이다.

τὸν λόγον은 남성 단수 대격으로, ἀκούσαντες의 목적어이다.

ἀκούσαντες는 ἀκούω의 분사 부정과거 능동태 남성 복수 주격형이다.

ἐκεῖνον λαβὼν δὸς αὐτοῖς ἀντὶ ἐμοῦ καὶ σοῦ (마 17:27)

저것을 가져가서 그들에게 나와 너를 대신하여 주어라.

ἐκεῖνον은 원접 지시 대명사 ἐκεῖνος의 남성 단수 대격으로, λαβών의 목적어이다. '화폐'를 의미하는 남성명사 '스타테르'를 가리킨다.

λαβών은 λαμβάνω의 분사 제2부정과거 능동태 남성 단수 주격형이다.

δός는 δίδωμι의 명령법 부정과거 능동태 2인칭 단수형이다.

αὐτοῖς는 3인칭 대명사 남성 복수 여격으로, δός의 간접목적어이다.

ἐμοῦ는 1인칭 대명사 단수 속격 강조형이고, σοῦ는 2인칭 대명사 단수 속격 강조형이다.

ἐγὼ οἶδα αὐτόν, ὅτι παρ᾽ αὐτοῦ εἰμι κἀκεῖνός με ἀπέστειλεν. (요 7:29).

나는 그분을 안다. 그분에게서 내가 있고 저분이 나를 보내셨기 때문이다.

ἐγώ는 1인칭 대명사 단수 주격이다. 인칭 대명사가 추가되었기에 '나는'으로 번역된다.

αὐτόν은 3인칭 대명사 남성 단수 대격이다. 성부를 가리킨다.

παρά가 3인칭 대명사 남성 단수 속격 αὐτοῦ를 만나 παρ'가 되었다. '그분에게서, 그분으로부터, 그분 곁에서부터'와 같이 번역된다.

εἰμί가 전접어이기에 αὐτοῦ에 기대어 읽는데, αὐτοῦ의 끝음절에 악센트가 있기에 추가적인 악센트가 필요하지 않다.

κἀκεῖνος는 καί + ἐκεῖνος가 모음융합을 통해 나온 형태로 '그리고 저분은'과 같이 번역된다.

με는 1인칭 대명사 단수 대격으로, ἀπέστειλεν의 목적어이다. 강조형이 아닌 전접어기에, κἀκεῖνος의 끝음절에 악센트가 추가되었다.

ἀπέστειλεν은 유음동사 ἀποστέλλω의 직설법 부정과거 능동태 3인칭 단수형이다. σ가 λ를 만나 생략되었다.

※ 다음 문장을 작문하되, 알맞은 지시 대명사를 넣어 작문하시오.

이것 때문에 내가 여러분에게 말합니다[현재]. (마 6:25; 12:31; 21:43; 막 11:24; 눅 12:22).

διὰ τοῦτο λέγω ὑμῖν

τοῦτο는 근접 지시 대명사 οὗτος의 중성 단수 대격형이다. 마태복음 6장 25절의 경우, 이전 절인 6장 24절의 내용을 가리킨다. 그래서 διὰ τοῦτο를 '그러므로' 정도로 번역하기도 한다.

ὑμῖν은 2인칭 대명사 복수 여격이다.

이 거 열둘을 거 예수께서 보내셨습니다[부정과거]. (마 10:5).

τούτους τοὺς δώδεκα ἀπέστειλεν ὁ Ἰησοῦς

τούτους는 근접 지시 대명사 οὗτος의 남성 복수 대격형이다.

τοὺς δώδεκα도 남성 복수 대격이다.

ἀπέστειλεν은 ἀποστέλλω의 직설법 부정과거 능동태 3인칭 단수형이다. 유음동사이기에 유음 λ 다음에서 σ가 생략되었다.

이는[/이 사람은] 거 말씀을 듣는[분사 현재] 자이다[현재]. (마 13:20, 22, 23).

οὗτός ἐστιν ὁ τὸν λόγον ἀκούων

ἐστίν이 전접어이고 οὗτος의 악센트가 끝전음절에 있기에 끝음절에 악센트가 추가되었다.

ἐστίν은 εἰμί의 직설법 현재 능동태 3인칭 단수형이다.

τὸν λόγον은 남성 단수 대격으로 ἀκούων의 목적어이다.

ἀκούων은 ἀκούω의 분사 현재 능동태 남성 단수 주격형이다.

한편 거 저 성으로부터의[/성 출신] 많은 이들이 그분을 믿었습니다[부정과거]. (요 4:39).

ἐκ δὲ τῆς πόλεως ἐκείνης πολλοὶ ἐπίστευσαν εἰς αὐτόν

τῆς πόλεως ἐκείνης는 여성 단수 속격이다. ἐκείνης는 원접 지시 대명사로 πόλεως와 연결된다. 위 구절에서는 사마리아 지역에 있는 '수가 성'을 가리킨다.

πολλοί는 πολύς의 남성 복수 주격형이다.

ἐπίστευσαν은 πιστεύω의 직설법 부정과거 능동태 3인칭 복수형이다.

ἐπίστευσαν αὐτῷ도 가능하지만, '그분까지 믿었다'는 의미의 ἐπίστευσαν εἰς αὐτόν이 문맥을 고려할 때 더 자연스럽다. 사마리아 사람들이 유대인인 예수님의 메시아 되심을 믿는 것이 쉽지 않아 보이기 때문이다.

오히려 저분이 나를 보내셨습니다[부정과거]. (요 8:42).

ἀλλ᾽ ἐκεῖνός με ἀπέστειλεν.

접속사 ἀλλά의 α가 축출되고 생략부호가 붙어 ἀλλ᾽이 되었다.

원접 지시 대명사 ἐκεῖνος는 뒤따라오는 전접어 με로 인해 끝음절에 악센트가 추가

되었다. με는 1인칭 대명사 단수 대격이다. ἐκεῖνος는 성부를, με는 예수님을 가리킨다.

ἀπέστειλεν은 유음동사 ἀποστέλλω의 직설법 부정과거 능동태 3인칭 단수형이다. 유음 λ 다음에서 σ가 생략되었다.

9.3.3. 연습문제

※ 다음 문장에 쓰인 의문 대명사를 고려하여 번역하시오.

ἀλλὰ τί ἐξήλθατε ἰδεῖν; (마 11:8, 9; 눅 7:25, 26)

오히려 무엇을 보려고 여러분이 나갔습니까?

의문 대명사 τί는 중성 단수 대격으로 ἰδεῖν의 목적어이다.

ἐξήλθατε는 ἐξέρχομαι의 직설법 제2부정과거 능동태 2인칭 복수형인데, 부정과거 어미를 붙였다.

ἰδεῖν은 ὁράω의 부정사 제2부정과거 능동태로 ἐξήλθατε의 목적어이다.

τί οὖν ποιήσω Ἰησοῦν τὸν λεγόμενον χριστόν; (마 27:22)

그러니까 내가 그리스도라 불리는 예수에게 무엇을 할 수 있는가? (ποιήσω를 가정법으로 봄.)

그러니까 내가 그리스도라 불리는 예수에게 무엇을 할 것인가? (ποιήσω를 직설법으로 봄.)

바라바를 풀어 달라는 유대인들의 요청에 대한 빌라도의 반응이기에, 가정법이 더 적절해 보인다. οὖν의 의미를 살려 "앞의 내용이 뒤의 내용의 이유나 근거 따위가 될 때 쓰는 접속 부사"인 '그러니까'로 번역해 보았다.

τί는 중성 단수 대격으로, ποιήσω의 목적어이다.

ποιήσω는 ποιέω의 가정법 부정과거 능동태 1인칭 단수형일 수도 있고, 직설법 미래 능동태 1인칭 단수형일 수도 있다. Ἰησοῦν τὸν λεγόμενον χριστόν과 τί를 목적어로 갖는다.

Ἰησοῦν τὸν λεγόμενον χριστόν은 남성 단수 대격이다. 분사 현재 수동태 남성 단수 대격인 λεγόμενον을 본동사로 바꿔 보면, Ἰησοῦς λέγεται χριστός 정도가 된다.

οἶδά σε τίς εἶ, ὁ ἅγιος τοῦ θεοῦ (막 1:24)
네가 누구인지 내가 너를 안다. 거 하나님의 거룩한 자{이지.} 더러운 영의 말이다.
οἶδα의 목적어인 σε가 전접어여서 οἶδα의 끝음절에 악센트가 추가되었다. οἶδά σε에서 끊고 문장에 물음표를 붙이면, '내가 너를 알지. 너 누구냐? 거 하나님의 거룩한 자? {웃기고 있네.}' 이런 식의 의미로도 해석이 가능하다. 문맥을 볼 때, 이렇게 보는 것이 더 맞는 것 같다.
의문 대명사 절인 τίς εἶ도 οἶδα의 목적어이다.
εἶ는 εἰμί의 직설법 현재 능동태 2인칭 단수형이다.
ὁ ἅγιος는 남성 단수 주격이다. 동사 ἐστίν을 생략했다고 볼 수 있다.

καὶ ἦλθον [3인칭 복수] ἰδεῖν τί ἐστιν τὸ γεγονός (막 5:14)
그러자 그들이 무엇이 일어난 것인지 보려고 왔습니다.
ἦλθον은 ἔρχομαι의 직설법 제2부정과거 능동태 3인칭 복수형이다. '그들'은 '거라사인 지방에 있는 어느 동네 사람들'이다.
ἰδεῖν은 ὁράω의 부정사 제2부정과거 능동태형이다. τί ἐστιν τὸ γεγονός를 목적어로 갖는다.
의문 대명사 τί는 중성 단수 주격이다. 주어와 보어 둘 다 가능하다. τὸ γεγονός가 주어이면 보어가 되고, τὸ γεγονός가 보어이면 주어가 된다.
γεγονός는 γίνομαι의 분사 현재완료 능동태 중성 단수 주격형이다. 현재완료 분사 중성 단수 주격 어미 κος의 κ가 ν에 흡수되었다. 현재완료 분사 능동태 단수 주격 어미는 κώς, κυῖα, κός이다.

τίνα με λέγουσιν οἱ ἄνθρωποι εἶναι; (막 8:27)
나를[/내가] 누구라고 거 사람들이 말하는가? 예수께서 제자들에게 하신 질문이다.

의문 대명사 τίνα는 남성 단수 대격으로 εἶναι의 목적어인 με의 보어이다. 묻고자 하는 내용이 의문 대명사가 되면서 목적어도 같이 문장 앞에 놓이게 되었다.
λέγουσιν은 λέγω의 직설법 현재 능동태 3인칭 복수형이다.
εἶναι는 εἰμί의 부정사 현재 능동태형으로, λέγουσιν의 목적어이다.

καὶ ἀποκριθεὶς αὐτῷ ὁ Ἰησοῦς εἶπεν· τί σοι θέλεις ποιήσω; (막 10:51)
그러자 거 예수께서 그에게 대꾸하여[/반응을 보이며] 말씀하셨습니다. 무엇을 네게 내가 행하기를[/행할 것을] 그대는 원하는가? 여리고의 시각장애인에게 예수님이 하신 말씀이다.
καί는 시각장애인이 겉옷을 내버려 두고 뛰어 일어나 예수님께 나오는 것과 연결하여 '그러자'로 번역했다.
ἀποκριθείς는 ἀποκρίνομαι의 분사 부정과거 수동태 남성 단수 주격형이다. λέγω의 직설법 제2부정과거 능동태 3인칭 단수형인 εἶπεν과 함께 쓰였기에, '대꾸하다, 반응을 보이다'와 같이 번역하는 것이 자연스럽다.
αὐτῷ는 남성 단수 여격으로, 시각장애인을 가리킨다.
의문대명사 τί는 중성 단수 대격으로 ποιήσω의 목적어이다.
σοι는 2인칭 대명사 단수 여격이다. 전접어로 의문대명사 τί에 기대어 읽는다.
θέλεις는 θέλω의 직설법 현재 능동태 2인칭 단수형으로, τί σοι ποιήσω를 목적어로 갖는다.
ποιήσω는 ποιέω의 직설법 미래 능동태 1인칭 단수형일 수도 있고, 가정법 부정과거 능동태 1인칭 단수형일 수도 있다. 문맥상 둘 다 가능하다. 직설법이 되면, '내가 네게 무엇 할 것을'이 되고, 가정법이 되면, '내가 내게 무엇 하기를'이 된다.

τέκνον, τί ἐποίησας ἡμῖν οὕτως; (눅 2:48)
아이야, 왜 너는 우리에게 이렇게 행했느냐?
τέκνον은 중성 단수 호격이다. 주격 및 대격과 형태가 같다.
의문 대명사 τί는 문맥을 고려할 때 '이유'를 묻는다. διὰ τί의 형태로 물을 수도 있다. 이 경우, '무엇 때문에'로 번역된다.

ἐποίησας는 ποιέω의 직설법 부정과거 능동태 2인칭 단수형이다. σ 앞에서 ε가 길어졌다.

ἡμῖν은 1인칭 대명사 복수 여격이다.

οὕτως는 예수께서 부모님과 함께 나사렛으로 돌아가지 않고 예루살렘 성전에 남아계신 것을 가리킨다.

※ 다음 문장을 작문하되, 알맞은 의문 대명사를 넣어 작문하시오.

왜 이는[/이 사람은] 이렇게 얘기하는가[현재]? (막 2:7).

τί οὗτος οὕτως λαλεῖ;

τί는 이유를 묻는 의문 대명사이다. διὰ τί도 가능하다.

οὗτος는 근접 지시 대명사이다.

οὕτως는 예수께서 중풍병자에게 죄 사함을 말씀하신 것을 가리킨다.

λαλεῖ는 λαλέω의 직설법 현재 능동태 3인칭 단수형이다. 2인칭 단수 현재 명령은 λάλει이다.

한편 여러분은 내가 누구라고 말합니까[현재]? (막 8:29).

ὑμεῖς δὲ τίνα με λέγετε εἶναι; 예수님이 제자들에게 하신 질문이다.

2인칭 대명사 복수 주격인 ὑμεῖς는 λέγετε의 주어이다.

τίνα는 남성 단수 대격으로 εἶναι의 목적어인 με의 보어이다.

λέγετε는 λέγω의 직설법 현재 능동태 2인칭 복수형이다.

εἶναι는 εἰμί의 부정사 현재 능동태형으로, λέγετε의 목적어이다.

한편 저 예수께서 그에게 말씀하셨습니다[부정과거]. "왜 그대는 나를 선하다고[형용사] 말하시오[현재]?" (막 10:18).

ὁ δὲ Ἰησοῦς εἶπεν αὐτῷ· τί με λέγεις ἀγαθόν;

ὁ Ἰησοῦς는 남성 단수 주격이다.

δέ는 후치사이므로 관사 ὁ 다음에 위치했다.
εἶπεν은 λέγω의 직설법 제2부정과거 능동태 3인칭 단수형이다.
αὐτῷ는 3인칭 대명사 남성 단수 여격으로 '재물이 많은 남자'를 가리킨다.
τί는 이유를 묻는 의문 대명사로, 중성 단수 대격이다.
전접어 με는 1인칭 대명사 단수 대격으로 λέγεις의 목적어이다.
λέγεις는 λέγω의 직설법 현재 능동태 2인칭 단수형이다.
ἀγαθόν은 λέγεις의 목적어인 με의 보어이다.

그러므로 무엇을 우리가 행해야 합니까[가정법 부정과거]? (눅 3:10).
τί οὖν ποιήσωμεν; 무리가 세례 요한에게 한 질문이다.
의문 대명사 τί는 중성 단수 대격으로 ποιήσωμεν의 목적어이다.
οὖν은 후치사이기에 τί 다음에 놓였다. '심판이 임박했으니'에 해당하는 표현이다.
ποιήσωμεν은 ποιέω의 가정법 부정과거 능동태 1인칭 복수형이다. σ 앞에서 ε가 η로 길어졌다.

우리가 무엇을 해야 합니까[가정법 부정과거], 남자 형제들? (행 2:37).
τί ποιήσωμεν, ἄνδρες ἀδελφοί;
τί는 중성 단수 대격으로 ποιήσωμεν의 목적어이다.
ποιήσωμεν은 ποιέω의 가정법 부정과거 능동태 1인칭 복수형이다.
ἄνδρες ἀδελφοί는 남성 복수 호격이다.

우리가 거 이 사람들에게 무엇을 행해야 하는가[가정법 부정과거]? (행 4:16).
τί ποιήσωμεν τοῖς ἀνθρώποις τούτοις;
의문 대명사 τί는 중성 단수 대격으로 ποιήσωμεν의 목적어이다.
ποιήσωμεν은 ποιέω의 가정법 부정과거 능동태 1인칭 복수형이다. 긴소리 ω는 가정법임을, 긴소리 η는 단축동사임을 나타낸다.
τοῖς ἀνθρώποις τούτοις는 남성 복수 여격이다.

한편 그가 말했습니다. "당신은 누구십니까, 주님?" (행 9:5).

εἶπεν δέ· τίς εἶ, κύριε;

εἶπεν은 λέγω의 직설법 제2부정과거 능동태 3인칭 단수형이다.

δέ는 '전환'을 의미하는 '계합 접속사'로 후치사이다.

의문 대명사 τίς는 남성 단수 주격이다.

εἶ는 εἰμί의 직설법 현재 능동태 2인칭 단수형이다.

κύριε는 남성 단수 호격이다.

※ 다음 문장에 쓰인 부정 대명사를 고려하여 번역하시오.

τινὲς δὲ τῶν ἐκεῖ ἑστηκότων ἀκούσαντες ἔλεγον (마 27:47)

한편 거기에 서 있는 이들 가운데 몇몇이 듣더니 말했습니다.

τινές는 남성 복수 주격이다.

ἑστηκότων은 ἵστημι의 분사 현재완료 능동태 남성 복수 속격형이다. τῶν과 함께 주어 τινές를 수식한다.

ἀκούσαντες는 ἀκούω의 분사 부정과거 능동태 남성 복수 주격형이다. 주어 τινές와 성과 수와 격을 일치시켰다.

ἔλεγον은 λέγω의 직설법 미완료과거 능동태 3인칭 복수형이다. 주어 τινές가 복수이기 때문이다.

εἴ τις θέλει πρῶτος εἶναι, ἔσται πάντων ἔσχατος (막 9:35)

만일 누군가가 으뜸이기를 바란다면, 그는 모든 이들의 마지막이 될 것입니다.

εἴ 조건절은 '단순 현재 조건' 형식을 가지지만, 귀결절은 '감정적 미래 조건'의 형식을 가졌다.

부정 대명사 τις는 남성 단수 주격이다.

θέλει는 θέλω의 직설법 현재 능동태 3인칭 단수형으로, πρῶτος εἶναι를 목적어로 갖는다.

πρῶτος는 부정사의 보어이기에 대격을 취하는 것이 원칙이지만, εἶναι의 보어이기도 하고 τις와의 관계를 분명하게 드러내기 위해 주격이 쓰였다.
ἔσται는 εἰμί의 직설법 미래 중간태 3인칭 단수형이다.

ἀφίετε εἴ τι ἔχετε κατά τινος (막 11:25)
만일 여러분이 누군가에 맞서 어떤 것을 가지고 있다면, 놓아주십시오.
ἀφίετε는 ἀφίημι의 명령법 현재 능동태 2인칭 복수형이다.
εἰ는 후접어인데 뒤따라오는 τι가 전접어이므로 εἰ에 악센트가 붙었다.
εἰ 조건절은 '단순 현재 조건'을 표현한다.
부정 대명사 τι는 중성 단수 대격으로, ἔχετε의 목적어이다.
ἔχετε는 ἔχω의 직설법 현재 능동태 2인칭 복수형이다.
부정 대명사 남성 단수 속격인 τινος는 전접어로 전치사 κατά의 목적어이다.

Εἶπεν δέ· ἄνθρωπός τις εἶχεν δύο υἱούς. (눅 15:11).
한편 그분이 말씀하셨습니다. "어떤 사람이 두 아들[들]을 가지고 있었습니다."
'아들을 가지다.'와 같이 표현하지는 않기에, '어떤 사람에게 두 아들이 있었습니다.'와 같이 번역할 수 있는데, 이렇게 번역하면 주어가 바뀌는 단점이 있다.
Εἶπεν은 λέγω의 직설법 제2부정과거 능동태 3인칭 단수형이다.
δέ는 후치사로 전환을 의미하는 계합 접속사이다.
ἄνθρωπός τις는 남성 단수 주격이다. 부정 대명사 τις가 전접어여서 ἄνθρωπος의 끝음절에 악센트가 추가되었다.
εἶχεν은 ἔχω의 직설법 미완료과거 능동태 3인칭 단수형이다.
δύο υἱούς는 남성 복수 대격으로 εἶχεν의 목적어이다.

εἰ δέ τις ἀγαπᾷ τὸν θεόν, οὗτος ἔγνωσται ὑπ' αὐτοῦ. (고전 8:3).
한편 만일 누군가가 거 하나님을 사랑하면, 이 사람은[이는] 그분에 의해 알게 됩니다.
주절 번역이 어려운데, 이런 경우 능동 문장으로 바꿔볼 수 있다. 능동문으로 바꾸면, αὐτὸς

ἔγνωκα τοῦτον이 된다. '그분이 이를[이 사람을] 아신다.' 정도가 될 것이다. '안다'의 피동 표현이 어려워, '이 사람은 그분에 의해 아시는 바 된다.' 이렇게 번역하기도 한다.

εἰ는 '단순 현재 조건'을 나타내는 조건절을 이끈다.

δέ는 앞 문장과의 관계를 표현하는 접속사로 '전환'을 나타낸다.

ἀγαπᾷ는 ἀγαπάω의 직설법 현재 능동태 3인칭 단수형이다. α가 ει를 만나, 발음이 더 어려운 α가 남고 ι는 하기되었다.

τὸν θεόν은 남성 단수 대격이다.

οὗτος는 조건절의 조건이 충족되는 사람을 의미한다. '하나님을 사랑하는 자'이다. '하나님을 사랑하는 자'를 원접 지시 대명사인 ἐκεῖνος가 아니라 근접 지시 대명사 οὗτος로 표현하여, 바울 자신이 그런 사람들 곁에 있음을 표현하였다.

ἔγνωσται는 γινώσκω의 직설법 현재완료 수동태 3인칭 단수형이다. 형태상 중간태일 수도 있지만, 이어지는 ὑπ' αὐτοῦ로 인해 확실히 수동태이다.

ὑπό가 모음으로 시작되는 단어를 만나 ὑπ' 이 되었다.

αὐτοῦ는 τὸν θεόν을 가리킨다.

※ 다음 문장을 작문하되, 알맞은 부정 대명사를 넣어 작문하시오.

서 있는[분사 현재완료] 이들 가운데 몇몇이 여기에 있습니다. (막 9:1).

εἰσίν τινες ὧδε τῶν ἑστηκότων

εἰμί의 직설법 현재 능동태 3인칭 복수형인 εἰσίν도 전접어이고, 부정 대명사 남성과 여성[문맥을 통해 보면, 이 구절에서는 남성] 복수 주격인 τινες도 전접어이다. 그러므로 εἰσίν과 같이 끝음절에 악센트가 붙었고, 끝음절에 악센트가 있기에 τινες의 두 번째 음절 혹은 끝음절에는 악센트가 붙지 않았다. 본래 성경에는 εἰσίν 앞에 접속사 ὅτι가 있다. 끝음절에 악센트가 없어서 εἰσίν에 악센트가 붙었다.

ἑστηκότων은 ἵστημι의 분사 현재완료 능동태 남성 복수 속격형이다. 중성도 형태는 같으나 문맥상 남성이다.

한편 그들 가운데 몇몇이 말했습니다[부정과거]. (눅 11:15; 요 11:37).

τινὲς δὲ ἐξ αὐτῶν εἶπον

부정 대명사 남성 복수 주격인 τινές가 전접어인데, 문장 처음에 쓰여 둘째 음절에 악센트를 가졌다.

δέ가 후치되기에, 주어 τινὲς ἐξ αὐτῶν에서 하나의 개념이면서 한 단어인 τινές 다음에 위치하였다.

전치사 ἐκ는 모음으로 시작하는 단어를 만나 ἐξ가 되었다.

αὐτῶν은 문맥상 남성 복수 속격이다.

εἶπον은 λέγω의 직설법 제2부정과거 능동태 3인칭 복수형이다. 주어 τινές가 복수이기 때문이다.

죽은 이들로부터 누군가가 그들에게로 가면[가정법 부정과거] (눅 16:30)

ἐάν τις ἀπὸ νεκρῶν πορευθῇ πρὸς αὐτούς

ἐάν은 '더 생생한 미래 조건'을 표현하는 조건절을 이끈다. 귀결절에서 직설법 미래가 쓰이기 때문이다. '부자와 나사로의 비유'에서 부자가 한 말이다.

부정 대명사 τις는 남성 단수 주격이다. 여성도 같은 형태이지만, 남성이 사람을 대표하는 성으로 쓰이기 때문이다.

νεκρῶν은 남성 복수 속격으로 독립적으로 쓰였다.

πορευθῇ는 πορεύομαι의 가정법 부정과거 이태수동태 3인칭 단수형이다.

αὐτούς는 남성 복수 대격으로 부자의 다섯 형제를 가리킨다.

누군가가 나를 사랑하면[가정법 현재] (요 14:23)

ἐάν τις ἀγαπᾷ με

귀결절에서 직설법 미래가 쓰이기에, ἐάν은 '더 생생한 미래 조건'을 표현하는 조건절을 이끈다. 예수님의 말씀이다.

τις는 남성 단수 주격이다.

ἀγαπᾷ는 ἀγαπάω의 가정법 현재 능동태 3인칭 단수형이다. α가 ῃ를 만나, η보다

발음이 더 어려운 α가 남았다.

με는 1인칭 단수 대격이다. 전접어로 ἀγαπᾷ에 기대어 발음하는데, 끝음절에 악센트가 있기에 악센트가 새로 추가되지는 않았다.

한편 몇 날 뒤에 그가 말했습니다. (행 15:36).

μετὰ δέ τινας ἡμέρας εἶπεν

δέ는 후치사이므로 전치사 μετά 뒤에 놓였고, 부정대명사 τινας가 전접어이기에 δέ의 악센트가 애큐트이다.

τινας ἡμέρας는 여성 복수 대격으로 전치사 μετά의 목적어이다.

εἶπεν은 λέγω의 직설법 제2부정과거 능동태 3인칭 단수형이다.

9.4.1. 연습문제

※ 다음 문장에 쓰인 관계 대명사를 고려하여 번역하시오.

οὐδεὶς γὰρ δύναται ταῦτα τὰ σημεῖα ποιεῖν ἃ σὺ ποιεῖς (요 3:2)

아무도 그대가 행하는 [거] 이 표적들을 행할 수 없기 때문이요.

관계 대명사를 접속사+대명사 형태로 번역하면, "아무도 [거] 이 표적들을 행할 수 없습니다. 그런데 이것들을 그대는 행하지요."와 같이 될 것이다. 니고데모가 예수님께 한 말로, 현재시제만 사용하여 '근접 상황'으로 표현함으로써 '현장성'을 강조하고 있다.

δύναται는 δύναμαι의 직설법 현재 이태동사 3인칭 단수형이다.

ταῦτα τὰ σημεῖα는 중성 복수 대격이다. ποιεῖν의 목적어이다.

ποιεῖν은 ποιέω의 부정사 현재 능동태형으로 δύναται의 목적어이다. 모음단축으로 악센트가 써컴플렉스가 되었다.

관계 대명사 ἃ는 중성 복수 대격으로, 관계대명사절에서는 ποιεῖς의 목적어가 되고 ταῦτα τὰ σημεῖα를 선행사로 갖는다.

ποιεῖς는 ποιέω의 직설법 현재 능동태 2인칭 단수형이다.

ἣν ὁ υἱὸς τοῦ ἀνθρώπου ὑμῖν δώσει (요 6:27)

그런데 그것을 인자가[그 사람의 그 아들이] 여러분에게 줄 것입니다.

관계 대명사 ἣν은 본래 선행사가 '영생'이다. '생명'을 의미하는 단어가 여성 단수로 쓰였기에 여성 단수를 취했고, 문장에서 δώσει의 목적어가 되기에 대격을 취했다.

δώσει는 δίδωμι의 직설법 미래 능동태 3인칭 단수형이다.

οὗτος ἦν ὃν εἶπον [1인칭 단수] (요 1:15)

이분이 내가 말했던 분입니다. '분이셨다'라고 번역하면 '지금은 아니다.'라는 뉘앙스가 생길 수 있기에, '분입니다.'라고 번역하는 것이 좋겠다. 미완료과거 ἦν의 시제는 '말했던'에 충분히 표현되었기 때문이다. 세례 요한이 예수님에 대해 한 말이다. ἦν의 시제를 살펴 번역하면, "이분이셨습니다. 내가 말했던 분이요." 정도가 될 것이다.

ἦν은 εἰμί의 직설법 미완료과거 능동태 3인칭 단수형이다.

관계 대명사 ὃν은 선행사 οὗτος의 성과 수를 따라 남성 단수를 취했고, 문장에서 εἶπον의 목적어가 되기에 대격을 취했다.

εἶπον은 λέγω의 직설법 제2부정과거 능동태 1인칭 단수형이다.

οὗτός ἐστιν ὑπὲρ οὗ ἐγὼ εἶπον (요 1:30)

이분입니다. 한편 그분을 위해 내가 말했었죠.

ἐστιν은 εἰμί의 직설법 현재 능동태 3인칭 단수형이다. 전접어이고 οὗτος의 악센트가 끝음절에 없기에 끝음절에 애큐트가 추가되었다.

관계 대명사 οὗ는 선행사 οὗτος의 성과 수를 따라 남성 단수를 취했고, 관계대명사절에서 전치사 ὑπέρ의 목적어가 되기에 속격을 취했다. 전치사 ὑπέρ는 목적어로 속격과 대격을 취한다. 대격을 취하면 '넘어서는, 위로'를, 속격을 취하면 '위하여, 위해'를 뜻한다.

εἶπον은 λέγω의 직설법 제2부정과거 능동태 1인칭 단수형이다. 주어가 ἐγώ이므로 1인칭 단수이다.

οὗτοι οἱ λόγοι μου οὓς ἐλάλησα πρὸς ὑμᾶς ἔτι ὢν σὺν ὑμῖν (눅 24:44)

οὗτοι를 주어로, οἱ λόγοι μου를 보어로 보면, "이것들이 거 내 말들입니다. 한편 이것들을 내가 아직 여러분과 함께 있을 때 여러분에게 얘기했지요." 정도로 번역할 수 있다. 전체를 주어로 보면, "내가 여러분과 여전히 함께 있을 때 여러분에게 얘기했던 거 이 내 말들이" 정도로 번역할 수 있다. 성경 본문의 문맥을 보면, 전자가 더 나은 번역이다. οὗτοι 다음에 εἰσιν이 생략되었다고 보면 된다. εἰσιν이 있으면, οὗτοί εἰσιν이 된다.

관계 대명사 οὓς는 선행사 λόγοι의 성과 수를 따라 남성 복수를 취했고, 관계대명사 절에서는 ἐλάλησα의 목적어이기에 대격을 취했다.

ἐλάλησα는 λαλέω의 직설법 부정과거 능동태 1인칭 단수형이다.

ὢν은 εἰμί의 분사 현재 능동태 남성 단수 주격형이다.

인칭 대명사 ὑμᾶς는 2인칭 복수 대격이고, ὑμῖν은 2인칭 복수 여격이다.

※ 다음 문장을 작문하되, 알맞은 관계 대명사를 넣어 작문하시오.

그가 내게 내가 행한[부정과거] 모든 것들을 말했다[부정과거]. (요 4:39).

εἶπέν μοι πάντα ἃ ἐποίησα.

εἶπεν은 λέγω의 직설법 제2부정과거 능동태 3인칭 단수형이다. 주어는 예수님을 가리킨다.

인칭 대명사 μοι는 1인칭 단수 여격이다. 수가성 여인을 가리킨다.

관계 대명사 ἃ는 선행사 πάντα의 성과 수를 따라 중성 복수를 취했고, 관계대명사 절에서는 ἐποίησα의 목적어이기에 대격을 취했다.

ἐποίησα는 단축동사 ποιέω의 직설법 부정과거 능동태 1인칭 단수형이다. ε가 σ 앞에서 η로 길어졌다.

한편 내가 가진 것 이것을 당신에게 내가 줍니다. (행 3:6).

ὃ δὲ ἔχω τοῦτό σοι δίδωμι

관계 대명사 ὅ는 중성 단수 대격으로 선행사를 포함한다. 관계대명사절에서 ἔχω의 목적어이다.
근접 지시 대명사 τοῦτο는 ὃ ἔχω를 가리킨다. 관계대명사절 ὃ ἔχω와 지시 대명사 τοῦτο 둘 다 δίδωμι의 목적어이다. 목적어가 두 번 나열되어 강조되었다.
인칭 대명사 σοι는 2인칭 단수 여격이다. 전접어이기에 τοῦτο의 끝음절에 애큐트가 추가되었다.

거 사람이 거 말씀을 믿었다[부정과거]. 그런데 그것을 그에게 거 예수께서 말씀하셨다[부정과거]. 그러더니 그가 간다[미완료 과거]. (요 4:50).
ἐπίστευσεν ὁ ἄνθρωπος τῷ λόγῳ ὃν εἶπεν αὐτῷ ὁ Ἰησοῦς καὶ ἐπορεύετο.
ἐπίστευσεν은 πιστεύω의 직설법 부정과거 능동태 3인칭 단수형이다.
관계 대명사 ὃν은 선행사 λόγῳ의 성과 수를 따라 남성 단수를 취했고, 관계대명사절에서는 εἶπεν의 목적어이기에 대격을 취했다.
εἶπεν은 λέγω의 직설법 제2부정과거 능동태 3인칭 단수형으로, ὁ Ἰησοῦς가 주어이고 αὐτῷ가 간접목적어이고 직접목적어는 관계 대명사가 되었다.
ἐπορεύετο는 πορεύομαι의 직설법 미완료과거 이태동사 3인칭 단수형으로, 주어는 ὁ ἄνθρωπος이다. 바로 앞에 나오는 ὁ Ἰησοῦς가 관계대명사절의 주어이고, 문장이 전체적으로 '그 사람이 믿고 갔다.' 이런 구조를 갖기 때문이다.

나도 거 영광을, 한편 당신이 내게 주신[현재완료] 그것을, 그들에게 주었습니다[현재완료]. (요 17:22).
κἀγὼ τὴν δόξαν ἣν δέδωκάς μοι δέδωκα αὐτοῖς
관계 대명사 ἥν은 선행사 δόξαν의 성과 수를 따라 여성 단수를 취했고, 관계대명사절에서 δέδωκας의 목적어이므로 대격을 취했다.
δέδωκας는 직설법 현재완료 능동태 2인칭 단수형이다.
δέδωκα는 직설법 현재완료 능동태 1인칭 단수형으로, τὴν δόξαν을 직접목적어로

갖고 αὐτοῖς를 간접목적으로 갖는다.

날들이 온다[현재]. 한편 그{날}들에 그들이 말할 것이다[미래]. (눅 23:29).
ἔρχονται ἡμέραι ἐν αἷς ἐροῦσιν
ἔρχονται는 ἔρχομαι의 직설법 현재 이태동사 3인칭 복수형이다.
관계 대명사 αἷς는 선행사 ἡμέραι의 성과 수를 따라 여성 복수를 취했고, 관계대명사절에서 전치사 ἐν의 목적어가 되기에 여격을 취했다.
ἐροῦσιν은 λέγω의 직설법 미래 능동태 3인칭 복수형이다.
두 문장으로 나눠보면 다음과 같다. ἔρχονται ἡμέραι. ἐν δὲ ταῖς ἡμέραις ἐροῦσιν.

10.3. 연습문제

※ 다음 문장에 쓰인 소사와 감탄사를 고려하여 번역하시오.

οὐ δυνάμεθα γὰρ ἡμεῖς ἃ εἴδαμεν καὶ ἠκούσαμεν μὴ λαλεῖν. (행 4:20).
우리는 우리가 보고 들은 것들을 얘기하지 않을 수 없기 때문입니다.
부정 소사 οὐ는 직설법 δυνάμεθα를 부정하고, 부정 소사 μή는 부정사 λαλεῖν을 부정한다.
δυνάμεθα는 δύναμαι의 직설법 현재 이태동사 1인칭 복수형으로 λαλεῖν을 목적으로 갖는다.
1인칭 복수 주격 인칭 대명사 ἡμεῖς는 δυνάμεθα의 주어를 강조한다.
관계 대명사 ἃ는 중성 복수 대격으로 선행사를 포함한다. 관계대명사절에서 εἴδαμεν과 ἠκούσαμεν의 목적어이다.
εἴδαμεν은 ὁράω의 직설법 제2부정과거 능동태 1인칭 복수형이다.
ἠκούσαμεν은 ἀκούω의 직설법 부정과거 능동태 1인칭 복수형이다.
λαλεῖν은 λαλέω의 부정사 현재 능동태형으로, ἃ εἴδαμεν καὶ ἠκούσαμεν를 목적어로 갖는다.

οὐχὶ ἡ χείρ μου ἐποίησεν ταῦτα πάντα; (행 7:50).

거 내 손이 이 모든 것들을 만들지 않았느냐? 우리말 어법을 고려하여, "내 손으로"로 번역할 수 있다.

의문 소사 οὐχί는 '긍정'의 대답을 기대할 때 사용한다. '하나님께서 하나님의 손으로 모든 것들을 지으셨다.' 하는 내용을 강조하는 의문문이다. 일종의 설의법이다.

ἐποίησεν은 ποιέω의 직설법 부정과거 능동태 3인칭 단수형으로, ταῦτα πάντα를 목적어로 갖는다.

ταῦτα πάντα는 중성 복수 대격이다.

ἐκεῖ αὐτὸν ὄψεσθε· ἰδοὺ εἶπον [1인칭 단수] ὑμῖν. (마 28:7).

거기에서 그분을 여러분이 뵐 것입니다. 보십시오. 내가 여러분에게 말했습니다.

ὄψεσθε는 ὁράω의 직설법 미래 이태중간 2인칭 복수형으로, αὐτόν을 목적어로 갖는다.

ἰδού는 감탄사로 볼 수도 있고 ὁράω의 명령법 제2부정과거 중간태 2인칭 단수형으로 볼 수도 있다.

εἶπον은 λέγω의 직설법 제2부정과거 능동태 1인칭 단수형이다.

3인칭 대명사 αὐτόν은 남성 단수 대격으로 예수님을, ὑμῖν은 2인칭 복수 여격으로 '여성들'을 가리킨다.

ἰδοὺ ἔρχεται ἔτι δύο οὐαὶ μετὰ ταῦτα. (계 9:12).

보십시오! 이것들 뒤에 여전히 화 둘이 옵니다.

ἔρχεται는 ἔρχομαι의 직설법 현재 이태동사 3인칭 단수형으로, 주어는 δύο οὐαί이다.

근접 지시 대명사 ταῦτα는 중성 복수 대격으로, 전치사 μετά의 목적어이다.

οὐαὶ οὐαί, ἡ πόλις ἡ μεγάλη (계 18:10)

어떡하나? 어떡하나? 거 대단한 성이여!

οὐαί를 '어떡하나?'로 번역해 보았다. 보통은 '화로다'로 번역된다.
ἡ πόλις ἡ μεγάλη는 여성 단수 호격이다.

※ 다음 문장을 작문하되, 알맞은 소사와 감탄사를 넣어 작문하시오.

내가 의로운 이들을 부르러[부정사 부정과거] 오지[부정과거] 않았다. (막 2:17).
οὐκ ἦλθον καλέσαι δικαίους
부정 소사 οὐκ는 직설법 ἦλθον을 부정한다. ἦλθον이 모음으로 시작하고 약한 숨표가 붙기에 부정 소사 οὐ가 οὐκ가 되었다. 후접어이기에, 악센트가 없고 ἦλθον에 기대어 읽는다.
ἦλθον은 ἔρχομαι의 직설법 제2부정과거 능동태 1인칭 단수형으로, καλέσαι를 목적어로 갖는다. 제2부정과거이기에 한 단계 앞선 시제인 미완료과거 어미를 붙였다.
καλέσαι는 καλέω의 부정사 부정과거 능동태형으로, δικαίους를 목적어로 갖는다.
δικαίους는 남성 복수 대격으로 독립적 용법으로 쓰였다.

우리는 그에게 어떤 일이 일어났는지[부정과거] 모른다[알지(현재완료) 않는다]. (행 7:40).
οὐκ οἴδαμεν τί ἐγένετο αὐτῷ.
οὐκ는 직설법 οἴδαμεν을 부정하는데, οἴδαμεν이 모음으로 시작하고 약한 숨표가 붙기에 οὐ가 οὐκ가 되었다. 후접어이기에 악센트가 없다.
οἴδαμεν은 οἶδα의 직설법 제2현재완료 능동태 1인칭 복수형으로, τί ἐγένετο αὐτῷ를 목적어로 갖는다. 제2현재완료이기에 한 단계 앞선 시제인 부정과거 어미를 붙였다. 본래 어미가 σαμεν이지만 σ가 δ에 동화되어 생략되었다.
의문 대명사 τί는 중성 단수 주격이다.
ἐγένετο는 γίνομαι의 직설법 제2부정과거 이태동사 3인칭 단수형이다.

예수님 우리 주님을 내가 뵙지[현재완료] 않았는가? (고전 9:1).
οὐχὶ Ἰησοῦν τὸν κύριον ἡμῶν ἑόρακα;

의문 소사 οὐχί는 '긍정'의 대답을 기대할 때 사용한다. 우리 주님 예수님을 바울이 직접 뵈었음을 강조하는 의문문이다. 일종의 설의법이다.
ἑόρακα는 ὁράω의 직설법 현재완료 능동태 1인칭 단수형이다.

이가 거 그리스도는 아니겠지[현재]? (요 4:29).
μήτι οὗτός ἐστιν ὁ χριστός;
의문 소사 μήτι는 '부정'의 대답을 기대할 때 사용한다. 예수께서 그리스도이심을 믿지만, 물동이를 버려두고 달려올 정도로 자신이 확신하는 내용을 말하고 있지만, 수가성 여인은 자신 없는 태도로 예수님이 그리스도이심을 말하고 있다. 실제로는 '부정'의 대답을 기대하지 않지만, 말하는 자신에 대한 청중의 '부정적'인 태도로 인해 '부정'의 대답을 기대할 때 사용하는 문장 형식을 사용한 것으로 보인다.
ἐστιν은 εἰμί의 직설법 현재 능동태 3인칭 단수형이다. 전접어이기에, 앞 단어의 끝음절에 악센트를 추가했다.

보라! 내가 너희에게 말한다. (요 4:35).
ἰδοὺ λέγω ὑμῖν
'보십시오! 내가 여러분에게 말합니다.'와 같이 번역해도 된다. 주어는 예수님이고, 2인칭 대명사 복수 여격인 ὑμῖν은 제자들을 가리킨다.

부록 2

기본변화표

이곳에서는 '관사, 명사, 형용사, 동사' 의 변화에 대해 정리하여 제시한다. 전치사가 뒤따라오는 단어의 영향을 받아 모음이 생략되거나 자음이 동화되는 경우는 제5과 '전치사' 를 보라. 대명사 변화는 제9장에서 변화표로 소개하였기에 그것을 보면 된다.[1] 부사, 접속사, 소사와 감탄사는 '불변화사' 이다.

---

1) 더 자세한 대명사 기본변화표는 박 185-211쪽을 보라.

2.1. 관사 변화

관사 변화는 '명사, 대명사, 형용사, 동사 가운데 분사' 변화의 기본이 된다. 관사가 '모자(帽子)' 와 같이 명사, 대명사, 형용사, 분사와 함께, 혹은 연결되어 쓰이기 때문이다.

	남성	여성	중성
단수 주격	ὁ	ἡ	τό
속격	τοῦ	τῆς	τοῦ
여격	τῷ	τῇ	τῷ
대격	τόν	τήν	τό
호격	ὁ	ἡ	τό
복수 주격	οἱ	αἱ	τά
속격	τῶν	τῶν	τῶν
여격	τοῖς	ταῖς	τοῖς
대격	τούς	τάς	τά
호격	οἱ	αἱ	τά

2.2. 명사 변화

'어간이 드러나는 것' 및 '어미와 성' 이 고려된 명사 변화는 『나름 친절한 헬라어 문법책』에 매우 자세히 제시하였다(박 169-184). 이곳에서는 이 책에 쓰인 명사를 중심으로 명사의 기본 변화를 '유형' 및 '알파벳순' 으로 정리한다.

우선, 남성명사이다. 이 책에 쓰인 남성명사는 변화 측면에서 볼 때, 세 가지로 분류된다. 히브리어 음역인 고유명사, 어미가 ηρ로 끝나는 남성명사, 어미가 ος로 끝나는 남성명사이다.

먼저, 히브리어 '예수아'의 헬라어 음역으로 '예수님' 혹은 '여호수아'를 뜻하는 Ἰησοῦς의 단수 변화는 다음과 같다. 참고로, 복수로는 쓰이지 않는다. 비교를 위해, 히브리어 '여호하난'의 헬라어 음역으로 '세례 요한, 사도 요한' 등 다양한 사람들의 이름으로 쓰이는 Ἰωάννης(135회)의 변화도 함께 보자.

단수 주격	Ἰησοῦς	Ἰωάννης
속격	Ἰησοῦ	Ἰωάννου
여격	Ἰησοῦ	Ἰωάννῃ
대격	Ἰησοῦν	Ἰωάννην
호격	Ἰησοῦ	Ἰωᾶννα

잘 보면, Ἰησοῦ에 ος 어미를 붙인 것처럼 변한다. 주격에서 ου가 ο를 만나면, ου 발음이 어렵기에 ους만 남는다. 속격의 경우, ου가 ου를 만났으니 ου만 남는다. 여격의 경우, ου가 ω보다 후설이기에 ου가 남고 ι는 흡수된다. 대격의 경우, 주격처럼 ου가 ο를 만나 ου만 남는다. 호격의 경우, ου가 ε를 만나 후설모음인 ου가 남는다.

Ἰωάννης는 ης로 끝나는 남성명사로 단수 어미는 ης, ου, ῃ, ην, α이고, 복수 어미는 αι, ων, αις, ας, αι이다. Ἰωάννης가 호격으로 쓰인 예를 찾지는 못했지만, Ἰωᾶννα 혹은 Ἰωαννᾶ 정도가 될 것이다.

이제, '어미가 ηρ로 끝나는 남성명사'로 '아버지, 조상'의 의미를 갖는 πατήρ의 곡용이다. 비교를 위해 '어머니'를 뜻하는 여성명사 μήτηρ(83회)의 곡용도 함께 보자.

단수 주격	πατήρ	μήτηρ
속격	πατρός	μητρός

여격	πατρί	μητρί
대격	πατέρα	μητέρα
호격	πάτερ	μῆτερ
복수 주격	πατέρες	μητέρες
속격	πατέρων	μητέρων
여격	πατράσι(ν)	μητράσι(ν)
대격	πατέρας	μητέρας
호격	πατέρες	μητέρες

이제는 '어미가 ος로 끝나는 남성명사'인 ἀδελφός '형제', ἄνθρωπος '사람', θεός '신, 하나님', κύριος '주님', λόγος '말씀', οὐρανός '하늘', υἱός '아들', Χριστός '그리스도, 메시야, 기름 부음 받은 자'이다. 알파벳 순서상 가장 앞서는 ἀδελφός와 ἄνθρωπος로 기본변화표를 만들어 본다.

단수 주격	ἀδελφός	ἄνθρωπος
속격	ἀδελφοῦ	ἀνθρώπου
여격	ἀδελφῷ	ἀνθρώπῳ
대격	ἀδελφόν	ἄνθρωπον
호격	ἀδελφέ	ἄνθρωπε
복수 주격	ἀδελφοί	ἄνθρωποι
속격	ἀδελφῶν	ἀνθρώπων
여격	ἀδελφοῖς	ἀνθρώποις
대격	ἀδελφούς	ἀνθρώπους
호격	ἀδελφοί	ἄνθρωποι

다음으로 여성명사이다. 먼저, 여성명사 어미 α, η, ις로 끝나는 명사부터 다루고, 어미 ρ로 끝나는 여성명사를 다룬 다음에, 곡용과정에서 숨겨진 어간이 드러나는 예를

마지막으로 정리한다.

여성명사 어미 α로 끝나는 명사는 α 앞의 글자가 무엇이냐에 따라 단수 속격과 여격 변화가 달라진다. ρ를 제외한 자음이 α 앞에 있는 여성명사는 모음 η를 사용하여 단수 속격과 여격을 표현한다. 즉, 단수 속격 어미는 ης를, 여격 어미는 ῃ를 쓴다. α 앞의 글자가 모음이나 자음 ρ이면 모음 η를 사용하지 않고 단수 속격과 여격을 표현한다. 다시 말해, 단수 속격 어미는 ας를, 여격 어미는 ᾳ를 쓴다. 이 책에 쓰인 명사 가운데 전자의 예는 δόξα '영광'이고, 후자의 예는 ἁμαρτία '죄', βασιλεία '나라', ἡμέρα '날, 낮', καρδία '마음'이다. δόξα와 ἁμαρτία로 기본변화표를 만들어 본다.

단수	주격	δόξα	ἁμαρτία
	속격	δόξης	ἁμαρτίας
	여격	δόξῃ	ἁμαρτίᾳ
	대격	δόξαν	ἁμαρτίαν
	호격	δόξα	ἁμαρτία
복수	주격	δόξαι	ἁμαρτίαι
	속격	δοξῶν	ἁμαρτιῶν
	여격	δόξαις	ἁμαρτίαις
	대격	δόξας	ἁμαρτίας
	호격	δόξαι	ἁμαρτίαι

ἁμαρτία의 경우, 단수 속격과 복수 대격이 같게 된다. 이로 볼 때, 본래 '혼합형'이라고 불리는 α, ης, ῃ, αν이 기본형이고, α, ας, ᾳ, αν이 발음상으로 이유로 생겨난 변화형일 수 있다.

이제, 여성명사 어미 η로 끝나는 단어의 경우이다. 이 책에서는 '땅'을 뜻하는 γῆ를 다루었다. 그것도 신약성경에서 복수 형태가 쓰이지 않기에 단수형만 제시했다. 물론,

이 단어는 다른 문헌에서는 복수 형태로도 등장한다. 복수 주격 γέαι 혹은 γαῖ, 속격 γεῶν, 여격 γέαις, 대격 γέας 혹은 γᾶς 이다. 그럼, 여성명사 어미 η로 끝나는 단어의 변화를 위해, γῆ의 변화와 함께, 신약성경에서 많이 쓰이며 '소리, 목소리, 말소리' 를 뜻하는 여성명사 φωνή(139회)의 변화를 함께 정리한다.

단수 주격	γῆ	φωνή
속격	γῆς	φωνῆς
여격	γῇ	φωνῇ
대격	γῆν	φωνήν
호격	γῆ	φωνή
복수 주격	γέαι γαῖ	φωναί
속격	γεῶν	φωνῶν
여격	γέαις	φωναῖς
대격	γέας γᾶς	φωνάς
호격	γέαι γαῖ	φωναί

이제 여성명사 어미 ις로 끝나는 명사이다. 이 책에는 πίστις '믿음, 신실함, 충성', πόλις '성, 도시' 가 쓰였다. 이 가운데 πόλις와, '권능' 을 뜻하는 δύναμις로 기본변화표를 만들어 보자. πίστις는 신약성경에서 복수형으로 쓰이지 않기 때문이다.

단수 주격	πόλις	δύναμις
속격	πόλεως	δυνάμεως
여격	πόλει	δυνάμει
대격	πόλιν	δύναμιν
호격	πόλι	δυνάμι
복수 주격	πόλεις	δυνάμεις

속격	πόλεων	δυνάμεων
여격	πόλεσι(ν)	δυνάμεσι(ν)
대격	πόλεις	δυνάμεις
호격	πόλεις	δυνάμεις

이제 '손'을 뜻하는 χείρ의 변화를 남성명사 πατήρ와 비교할 수 있도록 변화표를 만들어 보자.

단수 주격	χείρ	πατήρ
속격	χειρός	πατρός
여격	χειρί	πατρί
대격	χεῖρα	πατέρα
호격	χείρ	πάτερ
복수 주격	χεῖρες	πατέρες
속격	χειρῶν	πατέρων
여격	χερσί(ν)	πατράσι(ν)
대격	χεῖρας	πατέρας
호격	χεῖρες	πατέρες

이제 곡용 과정에서 숨겨진 어간이 드러나는 명사 γυνή '부인(婦人), 여자'이다. 비교를 위해 '소망'을 뜻하는 여성명사 ἐλπίς(53회)도 함께 본다. ἐλπίς는 어미가 ις로 끝나지만, πόλις와 달리 숨겨진 어간이 드러난다.

단수 주격	γυνή	ἐλπίς
속격	γυναικός	ἐλπίδος
여격	γυναικί	ἐλπίδι
대격	γυναῖκα	ἐλπίδα
호격	γύναι	ἐλπί

복수 주격	γυναῖκες	ἐλπίδες
속격	γυναικῶν	ἐλπίδων
여격	γυναιξί(ν)	ἐλπίσι(ν)
대격	γυναῖκας	ἐλπίδας
호격	γυναῖκες	ἐλπίδες

다음으로, 중성명사이다. 이 책에 쓰인 중성명사는 중성명사 어미 ον과 μα로 끝나는 단어가 대부분이다. 중성명사 어미 ον으로 끝나는 단어는 ἔργον '일, 행위', εὐαγγέλιον '복음, 좋은 소식', σημεῖον '표적(表迹)', τέκνον '아이, 자녀' 이고, 중성명사 어미 μα로 끝나는 단어는 αἷμα '피', ὄνομα '이름', πνεῦμα '영, 성령, 바람, 숨', στόμα '입', σῶμα '몸' 이다. ἔργον과 αἷμα로 대표적인 중성명사의 기본변화표를 만들어 본다. 참고로, 어미가 μα로 끝나는 중성명사는 '곡용 과정에서 숨겨진 어간이 드러나는 명사' 에 속한다.

단수 주격	ἔργον	αἷμα
속격	ἔργου	αἵματος
여격	ἔργῳ	αἵματι
대격	ἔργον	αἷμα
호격	ἔργον	αἷμα
복수 주격	ἔργα	αἵματα
속격	ἔργων	αἱμάτων
여격	ἔργοις	αἵμασι(ν)
대격	ἔργα	αἵματα
호격	ἔργα	αἵματα

이제, 어미가 ος로 끝나는 중성명사의 변화이다. 이 책에는 '민족' 을 뜻하는 ἔθνος 가 쓰였다. 비교를 위해 '산' 을 뜻하는 ὄρος (63회)도 함께 본다.

단수 주격	ἔθνος	ὄρος
속격	ἔθνους	ὄρους
여격	ἔθνει	ὄρει
대격	ἔθνος	ὄρος
호격	ἔθνος	ὄρος
복수 주격	ἔθνη	ὄρη
속격	ἐθνῶν	ὀρέων
여격	ἔθνεσι(ν)	ὄρεσι(ν)
대격	ἔθνη	ὄρη
호격	ἔθνη	ὄρη

2.3. 형용사 변화

형용사의 어미변화에 대해서도 『나름 친절한 헬라어 문법책』에 자세히 소개하였다(217-232쪽). 이곳에서는 이 책에 쓰인 형용사들을 중심으로 '어간이 ρ 외의 자음으로 끝나는 형용사, 어간이 ε, ι, ρ로 끝나는 형용사, 곡용 과정에서 숨겨진 어간이 드러나는 형용사, 수 형용사' 순으로 살펴본다.

먼저, '어간이 ρ 외의 자음으로 끝나는 형용사'에는 ἀγαθός '선한', ἀγαπητός '사랑하는', ἕκαστος '각, 각각, 각자, 제각기, 제가끔, 저마다', ἔσχατος '끝, 마지막', κακός '해치는, 해, 해악, 악', καλός '아름다운, 좋은', μέσος '중앙, 한가운데, 가운데, 배', ὅλος '전체, 내내', πιστός '신실한, 믿는', πρῶτος '첫, 첫째, 첫째가는, 으뜸이 되는, 지도자, 지난번'이 있다. 남성에서는 ος 변화를, 여성에서는 η 변화를, 중성에서는 ον 변화를 한다. 여성에서 η 변화를 하는 이유는 발음이 어렵지 않기 때문으로 보인다. ἀγαθός 변화표가 『나름 친절한 헬라어 문법책』(220쪽)에 제시되었기에, καλός로 기본변화표를 만들어 본다. 참고로, 명사의 경우에는 어간이 자음 ρ 외로 끝나면 α, ης, η, αν과 같이 '혼합형'으로 변한다. 그러나 형용사의 경우, '혼합형'은 '곡용 과정에서 숨겨진 어간이 드러나는 형용사'인 πᾶς 같은 경우에 쓰인다. 형용사의 경우 '성'이 정해지지 않고 어미가 η로 끝나는 경우가 없기에, 어간이 ρ 외의 자음으로 끝나면 ος, η, ον과 같이 변하는 것으로 보인다.

	남성	여성	중성
단수 주격	καλός	καλή	καλόν
속격	καλοῦ	καλῆς	καλοῦ
여격	καλῷ	καλῇ	καλῷ
대격	καλόν	καλήν	καλόν
호격	καλέ	καλή	καλόν
복수 주격	καλοί	καλαί	καλά
속격	καλῶν	καλῶν	καλῶν
여격	καλοῖς	καλαῖς	καλοῖς
대격	καλούς	καλάς	καλά
호격	καλοί	καλαί	καλά

한편, μέγας '커다란, 큰, 훌륭한, 대단한, 지체 높은'와 πολύς '많은, 많이, 여러, 다양한, 큰, 두루, 무척, 심한, 한참, 매우'도 '어간이 ρ 외의 자음으로 끝나는 형용사'에 속하는데, 남성 주격과 대격, 중성 주격과 대격에서 단축 형태가 쓰인다. 『나름 친절한 헬라어 문법책』(221쪽)에 제시되어 있지만, 중요하기에 이곳에 한 번 더 기본변화표를 제시한다. 참고로, πολύς는 호격으로 쓰이지 않는다.

	남성	여성	중성
단수 주격	μέγας	μεγάλη	μέγα
속격	μεγάλου	μεγάλης	μεγάλου
여격	μεγάλῳ	μεγάλῃ	μεγάλῳ
대격	μέγαν	μεγάλην	μέγα
호격	μεγάλε	μεγάλη	μέγα

복수 주격	μεγάλοι	μεγάλαι	μεγάλα
속격	μεγάλων	μεγάλων	μεγάλων
여격	μεγάλοις	μεγάλαις	μεγάλοις
대격	μεγάλους	μεγάλας	μεγάλα
호격	μεγάλοι	μεγάλαι	μεγάλα

	남성	여성	중성
단수 주격	πολύς	πολλή	πολύ
속격	πολλοῦ	πολλῆς	πολλοῦ
여격	πολλῷ	πολλῇ	πολλῷ
대격	πολύν	πολλήν	πολύ
복수 주격	πολλοί	πολλαί	πολλά
속격	πολλῶν	πολλῶν	πολλῶν
속격	πολλοῖς	πολλαῖς	πολλοῖς
속격	πολλούς	πολλάς	πολλά

이제, '어간이 ε, ι, ρ로 끝나는 형용사' 이다. 명사의 경우, 어미가 모음이나 ρ로 끝나면 ος, α, ον 변화를 한다. 그러나 형용사의 경우, 어간이 ο로 끝나면 모음단축이 일어나고 어간이 υ로 끝나면 다르게 변하기에, 어간이 ε, ι, ρ로 끝나는 경우에만 ος, α, ον 변화를 한다.

이 책에서 '어간이 ε, ι, ρ로 끝나는 형용사' 는 ἅγιος '거룩한', δεξιός '오른, 오른쪽', δίκαιος '의로운, 올바른', ἕτερος '전혀 다른, 다른, 그밖에 ~이들', ἴδιος '자기의, 자신의, 당신의, 자기네, 아는 사람, 동료', Ἰουδαῖος '유대인, 유대의, 유대 지역의', νεκρός '죽은, 죽은 자', πονηρός '나쁜, 악한', πρεσβύτερος '장로, 늙은이, 노인장' 이다. 참고로, αἰώνιος '영원한' 도 '어간이 ε, ι, ρ로 끝나는 형용사' 에 속하지만, 설명이 좀 필요하다. 본래, αἰώνιος는 '남성과 여성, 중성 두 가지로 곡용되는 경우' 에 속한다. '어간에 어미가 붙은 형용사' 나 '단어가 어간으로 이뤄진 형용사' 의 경우, 남성과 여성이 같은 형태를 갖는다(박 222-224). 신약성경에서도 αἰώνιος는 '어간에 어미가 붙은 형용사' 로 주로 '남성과 여성, 중성 두 가지로 곡용되는 경우' 처럼 변한다(예. 마태복음 19장 16절의 ζωὴν αἰώνιον). 그런데, 데살로니가후서 2장 16절과 히브리서 9장 12절에서 여성 단수 대격 형태로 αἰωνίαν 형태가 쓰였다.

그럼, ἅγιος를 통해 '어간이 ε, ι, ρ로 끝나는 형용사' 의 기본변화표를 만들어 보자.

	남성	여성	중성
단수 주격	ἅγιος	ἁγία	ἅγιον
속격	ἁγίου	ἁγίας	ἁγίου
여격	ἁγίῳ	ἁγίᾳ	ἁγίῳ
대격	ἅγιον	ἁγίαν	ἅγιον
호격	ἅγιε	ἁγία	ἅγιον
복수 주격	ἅγιοι	ἅγιαι	ἅγια
속격	ἁγίων	ἁγίων	ἁγίων
여격	ἁγίοις	ἁγίαις	ἁγίοις
대격	ἁγίους	ἁγίας	ἅγια
호격	ἅγιοι	ἅγιαι	ἅγια

이제, '곡용 과정에서 숨겨진 어간이 드러나는 형용사' 인 πᾶς '온, 온갖 종류의, 매, 어떤 것이든, 마다, 모두, 많이들, 범사, 모든 일, 만물, 만유' 의 기본변화표이다. πᾶς는 γυνή나 ἐλπίς처럼, 곡용 과정에서 숨겨진 어간이 드러난다. 남성과 중성은 χείρ나 πατήρ와 유사한 어미를 갖고, 여성은 α, ης, ῃ, αν과 같이 변화한다. 복잡한 변화를 통해, πᾶς의 성과 수와 격을 쉽게 인식할 수 있다.

	남성	여성	중성
단수 주격	πᾶς	πᾶσα	πᾶν
속격	παντός	πάσης	παντός
여격	παντί	πάσῃ	παντί
대격	πάντα	πᾶσαν	πᾶν
호격	πᾶς	πᾶσα	πᾶν
복수 주격	πάντες	πᾶσαι	πάντα
속격	πάντων	πασῶν	πάντων
여격	πᾶσι(ν)	πάσαις	πᾶσι(ν)
대격	πάντας	πάσας	πάντα
호격	πάντες	πᾶσαι	πάντα

다음으로, '수 형용사'의 변화이다. 먼저, '하나, 각, 누구, 어느'를 뜻하는 εἷς의 변화이다. εἷς와 함께, '부정(不定) 형용사'로 분류되기도 하는 μηδείς '아무도, 아무 ~ 말고'와 οὐδείς '아무, 아무 짓, 아무 일, 아무 것, 어느 누구도 ~ 않다, 어느 누구도 없다'의 변화도 함께 살펴보자. μηδείς와 οὐδείς가 εἷς와 변화 어미가 같기 때문이다. 이 세 단어는 의미상 복수형을 가질 수 없다.

	남성	여성	중성
주격	εἷς	μία	ἕν
속격	ἑνός	μιᾶς	ἑνός
여격	ἑνί	μιᾷ	ἑνί
대격	ἕνα	μίαν	ἕν

	남성	여성	중성
주격	μηδείς	μηδεμία	μηδέν
속격	μηδενός	μηδεμιᾶς	μηδενός
여격	μηδενί	μηδεμιᾷ	μηδενί
대격	μηδένα	μηδεμίαν	μηδέν 혹은 μηθέν

	남성	여성	중성
주격	οὐδείς	οὐδεμία	οὐδέν
속격	οὐδενός	οὐδεμιᾶς	οὐδενός
여격	οὐδενί	οὐδεμιᾷ	οὐδενί
대격	οὐδένα	οὐδεμίαν	οὐδέν

이제, '둘, 두, 2' 를 뜻하는 δύο와 '셋, 삼, 3' 을 뜻하는 τρεῖς의 변화이다. δύο는 성 구분 없이 복수 형태만 쓰인다. τρεῖς는 '곡용 과정에서 숨겨진 어간이 드러나는 형용사' 와 유사하게 곡용되되, 남성과 여성형이 같다.

	남성/여성/중성
주격	δύο
속격	δύο
여격	δυσί(ν)
대격	δύο

	남성/여성	중성
주격	τρεῖς	τρία
주격	τριῶν	τριῶν
주격	τρισί(ν)	τρισί(ν)
주격	τρεῖς	τρία

마지막으로, ἑπτά '일곱, 칠, 7' 과 δώδεκα '열두, 12' 는 성과 수와 격에 따라 변하지 않는다. 물론, 수(數)는 '복수' 이다. '수 형용사' 의 변화에 대한 나머지 사항은 『나름 친절한 헬라어 문법책』(228-231쪽)을 참고하라.

2.4. 동사 변화

동사 변화 역시 『나름 친절한 헬라어 문법책』에 매우 자세히 제시하였다(박 93-155). 이 책에서는 유형별로 8개의 동사의 기본변화표를 제공한다.

2.4.1. εἰμί의 변화표

우선, 비어간모음 동사(μι 동사) 가운데서는 동사 가운데 가장 많이 쓰이고 독특하게 활용되는 εἰμί '이다, 있다, 지니고 있다, 나다, 접어들다'와, 어두에 자음이 하나인 δίδωμι '주다, 드리다, 나누다, 나눠 주다, 내밀다, 내버려 두다, 허락하다'와, 어두에 자음이 두 개인 ἵστημι '서다, 세우다, 앞에 내세우다, 배치하다, 얹다, 지우다, 견디다, 정하다'의 변화표를 정리한다. 어간이 ἑ인 ἵημι의 합성동사 ἀφίημι '놓아주다, 그냥 내버려 두다'의 활용은 어간이 ἐ인 εἰμί와 어간중복을 ἱ 형태로 하는 ἵστημι의 변화를 고려하면 알 수 있다. δύναμαι '수 있다, 위험조차 있다'는 현재와 미완료과거에서 어간중복을 하지 않기에 변화형을 예상하기가 그리 어렵지 않다.

εἰμί의 변화표

직설법	현재	미래	미완료과거
1인칭 단수	εἰμί	ἔσομαι	ἤμην
2인칭 단수	εἶ	ἔσῃ	ἦς 혹은 ἦσθα
3인칭 단수	ἐστί(ν)	ἔσται	ἦν
1인칭 복수	ἐσμέν	ἐσόμεθα	ἦμεν 혹은 ἤμεθα
2인칭 복수	ἐστέ	ἔσεσθε	ἦτε 혹은 ἦστε
3인칭 복수	εἰσί(ν)	ἔσονται	ἦσαν

	가정법 현재	명령법 현재	희구법 현재
1인칭 단수	ὦ	–	εἴην
2인칭 단수	ᾖς	ἴσθι	εἴης
3인칭 단수	ᾖ	ἔστω 혹은 ἤτω	εἴη

1인칭 복수	ὦμεν	—	εἴημεν
2인칭 복수	ἦτε	ἔστε	εἴητε
3인칭 복수	ὦσι(ν)	ἔστωσαν 혹은 ἔστων	εἴησαν

부정사 현재	부정사 미래
εἶναι	ἔσεσθαι

분사 현재 능동태

	남성	여성	중성
단수 주격	ὤν	οὖσα	ὄν
속격	ὄντος	οὔσης	ὄντος
여격	ὄντι	οὔσῃ	ὄντι
대격	ὄντα	οὖσαν	ὄν
복수 주격	ὄντες	οὖσαι	ὄντα
속격	ὄντων	οὐσῶν	ὄντων
여격	οὖσι(ν)	οὔσαις	οὖσι
대격	ὄντας	οὔσας	ὄντα

2.4.2. δίδωμι와 ἵστημι의 변화표(희구법은 박 105-107쪽을 보라.)

직설법 현재 능동태

1인칭 단수	δίδωμι	ἵστημι
2인칭 단수	δίδως	ἵστης
3인칭 단수	δίδωσι(ν)	ἵστησι(ν)
1인칭 복수	δίδομεν	ἵσταμεν
2인칭 복수	δίδοτε	ἵστατε
3인칭 복수	διδόασι(ν)	ἱστᾶσι(ν)

직설법 현재 중간태와 수동태

1인칭 단수	δίδομαι	ἵσταμαι
2인칭 단수	δίδοσαι	ἵστασαι
3인칭 단수	δίδοται	ἵσταται
1인칭 복수	διδόμεθα	ἱστάμεθα
2인칭 복수	δίδοσθε	ἵστασθε
3인칭 복수	δίδονται	ἵστανται

직설법 미래 능동태

1인칭 단수	δώσω	στήσω
2인칭 단수	δώσεις	στήσεις
3인칭 단수	δώσει	στήσει
1인칭 복수	δώσομεν	στήσομεν
2인칭 복수	δώσετε	στήσετε
3인칭 복수	δώσουσι(ν)	στήσουσι(ν)

직설법 미래 중간태

1인칭 단수	δώσομαι	στήσομαι
2인칭 단수	δώσῃ	στήσῃ
3인칭 단수	δώσεται	στήσεται
1인칭 복수	δωσόμεθα	στησόμεθα
2인칭 복수	δώσεσθε	στήσεσθε
3인칭 복수	δώσονται	στήσονται

직설법 미래 수동태

1인칭 단수	δοθήσομαι	σταθήσομαι
2인칭 단수	δοθήθῃ	σταθήσῃ

3인칭 단수	δοθήσεται	σταθήσεται
1인칭 복수	δοθησόμεθα	σταθησόμεθα
2인칭 복수	δοθήσεσθε	σταθήσεσθε
3인칭 복수	δοθήσονται	σταθήσονται

직설법 미완료과거 능동태

1인칭 단수	ἐδίδουν	ἵστην
2인칭 단수	ἐδίδους	ἵστης
3인칭 단수	ἐδίδου	ἵστη
1인칭 복수	ἐδίδομεν	ἵσταμεν
2인칭 복수	ἐδίδοτε	ἵστατε
3인칭 복수	ἐδίδοσαν	ἵστασαν

직설법 미완료과거 중간태와 수동태

1인칭 단수	ἐδιδόμην	ἱστάμην
2인칭 단수	ἐδίδοσο	ἵστασο
3인칭 단수	ἐδίδοτο	ἵστατο
1인칭 복수	ἐδιδόμεθα	ἱστάμεθα
2인칭 복수	ἐδίδοσθε	ἵστασθε
3인칭 복수	ἐδίδοντο	ἵσταντο

직설법 부정과거 능동태(ἵστημι의 경우, 뒤따르는 형태는 제2부정과거이다.)[2)]

1인칭 단수	ἔδωκα	ἔστησα 혹은 ἔστην
2인칭 단수	ἔδωκας	ἔστησας 혹은 ἔστης
3인칭 단수	ἔδωκε(ν)	ἔστησε(ν) 혹은 ἔστη
1인칭 복수	ἐδώκαμεν	ἐστήσαμεν 혹은 ἔστημεν

---

2) 박 95쪽을 보라.

2인칭 복수 ἐδώκατε ἐστήσατε 혹은 ἔστητε

3인칭 복수 ἔδωκαν ἔστησαν

직설법 부정과거 중간태(ἵστημι의 경우, 뒤따르는 형태는 제2부정과거이다.)

1인칭 단수 ἐδόμην ἐστησάμην 혹은 ἐστάμην

2인칭 단수 ἔδου ἐστήσω 혹은 ἔστασο

3인칭 단수 ἔδοτο ἐστήσατο 혹은 ἔστατο

1인칭 복수 ἐδόμεθα ἐστησάμεθα 혹은 ἐστάμεθα

2인칭 복수 ἔδοσθε ἐστήσασθε 혹은 ἔστασθε

3인칭 복수 ἔδοντο ἐστήσαντο 혹은 ἔσταντο

직설법 부정과거 수동태

1인칭 단수 ἐδόθην ἐστάθην

2인칭 단수 ἐδόθης ἐστάθης

3인칭 단수 ἐδόθη ἐστάθη

1인칭 복수 ἐδόθημεν ἐστάθημεν

2인칭 복수 ἐδόθητε ἐστάθητε

3인칭 복수 ἐδόθησαν ἐστάθησαν

직설법 현재완료 능동태

1인칭 단수 δέδωκα ἕστηκα

2인칭 단수 δέδωκας ἕστηκας

3인칭 단수 δέδωκε(ν) ἕστηκε(ν)

1인칭 복수 δεδώκαμεν ἑστήκαμεν

2인칭 복수 δεδώκατε ἑστήκατε

3인칭 복수 δεδώκασι(ν) ἑστήκασι(ν)

직설법 현재완료 중간태와 수동태(ἵστημι의 경우, 이 형태로 쓰이지 않는다.)

1인칭 단수	δέδομαι
2인칭 단수	δέδοσαι
3인칭 단수	δέδοται
1인칭 복수	δεδόμεθα
2인칭 복수	δέδοσθε
3인칭 복수	δέδονται

직설법 과거완료 능동태[3)]

1인칭 단수	δεδώκειν	εἱστήκη 혹은 εἱστήκειν
2인칭 단수	δεδώκεις	εἱστήκης 혹은 εἱστήκεις
3인칭 단수	δεδώκει	εἱστήκει
1인칭 복수	δεδώκειμεν	εἱστήκειμεν
2인칭 복수	δεδώκειτε	εἱστήκειτε
3인칭 복수	δεδώκεισαν	εἱστήκεισαν

가정법 현재 능동태

1인칭 단수	διδῶ	ἱστῶ
2인칭 단수	διδῷς	ἱστῇς
3인칭 단수	διδῷ	ἱστῇ
1인칭 복수	διδῶμεν	ἱστῶμεν
2인칭 복수	διδῶτε	ἱστῆτε
3인칭 복수	διδῶσι(ν)	ἱστῶσι(ν)

가정법 현재 중간태와 수동태

1인칭 단수	διδῶμαι	ἱστῶμαι

3) 직설법 과거완료 중간태와 수동태형은 박 101쪽을 보라.

2인칭 단수	διδῷ	ἱστῇ
3인칭 단수	διδῶται	ἱστῆται
1인칭 복수	διδώμεθα	ἱστώμεθα
2인칭 복수	διδῶσθε	ἱστῆσθε
3인칭 복수	διδῶνται	ἱστῶνται

가정법 부정과거 능동태(신약성경에서 δίδωμι는 제1부정과거형과 제2부정과거형이 같이 쓰이고, ἵστημι는 제1부정과거형만 쓰이나 합성동사의 경우 제2부정과거형도 쓰인다.)

1인칭 단수	δῶ 혹은 δώσω	στῶ 혹은 στήσω
2인칭 단수	δῷς 혹은 δώσῃς	στῇς 혹은 στήσῃς
3인칭 단수	δῷ 혹은 δώσῃ δώῃ δοῖ[4]	στῇ 혹은 στήσῃ
1인칭 복수	δῶμεν 혹은 δώσωμεν	στῶμεν 혹은 στήσωμεν
2인칭 복수	δῶτε 혹은 δώσητε	στῆτε 혹은 στήσητε
3인칭 복수	δῶσι(ν) 혹은 δώσωσι(ν)	στῶσι(ν) 혹은 στήσωσι(ν)

가정법 부정과거 수동태[5]

1인칭 단수	δοθῶ	σταθῶ
2인칭 단수	δοθῇς	σταθῇς
3인칭 단수	δοθῇ	σταθῇ
1인칭 복수	δοθῶμεν	σταθῶνεν
2인칭 복수	δοθῆτε	σταθῆτε

---

4) 신약성경에서 δίδωμι의 가정법 부정과거 능동태 3인칭 단수형은 네 가지나 쓰인다. 제2부정과거형인 δῷ 및 제1부정과거형인 δώσῃ는 물론, δώσῃ에서 σ가 생략된 δώῃ와 δο + ῃι 에서 모음단축을 한 δοῖ까지 쓰인다. δῷ는 요 13:39, 15:16, 고전 14:7, 8, 엡 3:16, 4:29에, δώσῃ는 요 17:2에, δώῃ는 엡 1:17, 딤후 2:25에, δοῖ는 막 8:37에 나온다.

5) 가정법 부정과거 중간태형은 박 103쪽을 보라.

3인칭 복수	δοθῶσι(ν)	σταθῶσι(ν)

명령법 현재 능동태

2인칭 단수	δίδου	ἵστη
3인칭 단수	διδότω	ἱστάνω
2인칭 복수	δίδοτε	ἵστατε
3인칭 복수	διδόντων 혹은 διδότωσαν	ἱστάντων 혹은 ἱστάτωσαν

명령법 현재 중간태와 수동태

2인칭 단수	δίδοσο	ἵστασο
3인칭 단수	διδόσθω	ἱστάσθω
2인칭 복수	δίδοσθε	ἵστασθε
3인칭 복수	διδόσθων 혹은 διδόσθωσαν	ἱστάσθων 혹은 ἱστάσθωσαν

명령법 부정과거 능동태

2인칭 단수	δός	στῆθι (στά)[6]
3인칭 단수	δότω	στήτω
2인칭 복수	δότε	στῆτε
3인칭 복수	δόντων 혹은 δότωσαν	στάντων 혹은 στήτωσαν

명령법 부정과거 중간태

2인칭 단수	δοῦ	στῶ
3인칭 단수	δόσθω	στάσθω
2인칭 복수	δόσθε	στάσθε
3인칭 복수	δόσθων 혹은 δόσθωσαν	στάσθωσαν

6) 합성동사에서 στά도 쓰인다. 한편, 어미 θι를 산스크리트어에서 기원한 것으로 볼 수도 있지만, 헬라어 자체에서 설명하자면, 명령법 부정과거 수동태 2인칭 명령 어미 θητι에서 수동을 의미하는 θη를 제외한 형태인 τι가 탈기식음화가 되기 전 형태인 θι로 쓰였다고 설명할 수 있다.

명령법 부정과거 수동태

2인칭 단수	δόθητι	στάθητι
3인칭 단수	δοθήτω	σταθήτω
2인칭 복수	δόθητε	στάθητε
3인칭 복수	δοθήτωσαν	σταθήτωσαν

부정사[7)]

현재 능동태	현재 중간태와 수동태
διδόναι	δίδοσθαι
ἱστάναι	ἵστασθαι

부정과거 능동태	부정과거 중간태	부정과거 수동태
δοῦναι	δόσθαι	δοθῆναι
στῆναι	στάσθαι	σταθῆναι

분사 현재 능동태

	남성	여성	중성
단수 주격	διδούς	διδοῦσα	διδόν
속격	διδόντος	διδούσης	διδόντος
여격	διδόντι	διδούσῃ	διδόντι
대격	διδόντα	διδοῦσαν	διδόν
복수 주격	διδόντες	διδοῦσαι	διδόντα
속격	διδόντων	διδουσῶν	διδόντων
여격	διδοῦσι(ν)	διδούσαις	διδοῦσι(ν)
대격	διδόντας	διδούσας	διδόντα

7) 부정사의 나머지 형태는 박 107-108쪽을 보라.

	남성	여성	중성
단수 주격	ἱστάς	ἱστᾶσα	ἱστάν
속격	ἱστάντος	ἱστάσης	ἱστάντος
여격	ἱστάντι	ἱστάσῃ	ἱστάντι
대격	ἱστάντα	ἱστᾶσαν	ἱστάν
복수 주격	ἱστάντες	ἱστᾶσαι	ἱστάντα
속격	ἱστάντων	ἱστασῶν	ἱστάντων
여격	ἱστάσι(ν)[8]	ἱστάσαις	ἱστάσι(ν)
대격	ἱστάντας	ἱστάσας	ἱστάντα

분사 현재 중간태와 수동태

	남성	여성	중성
단수 주격	διδόμενος	διδομένη	διδόμενον
속격	διδομένου	διδομένης	διδομένου
여격	διδομένῳ	διδομένῃ	διδομένῳ
대격	διδόμενον	διδομένην	διδόμενον
복수 주격	διδόμενοι	διδόμεναι	διδόμενα
속격	διδομένων	διδομένων	διδομένων
여격	διδομένοις	διδομέναις	διδομένοις
대격	διδονένους	διδομένας	διδόμενα

	남성	여성	중성
단수 주격	ἱστάμενος	ἱσταμένη	ἱστάμενον
속격	ἱσταμένου	ἱσταμένης	ἱσταμένου

8) 용례를 찾기 어려워 추측하여 표기하였다. 직설법 현재 능동태 3인칭 복수형인 ἱστᾶσι(ν)과의 구별을 위해 악센트를 애큐트로 하였다.

여격	ἱσταμένῳ	ἱσταμένῃ	ἱσταμένῳ
대격	ἱστάμενον	ἱσταμένην	ἱστάμενον
복수 주격	ἱστάμενοι	ἱστάμεναι	ἱστάμενα
속격	ἱσταμένων	ἱσταμένων	ἱσταμένων
여격	ἱσταμένοις	ἱσταμέναις	ἱσταμένοις
대격	ἱστανένους	ἱσταμένας	ἱστάμενα

분사 제2부정과거 능동태

	남성	여성	중성
단수 주격	δούς	δοῦσα	δόν
속격	δόντος	δούσης	δόντος
여격	δόντι	δούσῃ	δόντι
대격	δόντα	δοῦσαν	δόν
복수 주격	δόντες	δοῦσαι	δόντα
속격	δόντων	δουσῶν	δόντων
여격	δοῦσι(ν)	δούσαις	δοῦσι(ν)
대격	δόντας	δούσας	δόντα

	남성	여성	중성
단수 주격	στάς	στᾶσα	στάν
속격	στάντος	στάσης	στάντος
여격	στάντι	στάσῃ	στάντι
대격	στάντα	στᾶσαν	στάν
복수 주격	στάντες	στᾶσαι	στάντα
속격	στάντων	στασῶν	στάντων

여격	στάσι(ν)[9]	στάσαις	στάσι(ν)
대격	στάντας	στάσας	στάντα

분사 제2부정과거 수동태[10]

	남성	여성	중성
단수 주격	δοθείς	δοθεῖσα	δοθέν
속격	δοθέντος	δοθείσης	δοθέντος
여격	δοθέντι	δοθείσῃ	δοθέντι
대격	δοθέντα	δοθεῖσαν	δοθέν
복수 주격	δοθέντες	δοθεῖσαι	δοθέντα
속격	δοθέντων	δοθεισῶν	δοθέντων
여격	δοθεῖσι(ν)	δοθείσαις	δοθεῖσι(ν)
대격	δοθέντας	δοθείσας	δοθέντα

	남성	여성	중성
단수 주격	σταθείς	σταθεῖσα	σταθέν
속격	σταθέντος	σταθείσης	σταθέντος
여격	ταθέντι	σταθείσῃ	σταθέντι
대격	σταθέντα	σταθεῖσαν	σταθέν
복수 주격	σταθέντες	σταθεῖσαι	σταθέντα
속격	σταθέντων	σταθεισῶν	σταθέντων
여격	σταθεῖσι(ν)	σταθείσαις	σταθεῖσι(ν)
대격	σταθέντας	σταθείσας	σταθέντα

9) 분사 제2부정과거 남성과 중성 복수 여격형 역시 용례를 찾기 어려워 추측하여 표기하였다.
10) 분사 부정과거 중간태는 박 111쪽을 보라.

분사 현재완료 능동태

	남성	여성	중성
단수 주격	δεδωκώς	δεδωκυῖα	δεδωκός
속격	δεδωκότος	δεδωκυίας	δεδωκότος
여격	δεδωκότι	δεδωκυίᾳ	δεδωκότι
대격	δεδωκότα	δεδωκυῖαν	δεδωκός
복수 주격	δεδωκότες	δεδωκυῖαι	δεδωκότα
속격	δεδωκότων	δεδωκυιῶν	δεδωκότων
여격	δεδωκόσι(ν)	δεδωκυίαις	δεδωκόσι(ν)
대격	δεδωκότας	δεδωκυίας	δεδωκότα

(ἵστημι의 경우, 남성과 중성에서 제2현재완료형과 제1현재완료형이 함께 쓰인다.)

	남성	여성	중성
단수 주격	ἑστώς (ἑστηκώς)	ἑστηκυῖα	ἑστός (ἑστηκός)
속격	ἑστῶτος (ἑστηκότος)	ἑστηκυίας	ἑστῶτος (ἑστηκότος)
여격	ἑστῶτι (ἑστηκότι)	ἑστηκυίᾳ	ἑστῶτι (ἑστηκότι)
대격	ἑστῶτα (ἑστηκότα)	ἑστηκυῖαν	ἑστός (ἑστηκός)
복수 주격	ἑστῶτες (ἑστηκότες)	ἑστηκυῖαι	ἑστῶτα (ἑστηκότα)
속격	ἑστώτων (ἑστηκότων)	ἑστηκυιῶν	ἑστώτων (ἑστηκότων)
속격	ἑστῶσι(ν) (ἑστηκόσι[ν])	ἑστηκυίαις	ἑστῶσι(ν) (ἑστηκόσι[ν])
속격	ἑστῶτας (ἑστηκότας)	ἑστηκυίας	ἑστῶτα (ἑστηκότα)

분사 현재완료 중간태와 수동태(ἵστημι의 경우, 이 형태로 쓰이지 않는다.)

	남성	여성	중성
단수 주격	δεδομένος	δεδομένη	δεδομένον
속격	δεδομένου	δεδομένης	δεδομένου

여격	δεδομένῳ	δεδομένῃ	δεδομένῳ
대격	δεδομένον	δεδομένην	δεδομένον
복수 주격	δεδομένοι	δεδομέναι	δεδομένα
속격	δεδομένων	δεδομένων	δεδομένων
여격	δεδομένοις	δεδομέναις	δεδομένοις
대격	δεδομένους	δεδομένας	δεδομένα

2.4.3. ἀκούω와 πιστεύω의 변화표

다음으로, '어간모음 동사' 가운데에서는 모음동사만 기본변화표를 정리한다. 우선, '비단축동사'로는 횟수와 형태를 고려하여 ἀκούω '듣다, 전해 듣다, 새겨듣다, 들어보다, 헤아려 듣다, 알아듣다, 경청하다, 귀 기울여 듣다'와 πιστεύω '믿다'의 활용을 정리한다. 쓰이지 않는 형태라도 다른 동사에 적용할 수 있도록 형태를 제공한다.
ἐσθίω '먹다, 먹어 보다'는 어간이 바뀌기에 '부록 4. 단어장'을 참고하라.
πορεύομαι '가다, 나가다, 길을 떠나다, 가 있다, 진행하다, 진보하다'가 '이태동사'라는 특징이 있지만, 형태는 πιστεύω의 활용을 살펴보면 된다.

직설법 현재 능동태

1인칭 단수	ἀκούω	πιστεύω
2인칭 단수	ἀκούεις	πιστεύεις
3인칭 단수	ἀκούει	πιστεύει
1인칭 복수	ἀκούομεν	πιστεύομεν
2인칭 복수	ἀκούετε	πιστεύετε
3인칭 복수	ἀκούουσι(ν)	πιστεύουσι(ν)

직설법 현재 중간태와 수동태

1인칭 단수	ἀκούομαι	πιστεύομαι
2인칭 단수	ἀκούῃ	πιστεύῃ
3인칭 단수	ἀκούεται	πιστεύεται

1인칭 복수	ἀκουόμεθα	πιστευόμεθα
2인칭 복수	ἀκούεσθε	πιστεύεσθε
3인칭 복수	ἀκούονται	πιστεύονται

직설법 미래 능동태

1인칭 단수	ἀκούσω	πιστεύσω
2인칭 단수	ἀκούσεις	πιστεύσεις
3인칭 단수	ἀκούσει	πιστεύσει
1인칭 복수	ἀκούσομεν	πιστεύσομεν
2인칭 복수	ἀκούσετε	πιστεύσετε
3인칭 복수	ἀκούσουσι(ν)	πιστεύσουσι(ν)

직설법 미래 중간태

1인칭 단수	ἀκούσομαι	πιστεύσομαι
2인칭 단수	ἀκούσῃ	πιστεύσῃ
3인칭 단수	ἀκούσεται	πιστεύσεται
1인칭 복수	ἀκουσόμεθα	πιστευσόμεθα
2인칭 복수	ἀκούσεσθε	πιστεύσεσθε
3인칭 복수	ἀκούσονται	πιστεύσονται

직설법 미래 수동태 (ἀκούω의 경우, 어간과 어미 사이에 σ가 삽입된다.)[11]

1인칭 단수	ἀκουσθήσομαι	πιστευθήσομαι
2인칭 단수	ἀκουσθήθῃ	πιστευθήσῃ
3인칭 단수	ἀκουσθήσεται	πιστευθήσεται
1인칭 복수	ἀκουσθησόμεθα	πιστευθησόμεθα
2인칭 복수	ἀκουσθήσεσθε	πιστευθήσεσθε
3인칭 복수	ἀκουσθήσονται	πιστευθήσονται

11) 시그마 삽입에 대해서는 S 836과 489항목을 보라.

직설법 미완료과거 능동태

1인칭 단수	ἤκουον	ἐπίστευον
2인칭 단수	ἤκουες	ἐπίστευες
3인칭 단수	ἤκουε(ν)	ἐπίστευε(ν)
1인칭 복수	ἠκούομεν	ἐπιστεύομεν
2인칭 복수	ἠκούετε	ἐπιστεύετε
3인칭 복수	ἤκουον	ἐπίστευον

직설법 미완료과거 중간태와 수동태

1인칭 단수	ἠκουόμην	ἐπιστευόμην
2인칭 단수	ἠκούου	ἐπιστεύου
3인칭 단수	ἠκούετο	ἐπιστεύετο
1인칭 복수	ἠκουόμεθα	ἐπιστευόμεθα
2인칭 복수	ἠκούεσθε	ἐπιστεύεσθε
3인칭 복수	ἠκούοντο	ἐπιστεύοντο

직설법 부정과거 능동태

1인칭 단수	ἤκουσα	ἐπίστευσα
2인칭 단수	ἤκουσας	ἐπίστευσας
3인칭 단수	ἤκουσε(ν)	ἐπίστευσε(ν)
1인칭 복수	ἠκούσαμεν	ἐπιστεύσαμεν
2인칭 복수	ἠκούσατε	ἐπιστεύσατε
3인칭 복수	ἤκουσαν	ἐπίστευσαν

직설법 부정과거 중간태

1인칭 단수	ἠκουσάμην	ἐπιστευσάμην
2인칭 단수	ἠκούσω	ἐπιστεύσω
3인칭 단수	ἠκούσατο	ἐπιστεύσατο

1인칭 복수	ἠκουσάμεθα	ἐπιστευσάμεθα
2인칭 복수	ἠκούσασθε	ἐπιστεύσασθε
3인칭 복수	ἠκούσαντο	ἐπιστεύσαντο

직설법 부정과거 수동태(ἀκούω의 경우, 어간과 어미 사이에 σ가 삽입된다.)[12)]

1인칭 단수	ἠκούσθην	ἐπιστεύθην
2인칭 단수	ἠκούσθης	ἐπιστεύθης
3인칭 단수	ἠκούσθη	ἐπιστεύθη
1인칭 복수	ἠκούσθημεν	ἐπιστεύθημεν
2인칭 복수	ἠκούσθητε	ἐπιστεύθητε
3인칭 복수	ἠκούσθησαν	ἐπιστεύθησαν

직설법 현재완료 능동태(ἀκούω의 경우, 모음 α와 첫 자음 κ가 중복되고 모음 α가 η로 길어지는 방식으로 어간이 중복된 다음, 어간에서 υ가 사라지고, 현재완료 어미에서 κ가 빠진 어미가 붙는다.)[13)]

1인칭 단수	ἀκήκοα	πεπίστευκα
2인칭 단수	ἀκήκοας	πεπίστευκας
3인칭 단수	ἀκήκοε(ν)	πεπίστευκε(ν)
1인칭 복수	ἀκηκόαμεν	πεπιστεύκαμεν
2인칭 복수	ἀκηκόατε	πεπιστεύκατε
3인칭 복수	ἀκηκόασι(ν)	πεπιστεύκασι(ν)

12) 시그마 삽입에 대해서는 S 489와 836항목을 보라.

13) 모음과 첫 자음이 함께 중복되는 어간 중복을 '아틱 중복(Attic Reduplication)' 이라 부르기도 한다. S 446항목을 보라. 어간에서 ι나 υ이 사라지는 것에 대해서는 S 43항목을 보라. 그리고 현재완료 어미에서 κ가 빠진 어미가 붙는 경우를 '제2현재완료' 라고 부르기도 하는데(S 561-562), 한 단계 앞선 시제의 어미를 붙인 것이 아니기에 굳이 '제2' 라는 표현은 쓰지 않아도 되겠다.

직설법 현재완료 중간태와 수동태(ἀκούω의 경우, 부정과거 수동태처럼 어간과 어미 사이에 σ가 삽입된다. 2인칭에서는 σ가 겹치기에 하나만 남는다.)[14)]

1인칭 단수	ἤκουσμαι	πεπίστευμαι
2인칭 단수	ἤκουσαι	πεπίστευσαι
3인칭 단수	ἤκουσται	πεπίστευται
1인칭 복수	ἠκούσμεθα	πεπιστεύμεθα
2인칭 복수	ἤκουσθε	πεπίστευσθε
3인칭 복수	ἤκουσνται	πεπίστευνται

직설법 과거완료 능동태(ἀκούω의 경우, 현재완료와 마찬가지로 모음 α와 첫 자음 κ가 중복되고 모음 α가 η로 길어지는 방식으로 어간이 중복된 다음, 어간에서 υ가 사라지고, 과거완료 어미에서 κ가 빠진 어미가 붙는다.)

1인칭 단수	ἀκηκόειν	πεπιστεύκειν
2인칭 단수	ἀκηκόεις	πεπιστεύκεις
3인칭 단수	ἀκηκόει	πεπιστεύκει
1인칭 복수	ἀκηκόειμεν	πεπιστεύκειμεν
2인칭 복수	ἀκηκόειτε	πεπιστεύκειτε
3인칭 복수	ἀκηκόεισαν	πεπιστεύκεισαν

가정법 현재 능동태

1인칭 단수	ἀκούω	πιστεύω
2인칭 단수	ἀκούῃς	πιστεύῃς
3인칭 단수	ἀκούῃ	πιστεύῃ
1인칭 복수	ἀκούωμεν	πιστεύωμεν

14) 시그마 삽입에 대해서는 S 489항목을 보라.

2인칭 복수	ἀκούητε	πιστεύητε
3인칭 복수	ἀκούωσι(ν)	πιστεύωσι(ν)

가정법 현재 중간태와 수동태

1인칭 단수	ἀκούωμαι	πιστεύωμαι
2인칭 단수	ἀκούῃ	πιστεύῃ
3인칭 단수	ἀκούηται	πιστεύηται
1인칭 복수	ἀκουώμεθα	πιστευώμεθα
2인칭 복수	ἀκούησθε	πιστεύησθε
3인칭 복수	ἀκούωνται	πιστεύωνται

가정법 부정과거 능동태

1인칭 단수	ἀκούσω	πιστεύσω
2인칭 단수	ἀκούσῃς	πιστεύσῃς
3인칭 단수	ἀκούσῃ	πιστεύσῃ
1인칭 복수	ἀκούσωμεν	πιστεύσωμεν
2인칭 복수	ἀκούσητε	πιστεύσητε
3인칭 복수	ἀκούσωσι(ν)	πιστεύσωσι(ν)

가정법 부정과거 수동태(ἀκούω의 경우, 어간과 어미 사이에 σ가 삽입된다.)

1인칭 단수	ἀκουσθῶ	πιστευθῶ
2인칭 단수	ἀκουσθῇς	πιστευθῇς
3인칭 단수	ἀκουσθῇ	πιστευθῇ
1인칭 복수	ἀκουσθῶμεν	πιστευθῶμεν
2인칭 복수	ἀκουσθῆτε	πιστευθῆτε
3인칭 복수	ἀκουσθῶσι(ν)	πιστευθῶσι(ν)

명령법 현재 능동태

2인칭 단수	ἄκουε	πίστευε
3인칭 단수	ἀκουέτω	πιστευέτω
2인칭 복수	ἀκούετε	πιστεύετε
3인칭 복수	ἀκουέτωσαν	πιστευέτωσαν

명령법 현재 중간태와 수동태

2인칭 단수	ἀκούου	πιστεύου
3인칭 단수	ἀκουέσθω	πιστευέσθω
2인칭 복수	ἀκούεσθε	πιστεύεσθε
3인칭 복수	ἀκουέσθωσαν	πιστευέσθωσαν

명령법 부정과거 능동태

2인칭 단수	ἄκουσον	πίστευσον
3인칭 단수	ἀκουσάτω	πιστευσάτω
2인칭 복수	ἀκούσατε	πιστεύσατε
3인칭 복수	ἀκουσάτωσαν	πιστευσάτωσαν

명령법 부정과거 중간태

2인칭 단수	ἀκοῦσαι	πιστεῦσαι
3인칭 단수	ἀκουσάσθω	πιστευσάσθω
2인칭 복수	ἀκούσασθε	πιστευσάσθε
3인칭 복수	ἀκουσάσθωσαν	πιστευσάσθωσαν

명령법 부정과거 수동태

2인칭 단수	ἀκούθητι	πιστεύθητι
3인칭 단수	ἀκουθήτω	πιστευθήτω
2인칭 복수	ἀκούθητε	πιστεύθητε
3인칭 복수	ἀκουθήτωσαν	πιστευθήτωσαν

부정사

현재 능동태	현재 중간태와 수동태
ἀκούειν	ἀκούεσθαι
πιστεύειν	πιστεύεσθαι

부정과거 능동태	부정과거 중간태	부정과거 수동태
ἀκοῦσαι	ἀκούσασθαι	ἀκουθῆναι
πιστεῦσαι	πιστεύσασθαι	πιστευθῆναι

분사 현재 능동태

	남성	여성	중성
단수 주격	ἀκούων	ἀκούουσα	ἀκοῦον
속격	ἀκούοντος	ἀκουούσης	ἀκούοντος
여격	ἀκούοντι	ἀκουούσῃ	ἀκούοντι
대격	ἀκούοντα	ἀκούουσαν	ἀκοῦον
복수 주격	ἀκούοντες	ἀκούουσαι	ἀκούοντα
속격	ἀκουόντων	ἀκουουσῶν	ἀκουόντων
여격	ἀκούουσι(ν)	ἀκουούσαις	ἀκούουσι(ν)
대격	ἀκούοντας	ἀκουούσας	ἀκούοντα

	남성	여성	중성
단수 주격	πιστεύων	πιστεύουσα	πιστεῦον
속격	πιστεύοντος	πιστευούσης	πιστεύοντος
여격	πιστεύοντι	πιστευούσῃ	πιστεύοντι
대격	πιστεύοντα	πιστεύουσαν	πιστεῦον
복수 주격	πιστεύοντες	πιστεύουσαι	πιστεύοντα
속격	πιστευόντων	πιστευουσῶν	πιστευόντων

여격	πιστεύουσι(ν)	πιστευούσαις	πιστεύουσι(ν)
대격	πιστεύοντας	πιστευούσας	πιστεύοντα

분사 현재 중간태와 수동태

	남성	여성	중성
단수 주격	ἀκουόμενος	ἀκουομένη	ἀκουόμενον
속격	ἀκουομένου	ἀκουομένης	ἀκουομένου
여격	ἀκουομένῳ	ἀκουομένῃ	ἀκουομένῳ
대격	ἀκουόμενον	ἀκουομένην	ἀκουόμενον
복수 주격	ἀκουόμενοι	ἀκουόμεναι	ἀκουόμενα
속격	ἀκουομένων	ἀκουομένων	ἀκουομένων
여격	ἀκουομένοις	ἀκουομέναις	ἀκουομένοις
대격	ἀκουομένους	ἀκουομένας	ἀκουόμενα

	남성	여성	중성
단수 주격	πιστευόμενος	πιστευομένη	πιστευόμενον
속격	πιστευομένου	πιστευομένης	πιστευομένου
여격	πιστευομένῳ	πιστευομένῃ	πιστευομένῳ
대격	πιστευόμενον	πιστευομένην	πιστευόμενον
복수 주격	πιστευόμενοι	πιστευόμεναι	πιστευόμενα
속격	πιστευομένων	πιστευομένων	πιστευομένων
여격	πιστευομένοις	πιστευομέναις	πιστευομένοις
대격	πιστευομένους	πιστευομένας	πιστευόμενα

분사 부정과거 능동태

	남성	여성	중성
단수 주격	ἀκούσας	ἀκούσασα	ἄκουσαν
속격	ἀκούσαντος	ἀκουσάσης	ἀκούσαντος
여격	ἀκούσαντι	ἀκουσάσῃ	ἀκούσαντι
대격	ἀκούσαντα	ἀκούσασαν	ἄκουσαν
복수 주격	ἀκούσαντες	ἀκούσασαι	ἀκούσαντα
속격	ἀκουσάντων	ἀκουσασῶν	ἀκουσάντων
여격	ἀκούσασι(ν)	ἀκουσάσαις	ἀκούσασι(ν)
대격	ἀκούσαντας	ἀκουσάσας	ἀκούσαντα

	남성	여성	중성
단수 주격	πιστεύσας	πιστεύσασα	πιστεῦσαν
속격	πιστεύσαντος	πιστευσάσης	πιστεύσαντος
여격	πιστεύσαντι	πιστευσάσῃ	πιστεύσαντι
대격	πιστεύσαντα	πιστεύσασαν	πιστεῦσαν
복수 주격	πιστεύσαντες	πιστεύσασαι	πιστεύσαντα
속격	πιστευσάντων	πιστευσασῶν	πιστευσάντων
여격	πιστεύσασι(ν)	πιστευσάσαις	πιστεύσασι(ν)
대격	πιστεύσαντας	πιστευσάσας	πιστεύσαντα

분사 부정과거 중간태

	남성	여성	중성
단수 주격	ἀκουσάμενος	ἀκουσαμένη	ἀκουσάμενον
속격	ἀκουσαμένου	ἀκουσαμένης	ἀκουσαμένου
여격	ἀκουσαμένῳ	ἀκουσαμένῃ	ἀκουσαμένῳ
대격	ἀκουσάμενον	ἀκουσαμένην	ἀκουσάμενον

복수 주격	ἀκουσάμενοι	ἀκουσάμεναι	ἀκουσάμενα
속격	ἀκουσαμένων	ἀκουσαμένων	ἀκουσαμένων
여격	ἀκουσαμένοις	ἀκουσαμέναις	ἀκουσαμένοις
대격	ἀκουσαμένους	ἀκουσαμένας	ἀκουσάμενα

	남성	여성	중성
단수 주격	πιστευσάμενος	πιστευσαμένη	πιστευσάμενον
속격	πιστευσαμένου	πιστευσαμένης	πιστευσαμένου
여격	πιστευσαμένῳ	πιστευσαμένῃ	πιστευσαμένῳ
대격	πιστευσάμενον	πιστευσαμένην	πιστευσάμενον
복수 주격	πιστευσάμενοι	πιστευσάμεναι	πιστευσάμενα
속격	πιστευσαμένων	πιστευσαμένων	πιστευσαμένων
여격	πιστευσαμένοις	πιστευσαμέναις	πιστευσαμένοις
대격	πιστευσαμένους	πιστευσαμένας	πιστευσάμενα

분사 부정과거 수동태(ἀκούω의 경우, 어간과 어미 사이에 σ가 삽입된다.)

	남성	여성	중성
단수 주격	ἀκουσθείς	ἀκουσθεῖσα	ἀκουσθέν
속격	ἀκουσθέντος	ἀκουσθείσης	ἀκουσθέντος
여격	ἀκουσθέντι	ἀκουσθείσῃ	ἀκουσθέντι
대격	ἀκουσθέντα	ἀκουσθεῖσαν	ἀκουσθέν
복수 주격	ἀκουσθέντες	ἀκουσθεῖσαι	ἀκουσθέντα
속격	ἀκουσθέντων	ἀκουσθεισῶν	ἀκουσθέντων
여격	ἀκουσθεῖσι(ν)	ἀκουσθείσαις	ἀκουσθεῖσι(ν)
대격	ἀκουσθέντας	ἀκουσθείσας	ἀκουσθέντα

		남성	여성	중성
단수	주격	πιστευθείς	πιστευθεῖσα	πιστευθέν
	속격	πιστευθέντος	πιστευθείσης	πιστευθέντος
	여격	πιστευθέντι	πιστευθείσῃ	πιστευθέντι
	대격	πιστευθέντα	πιστευθεῖσαν	πιστευθέν
복수	주격	πιστευθέντες	πιστευθεῖσαι	πιστευθέντα
	속격	πιστευθέντων	πιστευθεισῶν	πιστευθέντων
	여격	πιστευθεῖσι(ν)	πιστευθείσαις	πιστευθεῖσι(ν)
	대격	πιστευθέντας	πιστευθείσας	πιστευθέντα

분사 현재완료 능동태(ἀκούω의 경우, 직설법 현재완료와 마찬가지로 모음 α와 첫 자음 κ가 중복되고 모음 α가 η로 길어지는 방식으로 어간이 중복된 다음, 어간에서 υ가 사라지고, 현재완료 분사 어미에서 κ가 빠진 어미가 붙는다.)

		남성	여성	중성
단수	주격	ἀκηκοώς	ἀκηκουῖα	ἀκηκοός
	속격	ἀκηκοότος	ἀκηκουίας	ἀκηκοότος
	여격	ἀκηκοότι	ἀκηκουίᾳ	ἀκηκοότι
	대격	ἀκηκοότα	ἀκηκουῖαν	ἀκηκοός
복수	주격	ἀκηκοότες	ἀκηκουῖαι	ἀκηκοότα
	속격	ἀκηκοότων	ἀκηκουιῶν	ἀκηκοότων
	여격	ἀκηκοόσι(ν)	ἀκηκουίαις	ἀκηκοόσι(ν)
	대격	ἀκηκοότας	ἀκηκουίας	ἀκηκοότα

		남성	여성	중성
단수	주격	πεπιστευκώς	πεπιστευκυῖα	πεπιστευκός
	속격	πεπιστευκότος	πεπιστευκυίας	πεπιστευκότος
	여격	πεπιστευκότι	πεπιστευκυίᾳ	πεπιστευκότι
	대격	πεπιστευκότα	πεπιστευκυῖαν	πεπιστευκός
복수	주격	πεπιστευκότες	πεπιστευκυῖαι	πεπιστευκότα
	속격	πεπιστευκότων	πεπιστευκυιῶν	πεπιστευκότων
	여격	πεπιστευκόσι(ν)	πεπιστευκυίαις	πεπιστευκόσι(ν)
	대격	πεπιστευκότας	πεπιστευκυίας	πεπιστευκότα

분사 현재완료 중간태와 수동태(ἀκούω의 경우, 형태를 예상하기 어렵다.)[15]

		남성	여성	중성
단수	주격	πεπιστευμένος	πεπιστευμένη	πεπιστευμένον
	속격	πεπιστευμένου	πεπιστευμένης	πεπιστευμένου
	여격	πεπιστευμένῳ	πεπιστευμένῃ	πεπιστευμένῳ
	대격	πεπιστευμένον	πεπιστευμένην	πεπιστευμένον
복수	주격	πεπιστευμένοι	πεπιστευμέναι	πεπιστευμένα
	속격	πεπιστευμένων	πεπιστευμένων	πεπιστευμένων
	여격	πεπιστευμένοις	πεπιστευμέναις	πεπιστευμένοις
	대격	πεπιστευμένους	πεπιστευμένας	πεπιστευμένα

2.4.4. ἀγαπάω와 ποιέω와 πληρόω의 변화표

마지막으로, '단축동사' 가운데서는 ἀγαπάω '사랑하다' 및 ποιέω '만들다, 삼다,

---

15) 모음 α와 첫 자음 κ가 중복되고 모음 α가 η로 길어지는 방식으로 어간이 중복된 다음, 어간에서 υ가 사라지고, 분사 현재완료 중간태와 수동태 어미에서 μ가 빠진 ἀκηκοένος ἀκηκοένη ἀκηκοένον과 같은 형태를 생각해 볼 수 있다.

짓다, 행하다, 실행하다, (일을) 하다, 시행하다, 이루다, 조치를 취하다, 선사하다, 게하다, 계산하다, 이러하다, 지내다' 의 변화표와 함께, 이 책에 나오지 않았지만 어간이 ο로 끝나는 동사 가운데 다양한 형태로 많이 쓰이는 πληρόω '차다, 가득하게 되다, 끝마치다, 이루다; [수동태] 채우다, 충만하다, 가득 차다, 이뤄지다, 만료되다, 지나다' 의 변화표를 살펴보되, 모음단축이 일어나는 '직설법 현재와 미완료과거, 가정법 현재, 명령법 현재, 부정사 현재, 분사 현재' 의 변화표만 정리한다.[16] ζάω '살다, 살아 있다, 살아나다, 숨이 붙어 있다' 는 ἀγαπάω의 변화표를 보면 되고, λαλέω '얘기하다, 이야기하다, 얘기해 주다, 지껄이다, 분부하다' 는 ποιέω의 변화표를 보면 된다. καλέω '부르다, 일컫다, 불러오다' 의 경우, 약간 독특한 부분이 있지만 ποιέω의 변화표를 통해 활용을 유추할 수 있다. ὁράω '보다, 살피다, 분별하다, 헤아리다, 헤아려 보다, 보이다, 뵈다, 뵙다, 와 만나다, 이르다' 는 어간이 바뀌기에, '부록 4. 단어장' 을 보라.

직설법 현재 능동태

1인칭 단수	ἀγαπῶ	ποιῶ	πληρῶ
2인칭 단수	ἀγαπᾷς	ποιεῖς	πληροῖς
3인칭 단수	ἀγαπᾷ	ποιεῖ	πληροῖ
1인칭 복수	ἀγαπῶμεν	ποιοῦμεν	πληροῦμεν
2인칭 복수	ἀγαπᾶτε	ποιεῖτε	πληροῦτε
3인칭 복수	ἀγαπῶσι(ν)	ποιοῦσι(ν)	πληροῦσι(ν)

직설법 현재 중간태와 수동태

1인칭 단수	ἀγαπῶμαι	ποιοῦμαι	πληροῦμαι
2인칭 단수	ἀγαπᾷ	ποιῇ	πληροῖ
3인칭 단수	ἀγαπᾶται	ποιεῖται	πληροῦται

16) 모음단축의 과정을 보여주는 설명은 박 125-132쪽을 보라.

1인칭 복수	ἀγαπώμεθα	ποιούμεθα	πληρούμεθα
2인칭 복수	ἀγαπᾶσθε	ποιεῖσθε	πληροῦσθε
3인칭 복수	ἀγαπῶνται	ποιοῦνται	πληροῦνται

직설법 미완료과거 능동태

1인칭 단수	ἠγάπων	ἐποίουν	ἐπλήρουν
2인칭 단수	ἠγάπας	ἐποίεις	ἐπλήρους
3인칭 단수	ἠγάπα	ἐποίει	ἐπλήρου
1인칭 복수	ἠγαπῶμεν	ἐποιοῦμεν	ἐπληροῦμεν
2인칭 복수	ἠγαπᾶτε	ἐποιεῖτε	ἐπληροῦτε
3인칭 복수	ἠγάπων	ἐποίουν	ἐπλήρουν

직설법 미완료과거 중간태와 수동태

1인칭 단수	ἠγαπώμην	ἐποιούμην	ἐπληρούμην
2인칭 단수	ἠγαπῶ	ἐποιοῦ	ἐπληροῦ
3인칭 단수	ἠγαπᾶτο	ἐποιεῖτο	ἐπληροῦτο
1인칭 복수	ἠγαπώμεθα	ἐποιούμεθα	ἐπληρούμεθα
2인칭 복수	ἠγαπᾶσθε	ἐποιεῖσθε	ἐπληροῦσθε
3인칭 복수	ἠγαπῶντο	ἐποιοῦντο	ἐπληροῦντο

가정법 현재 능동태

1인칭 단수	ἀγαπῶ	ποιῶ	πληρῶ
2인칭 단수	ἀγαπᾷς	ποιῇς	πληροῖς
3인칭 단수	ἀγαπᾷ	ποιῇ	πληροῖ
1인칭 복수	ἀγαπῶμεν	ποιῶμεν	πληρῶμεν
2인칭 복수	ἀγαπᾶτε	ποιῆτε	πληρῶτε
3인칭 복수	ἀγαπῶσι(ν)	ποιῶσι(ν)	πληρῶσι(ν)

가정법 현재 중간태와 수동태

1인칭 단수	ἀγαπῶμαι	ποιῶμαι	πληρῶμαι
2인칭 단수	ἀγαπᾷ	ποιῇ	πληροῖ
3인칭 단수	ἀγαπᾶται	ποιῆται	πληρῶται
1인칭 복수	ἀγαπώμεθα	ποιώμεθα	πληρώμεθα
2인칭 복수	ἀγαπᾶσθε	ποιῆσθε	πληρῶσθε
3인칭 복수	ἀγαπῶνται	ποιῶνται	πληρῶνται

명령법 현재 능동태

2인칭 단수	ἀγάπα	ποίει	πλήρου
3인칭 단수	ἀγαπάτω	ποιείτω	πληρούτω
2인칭 복수	ἀγαπᾶτε	ποιεῖτε	πληροῦτε
3인칭 복수	ἀγαπάτωσαν	ποιείτωσαν	πληρούτωσαν

명령법 현재 중간태와 수동태

2인칭 단수	ἀγαπῶ	ποιοῦ	πληροῦ
3인칭 단수	ἀγαπάσθω	ποιείσθω	πληρούσθω
2인칭 복수	ἀγαπᾶσθε	ποιεῖσθε	πληροῦσθε
3인칭 복수	ἀγαπάσθωσαν	ποιείσθωσαν	πληρούσθωσαν

부정사

현재 능동태	현재 중간태와 수동태
ἀγαπᾶν	ἀγαπᾶσθαι
ποιεῖν	ποιεῖσθαι
πληροῦν	πληροῦσθαι

분사 현재 능동태

	남성	여성	중성
단수 주격	ἀγαπῶν	ἀγαπῶσα	ἀγαπῶν
속격	ἀγαπῶντος	ἀγαπώσης	ἀγαπῶντος
여격	ἀγαπῶντι	ἀγαπώσῃ	ἀγαπῶντι
대격	ἀγαπῶντα	ἀγαπῶσαν	ἀγαπῶν
복수 주격	ἀγαπῶντες	ἀγαπῶσαι	ἀγαπῶντα
속격	ἀγαπώντων	ἀγαπωσῶν	ἀγαπώντων
여격	ἀγαπῶσι(ν)	ἀγαπώσαις	ἀγαπῶσι(ν)
대격	ἀγαπῶντας	ἀγαπώσας	ἀγαπῶντα

	남성	여성	중성
단수 주격	ποιῶν	ποιοῦσα	ποιοῦν
속격	ποιοῦντος	ποιούσης	ποιοῦντος
여격	ποιοῦντι	ποιούσῃ	ποιοῦντι
대격	ποιοῦντα	ποιοῦσαν	ποιοῦν
복수 주격	ποιοῦντες	ποιοῦσαι	ποιοῦντα
속격	ποιούντων	ποιουσῶν	ποιούντων
여격	ποιοῦσι(ν)	ποιούσαις	ποιοῦσι(ν)
대격	ποιοῦντας	ποιούσας	ποιοῦντα

	남성	여성	중성
단수 주격	πληρῶν	πληροῦσα	πληροῦν
속격	πληροῦντος	πληρούσης	πληροῦντος
여격	πληροῦντι	πληρούσῃ	πληροῦντι
대격	πληροῦντα	πληροῦσαν	πληροῦν

복수 주격	πληροῦντες	πληροῦσαι	πληροῦντα
속격	πληρούντων	πληρουσῶν	πληρούντων
여격	πληροῦσι(ν)	πληρούσαις	πληροῦσι(ν)
대격	πληροῦντας	πληρούσας	πληροῦντα

분사 현재 중간태와 수동태

	남성	여성	중성
단수 주격	ἀγαπώμενος	ἀγαπωμένη	ἀγαπώμενον
속격	ἀγαπωμένου	ἀγαπωμένης	ἀγαπωμένου
여격	ἀγαπωμένῳ	ἀγαπωμένῃ	ἀγαπωμένῳ
대격	ἀγαπώμενον	ἀγαπωμένην	ἀγαπώμενον
복수 주격	ἀγαπώμενοι	ἀγαπώμεναι	ἀγαπώμενα
속격	ἀγαπωμένων	ἀγαπωμένων	ἀγαπωμένων
여격	ἀγαπωμένοις	ἀγαπωμέναις	ἀγαπωμένοις
대격	ἀγαπωμένους	ἀγαπωμένας	ἀγαπώμενα

	남성	여성	중성
단수 주격	ποιούμενος	ποιουμένη	ποιούμενον
속격	ποιουμένου	ποιουμένης	ποιουμένου
여격	ποιουμένῳ	ποιουμένῃ	ποιουμένῳ
대격	ποιούμενον	ποιουμένην	ποιούμενον
복수 주격	ποιούμενοι	ποιούμεναι	ποιούμενα
속격	ποιουμένων	ποιουμένων	ποιουμένων
여격	ποιουμένοις	ποιουμέναις	ποιουμένοις
대격	ποιουμένους	ποιουμένας	ποιούμενα

	남성	여성	중성
단수 주격	πληρούμενος	πληρουμένη	πληρούμενον
속격	πληρουμένου	πληρουμένης	πληρουμένου
여격	πληρουμένῳ	πληρουμένῃ	πληρουμένῳ
대격	πληρούμενον	πληρουμένην	πληρούμενον
복수 주격	πληρούμενοι	πληρούμεναι	πληρούμενα
속격	πληρουμένων	πληρουμένων	πληρουμένων
여격	πληρουμένοις	πληρουμέναις	πληρουμένοις
대격	πληρουμένους	πληρουμένας	πληρούμενα

2.4.5. 자음동사의 변화표[17)]

이 외에 열네 개의 '자음동사'가 있다. 폐쇄음동사 가운데, '양순음 자음동사' γράφω '쓰다, 편지를 부치다, 편지를 보내다', '치조음 자음동사' οἶδα '알고 있다, 알겠다', '구개음 자음동사' γινώσκω '알다, 배우다', εἰσέρχομαι '들어오다, 들어서다, 들어가다, 입장하다, 찾아오다', ἐξέρχομαι '나가다, 나오다, 출발하다, 떠나가다, 떠나다', ἔρχομαι '오다, 가다, 다다르다, 당도하다, 닿다, 등장하다, 나오다, 바로 이어지는, 들다("어떤 일이나 가상 현상이 일어나다")', εὑρίσκω '찾다, 찾아내다, 만나다, 발견하다, 알다, 보다', λέγω '말하다, 부르다', 유음동사 ἀποστέλλω '보내다, 파견하다, 보내오다, 허하다', ἐγείρω '일으키다, 뽑아 세우다, 일으켜 세우다', θέλω '원하다, 뜻하다, 바라다, 하려고 하다', 비음동사 ἀποκρίνομαι '반응하다, 대답하다, 대꾸하다, 되묻다', γίνομαι '생기다, 삼다, 일어나다, 실현되다, 하게/있게 되다, 이르다, 지내다, 지나다, 지속되다, (날이) 새다, (소리가) 나다/내다, 이뤄지다, 차오르다, 무르익다, (정신을) 차리다, (기쁨이) 흐르다, 흘러가다, 고여오르다,

17) 자음동사의 변화에 대해서는 박 132-155쪽에 자세히 설명하였다.

남다, 하기에 이른, 할 때였다', λαμβάνω '받다, 얻다, 가져가다, 집어 들다, 받아 가지다, 맞이하다, 모시고 오다' 이다. 대체로 어간이 바뀌는 경우가 많고 활용도 자음동화와 연관된 경우가 많기에, '부록 4. 단어장' 을 보라.

이곳 단어장에는 문법 설명을 위해 사용된 명사 30개, 형용사 30개, 전치사 14개, 관사 1개, 동사 30개, 부사 10개, 접속사 10개, 대명사 8개, 소사 4개, 감탄사 2개 및 변화표에서 단축동사의 예로 쓰인 πληρόω가 알파벳 순으로 정리되었다. 더불어, 알파벳 용례가 없는 ξ, ρ, φ, ψ의 경우에는, 해당 알파벳으로 시작하는 단어 가운데 신약성경에서 가장 많이 쓰이는 단어 즉, ξύλον, ῥῆμα, φωνή, ψυχή를 포함시켰다.

명사는 '단수 주격'과 '단수 속격' 형태를, 형용사는 '남성 단수 주격, 여성 단수 주격, 중성 단수 주격'을 기재하였다. 단, 복수를 의미하는 '수 형용사'는 복수형을 기재하였다. 동사의 경우, 변화표가 주어진 단어는 '변화표 참고'라고 기재하고, 변화표가 주어지지 않은 단어는 변화의 흐름을 읽을 수 있도록 다양한 형태를 제공하였다. 1인칭과 2인칭 대명사는 '단수 주격'과 '복수 주격'만을, 관사, 3인칭 대명사, 지시 대명사,

부록 3

단어장

의문 대명사, 부정 대명사, 관계 대명사는 단수 기본형만을 기재하였다. 관사와 대명사의 경우, 본문에서 변화표를 모두 제시하였기 때문이다. 전치사와 접속사와 소사의 경우, '음의 탈락' 이나 '자음 동화' 로 인해 생기는 변화형을 표기하였다.

형식은 '헬라어 기본형, 품사 등 단어의 종류, 뜻' 으로 구성되었다. 동사의 경우, '직설법 현재 능동태 1인칭 단수형' 이 가장 먼저 제시되고, 이어 직설법 형태가 '직설법' 언급 없이 주어지고, 다음으로 다른 법과 관련된 형태가 '가정법, 명령법, 부정사, 분사' 의 순으로 제시되었다. 참고로, '제2부정과거' 는 따로 표기하지 않았다. '제2부정과거' 라는 표현이 문법 설명을 위해 필요한 것이고, 결국 '부정과거' 이기 때문이다. 그리고 '직설법 현재형' 이 이태동사이면, '이태동사' 로 표기하였다.

α

ἀγαθός ἀγαθή ἀγαθόν
어간이 ρ 외의 자음으로 끝나는 형용사
선한 (102회)

ἀγαπάω 부록 2.4.4. 변화표 참조
단축동사
사랑하다 (143회)

ἀγαπητός ἀγαπητή ἀγαπητόν
어간이 ρ 외의 자음으로 끝나는 형용사
사랑하는 (61회)

ἅγιος ἁγία ἅγιον
어간이 ε, ι, ρ로 끝나는 형용사
거룩한 (233회)

ἀδελφός ἀδελφοῦ
단어가 ος로 끝나는 남성명사
형제 (343회)

αἷμα αἵματος
곡용 과정에서 숨겨진 어간이 드러나는 중성명사
피 (97회)

αἰώνιος αἰώνιον 혹은 αἰώνιος αἰωνία αἰώνιον
남성과 여성, 중성 두 가지로 곡용되는 '어간에 어미가 붙은 형용사' 혹은 '어간이 ε, ι, ρ로 끝나는 형용사'
영원한 (71회)

ἀκούω 부록 2.4.3. 변화표 참조
비단축동사
듣다, 전해 듣다, 새겨듣다, 들어보다, 헤아려 듣다, 알아듣다, 경청하다, 귀 기울여 듣다 (428회)

ἀλλά ἀλλ'
반의 접속 등위 접속사
그러나, 하지만, 오히려, 도리어 (638회)

ἁμαρτία ἁμαρτίας

단어가 '모음 + α' 로 끝나는 여성명사

죄 (173회)

ἄνθρωπος ἀνθρώπου

단어가 ος 로 끝나는 남성명사

사람 (550회)

ἀπό ἀπ' ἀφ'

전치사

(+속격) 에게서, 에서부터, 에서 온, 출신, 속한, 해서, 때문에 (646회)

ἀποκρίνομαι 미래 이태동사 ἀποκρινοῦμαι 부정과거 이태중간 ἀπεκρινάμην 부정과거 이태수동 ἀπεκρίθην 가정법 부정과거 이태수동 ἀποκριθῶ 명령법 부정과거 이태수동 ἀποκρίθητι 분사 부정과거 이태수동 ἀποκρίθεν

비음동사 및 이태동사

반응하다, 대답하다, 대꾸하다, 되묻다 (231회)

ἀποστέλλω 미래 능동 ἀποστελῶ 부정과거 능동 ἀπέστειλα 부정과거 수동 ἀπεστάλην 현재완료 능동 ἀπέσταλκα 가정법 부정과거 능동 ἀποστείλω 가정법 부정과거 수동 ἀποσταλῶ 명령법 부정과거 능동 ἀπόστειλον 분사 부정과거 능동 ἀποστείλας 분사 부정과거 수동 ἀποσταλείς

유음동사 및 이태동사

보내다, 파견하다, 보내오다, 허하다 (132회)

αὐτός αὐτή αὐτό

3인칭 대명사

그, 저, 자신도, 직접, 스스로, 스스로가, 같은, 바로 (5597회)

ἀφίημι 미래 능동 ἀφήσω 미래 수동 ἀφεθήσομαι 부정과거 능동 ἀφῆκα 부정과거 수동 ἀφέθην 가정법 부정과거 능동 ἀφῶ 가정법 부정과거 수동 ἀφεθῇ 명령법 현재 능동 ἀφίει 명령법 부정과거 능동 ἄφες 부정사 현재 능동 ἀφιέναι 부정사 부정과거 능동 ἀφεῖναι 분사 부정과거 능동 ἀφείς

비어간모음 동사

놓아주다, 그냥 내버려 두다 (143회)

β

βασιλεία βασιλείας
단어가 '모음 + α' 로 끝나는 여성명사
나라 (162회)

γ

γάρ
원인 접속 등위 접속사
왜냐하면 때문이다, 이는 때문이다, 이유는 에 있었다, 아서, 때문에, 이로 인하여, 까닭이다, 입니다, 것이다 (1041회)

γῆ γῆς
단어가 η로 끝나는 여성명사
땅 (250회)

γίνομαι 미래 이태중간 γενήσομαι 부정과거 ἐγενόμην 현재완료 γέγονα 과거완료 ἐγεγόνειν 부정사 현재완료 이태동사 γεγενῆσθαι 분사 현재완료 이태동사 γεγενημένος
비음동사 및 이태동사
생기다, 삼다, 일어나다, 실현되다, 하게/있게 되다, 이르다, 지내다, 지나다, 지속되다, (날이) 새다, (소리가) 나다/내다, 이뤄지다, 차오르다, 무르익다, (정신을) 차리다, (기쁨이) 흐르다, 흘러가다, 고여오르다, 남다, 하기에 이른, 할 때였다 (669회)

γινώσκω 미래 중간 γνώσομαι 미래 수동 γνωσθήσομαι 부정과거 능동 ἔγνων 가정법 부정과거 능동 γνῶ 가정법 부정과거 수동 γνωσθῶ 명령법 부정과거 능동 γνῶθι 명령법 부정과거 수동 γνώσθητι 부정사 부정과거 능동 γνῶναι 분사 부정과거 능동 γνούς 분사 부정과거 수동 γνωσθείς
구개음 자음동사
알다, 배우다 (222회)

γράφω 미래 능동 γράψω 미래 중간 γράψομαι 미래 수동 γραφήσομαι 부정과거 능동 ἔγραψα 부정과거 수동 ἐγράφην 현재완료 능동 γέγραφα 현재완료 중간과 수동 γέγραμμαι 가정법 부정과거 수동 γραφῶ 명령법 부정과거 수동 γράφητι 부정사 부정과거 수동 γραφῆναι 분사 부정과거 수동 γραφείς 분사

현재완료 중간과 수동 γεγραμμένος
양순음 자음동사
쓰다, 편지를 부치다, 편지를 보내다 (191회)

γυνή γυναικός
곡용 과정에서 숨겨진 어간이 드러나는 여성명사
부인(婦人), 여자 (215회)

δ

δέ
전환 계합 접속 등위 접속사
하나, 하니, 하면, 하여, 한데, 해서, 한편, 또 한편, 다른 한편으로는, 그런데, 그러다가, 그러자, 후에, 그 바람에, 바야흐로, 다만, 당시, 행여, 마침, 채 (2642회)

δεξιός δεξιά δεξιόν
어간이 ε, ι, ρ로 끝나는 형용사
오른, 오른쪽, 오른편 (54회)

διά δι'
전치사
(+속격) 을 통해, 동안; (+대격) 때문에 (667회)

δίδωμι 부록 2.4.2. 변화표 참조
비어간모음 동사
주다, 드리다, 나누다, 나눠 주다, 내밀다, 내버려 두다, 허락하다 (415회)

δίκαιος δικαία δίκαιον
어간이 ε, ι, ρ로 끝나는 형용사
의로운, 올바른 (79회)

δόξα δόξης
단어가 'ρ 외의 자음 + α'로 끝나는 여성명사
영광 (166회)

δύναμαι 미래 이태중간 δυνήσομαι 미완료과거 이태동사 ἐδυνάμην 부정과거 이태중간 ἐδυνησάμην 부정과거 이태수동 ἠδυνήθην 가정법 현재 이태동사

δύνωμαι 가정법 부정과거 이태수동 δυνηθῶ 부정사 현재 이태동사 δύνασθαι 분사 현재 이태동사 δυνάμενος
비어간모음 동사 및 이태동사
수 있다, 위험조차 있다 (210회)

δύο δύο (남성, 여성, 중성 모두 동일)
수 형용사
둘, 두, 2 (135회)

δώδεκα (변하지 않음)
수 형용사
열두, 12 (75회)

ε

ἐάν
조건절을 이끄는 종위 접속사
면 (270회)

ἐγείρω 미래 능동 ἐγερῶ 미래 수동 ἐγερθήσομαι 부정과거 능동 ἤγειρα 부정과거 수동 ἠγέρθην 현재완료 능동 ἐγήγερκα 현재완료 중간과 수동 ἐγήγερμαι 가정법 부정과거 수동 ἐγερθῶ 명령법 부정과거 수동 ἐγέρθητι 부정사 현재 능동 ἐγείρειν 부정사 현재 중간과 수동 ἐγρέσθαι 부정사 부정과거 능동 ἐγεῖραι 부정사 부정과거 수동 ἐγερθῆναι 분사 부정과거 능동 ἐγείρας 분사 부정과거 수동 ἐγερθείς
유음동사
일으키다, 뽑아 세우다, 일으켜 세우다 (144회)

ἐγώ ἡμεῖς
1인칭 대명사
나, 저, 우리 (2666회)

ἔθνος ἔθνους
단어가 ος로 끝나는 중성명사
민족 (162회)

εἰ
조건절을 이끄는 종위 접속사

면, 혹여, 만일 (497회)

εἰμί 부록 2.4.3. 변화표 참조
비어간모음 동사
이다, 있다, 지니고 있다, 나다, 접어들다 (2462회)

εἰς
전치사
(+대격) 로, 에, 에게로, 까지, 에 이를 (1767회)

εἷς μία ἕν
수 형용사
하나, 각, 누구, 어느 (345회)

εἰσέρχομαι 미래 이태중간 εἰσελεύσομαι 부정과거 능동 εἰσῆλθον 현재완료 능동 εἰσελήλυθα 가정법 부정과거 능동 εἰσέλθω 명령법 부정과거 능동 εἴσελθε 부정사 부정과거 능동 εἰσελθεῖν 분사 부정과거 능동 εἰσελθών
구개음 자음동사 및 이태동사
들어오다, 들어서다, 들어가다, 입장하다, 찾아오다 (194회)

ἐκ ἐξ
전치사
(+속격) 부터, 출신, 가운데, 으로 말미암아 (914회)

ἕκαστος ἑκάστη ἕκαστον
어간이 ρ 외의 자음으로 끝나는 형용사
각, 각각, 각자, 제각기, 제가끔, 저마다 (82회)

ἐκεῖ
부사
거기에서, 거기에 (95회)

ἐκεῖνος ἐκείνη ἐκεῖνο
원접 지시 대명사
저, 저 사람 (265회)

ἐν
전치사

(+여격) 안에서, 내에, 내부에서, 밑에, 인해, 두르고, 걸치고 (2752회)

ἐξέρχομαι 미래 이태중간 ἐξελεύσομαι 부정과거 능동 ἐξῆλθον 현재완료 능동 ἐξελήλυθα 가정법 부정과거 능동 ἐξέλθω 명령법 부정과거 능동 ἔξελθε 부정사 부정과거 능동 ἐξελθεῖν 분사 부정과거 능동 ἐξελθών 분사 현재완료 능동 ἐξεληλυθώς
구개음 자음동사 및 이태동사
나가다, 나오다, 출발하다, 떠나가다, 떠나다 (218회)

ἐπί
전치사
에 근거하여 (+속격) 을 의지하여, 걸쳐, 때에, 앞에서, 위에; (+여격) 맡은, 쪽; (+대격) 위에, 위로, 앞으로, 가운데, 에 맞서, 대들려고, 덤비려고, 번(番) (890회)

ἑπτά (변하지 않음)
수 형용사
일곱, 칠, 7 (88회)

ἔργον ἔργου
단어가 ον으로 끝나는 중성명사
일, 행위 (169회)

ἔρχομαι 미래 이태중간 ἐλεύσομαι 부정과거 능동 ἦλθον 현재완료 능동 ἐλήλυθα 가정법 부정과거 능동 ἔλθω 명령법 부정과거 능동 ἐλθέ 부정사 부정과거 능동 ἐλθεῖν 분사 부정과거 능동 ἐλθών 분사 현재완료 능동 ἐληλυθώς
구개음 자음동사 및 이태동사
오다, 가다, 다다르다, 당도하다, 닿다, 등장하다, 나오다, 바로 이어지는, 들다("어떤 일이나 가상 현상이 일어나다") (632회)

ἐσθίω 미래 이태동사 φάγομαι (2인칭 단수 φάγεσαι) 미완료과거 능동 ἤσθιον 부정과거 능동 ἔφαγον 가정법 부정과거 능동 φάγω 명령법 부정과거 능동 φάγε 부정사 부정과거 능동 φαγεῖν 분사 부정과거 능동 φαγών
비단축동사
먹다, 먹어 보다 (158회)

ἔσχατος ἐσχάτη ἔσχατον
어간이 ρ 외의 자음으로 끝나는 형용사
끝, 마지막 (50회)

ἕτερος ἑτέρα ἕτερον

어간이 ε, ι, ρ로 끝나는 형용사

전혀 다른, 다른, 그밖에 ~이들 (98회)

ἔτι

부사

아직, 여전히, 더 (93회)

εὐαγγέλιον εὐαγγελίου

단어가 ον으로 끝나는 중성명사

복음, 좋은 소식 (76회)

εὑρίσκω 미래 능동 εὑρήσω 미완료과거 능동 ηὕρισκον 혹은 εὕρισκον 부정과거 능동 εὗρον 현재완료 능동 εὕρηκα 가정법 부정과거 능동 εὕρω 명령법 부정과거 능동 εὑρέ 부정사 부정과거 능동 εὑρεῖν 부정사 현재완료 능동 εὑρηκέναι 분사 부정과거 능동 εὑρών

구개음 자음동사

찾다, 찾아내다, 만나다, 발견하다, 알다, 보다 (176회)

ἔχω 미래 능동 ἕξω 미완료과거 능동 εἶχον 부정과거 능동 ἔσχον 현재완료 능동 ἔσχηκα 가정법 부정과거 능동 σχῶ 분사 현재완료 능동 ἐσχηκώς

구개음 자음동사

가지다, 갖다, 받아 가지다, 연연해하다, 있다, 그렇다, 그러하다, 들리다, 대하다, 제기하다, 두다, 끼치다 (708회)

ζ

ζάω 미래 능동 ζήσω 미완료과거 능동 ἔζων 부정과거 능동 ἔζησα 가정법 부정과거 능동 ζήσω 부정사 현재 능동 ζῆν 분사 현재 능동 ζῶν 분사 부정과거 능동 ζήσας

단축동사

살다, 살아 있다, 살아나다, 숨이 붙어 있다 (140회)

η

ἤδη

부사
이미, 벌써 (61회)

ἡμέρα ἡμέρας
단어가 'ρ + α'로 끝나는 여성명사
날, 낮 (389회)

θ

θέλω[1] 미완료과거 능동 ἤθελον 부정과거 능동 ἠθέλησα 가정법 부정과거 능동 θελήσω 분사 부정과거 능동 θελήσας
유음동사
원하다, 뜻하다, 바라다, 하려고 하다 (208회)

θεός θεοῦ
단어가 ος로 끝나는 남성명사(여성으로도 쓰임)
신, 하나님 (1316회)

ι

ἴδιος ἰδίου
어간이 ε, ι, ρ로 끝나는 형용사
자기의, 자신의, 당신의, 자기네, 아는 사람, 동료 (114회)

ἰδού
감탄사
보라, 보십시오, 자 (213회)

Ἰησοῦς Ἰησοῦ
히브리어 음역인 고유명사
예수님 (917회)

ἵνα
목적절, 결과절, 보충절을 이끄는 종위 접속사
부디, 아무쪼록, 어떻게든, 하기 위함이라 (663회)

---

1) θέλω는 본래 ἐθέλω 형태였으나 어두음 ε가 탈락된 형태로 쓰이다가, 미완료과거나 부정과거에서는 어두음이 드러난다(박 29). 그리고 σ 앞에서 η가 추가된다.

Ἰουδαῖος Ἰουδαία Ἰουδαῖον
어간이 ε, ι, ρ로 끝나는 형용사
유대인, 유대의, 유대 지역의 (194회)

ἵστημι 부록 2.4.2. 변화표 참조
비어간모음 동사
서다, 세우다, 앞에 내세우다, 배치하다, 얹다, 지우다, 견디다, 정하다 (154회)

Κ

καί
강의와 연결 계합 접속 등위 접속사
그리고, 그리고는, 또한, 며, 및, 도, 이어, 그런데, 그런데도, 그러고도, 그러면서, 그러면서도, 까지, 까지도, 그러면, 그러더니, 그러자, 자, 그래서, 그러니, 즉 (9018회)

κακός κακή κακόν
어간이 ρ 외의 자음으로 끝나는 형용사
해치는, 해로운, 해, 해악, 악 (50회)

καλέω 미래 능동 καλέσω 미래 중간 καλέσομαι 미래 수동 κληθήσομαι 미완료과거 능동 ἐκάλουν 부정과거 능동 ἐκάλεσα 부정과거 수동 ἐκλήθην 현재완료 능동 κέκληκα 현재완료 중간과 수동 κέκλημαι 가정법 부정과거 수동 κληθῶ 명령법 현재 능동 κάλει 명령법 부정과거 능동 κάλεσον 부정사 현재 능동 καλεῖν 부정사 현재 중간과 수동 καλεῖσθαι 부정사 부정과거 능동 καλέσαι 부정사 부정과거 수동 κληθῆναι 분사 현재 능동 καλῶν 분사 현재 중간과 수동 καλούμενος 분사 부정과거 능동 καλέσας 분사 현재완료 능동 κεκληκώς
단축동사
부르다, 일컫다, 불러오다 (148회)

καλός καλή καλόν
어간이 ρ 외의 자음으로 끝나는 형용사
아름다운, 좋은 (100회)

καρδία καρδίας
단어가 '모음 + α'로 끝나는 여성명사
마음 (156회)

κατά κατ' καθ'

전치사

(+속격) 와/과 맞서, 쪽으로; (+대격) 맞은편, 앞쪽, 아랫녘, 퍼져 있는, 가운데, 본떠서, 따르는, 따라, 비롯된, 대로, 각, 쯤 (473회)

κύριος κυρίου

단어가 ος로 끝나는 남성명사

주님 (716회)

λ

λαλέω 미래 수동 λαληθήσομαι 미완료과거 능동 ἐλάλουν 부정과거 능동 ἐλάλησα 부정과거 수동 ἐλαλήθην 현재완료 능동 λελάληκα 현재완료 중간과 수동 λελάλημαι 가정법 현재 능동 λαλῶ 명령법 현재 능동 λάλει 부정사 현재 능동 λαλεῖν 부정사 현재 중간과 수동 λαλεῖσθαι 분사 현재 능동 λαλῶν

단축동사

얘기하다, 이야기하다, 얘기해 주다, 지껄이다, 분부하다 (296회)

λαμβάνω 미래 이태중간 λήμψομαι 부정과거 능동 ἔλαβον 현재완료 능동 εἴληφα 가정법 부정과거 능동 λάβω 명령법 부정과거 능동 λάβε 부정사 부정과거 능동 λαβεῖν 분사 부정과거 능동 λαβών

비음동사

받다, 얻다, 가져가다, 집어 들다, 받아 가지다, 맞이하다, 모시고 오다 (258회)

λέγω 미래 능동 ἐρῶ 부정과거 능동 εἶπον 부정과거 수동 ἐρρέθην 현재완료 능동 εἴρηκα 과거완료 능동 εἰρήκειν 가정법 부정과거 능동 εἴπω 명령법 부정과거 능동 εἰπόν 부정사 현재완료 능동 εἰρηκέναι 분사 부정과거 능동 εἰπών 분사 부정과거 수동 ῥηθείς 분사 현재완료 능동 εἰρηκώς 분사 현재완료 중간과 수동 εἰρημένος

구개음 자음동사

말하다, 부르다 (2353회)

λόγος λόγου

단어가 ος로 끝나는 남성명사

말씀 (330회)

μ

μᾶλλον
부사
더욱, 높게, 오히려 (81회)

μέγας μεγάλη μέγα
어간이 ρ 외의 자음으로 끝나는 형용사(남성 주격과 대격, 중성 주격과 대격에서 단축 형태가 쓰임)
커다란, 큰, 훌륭한, 대단한, 지체 높은 (242회)

μέσος μέση μέσον
어간이 ρ 외의 자음으로 끝나는 형용사
중앙, 한가운데, 가운데, 배 (54회)

μετά
전치사
(+속격) 와 함께, 을 다해; (+대격) 후에, 뒤에, 지나지 (않아) (469회)

μή
부정 소사 및 의문 소사
말다, 않다, 금하다 (1044회)

μηδείς μηδεμία μηδέν
수 형용사 혹은 부정 형용사
아무도, 아무 ~말고 (90회)

μήτι
의문 소사
누가 있겠느냐, 누가 하겠느냐? (14회)

μόνος 부사는 중성 단수 대격인 μόνον 형태가 쓰인다(박 232). 형용사는 μόνος μόνη μόνον 변화를 한다.
부사
만, 뿐, 다만 (70회)

ν

νεκρός νεκρά νεκρόν

어간이 ε, ι, ρ로 끝나는 형용사

죽은, 죽은 자 (128회)

νῦν

부사

이제, 이제야, 이제는, 이제 와서, 지금, 당분간 (147회)

ξ

ξύλον ξύλου

단어가 ον으로 끝나는 중성명사

나무, 차꼬 (19회)

ο

ὁ ἡ τό

관사

거시기, 거, 그, 그분, 일, 거리[내용이 될 만한 재료], 자(者), 이, 분, 것 (19865회)

οἶδα 현재완료형이 기본형으로 쓰여, οἶδα οἶσθα οἶδε(ν) ἴσμεν ἴστε ἴσασι로 변한다. 미래완료 능동 εἰδήσω 과거완료 능동 ᾔδειν 가정법 현재완료 능동 εἰδῶ 부정사 현재완료 능동 εἰδέναι 분사 현재완료 능동 εἰδώς

치조음 자음동사

알고 있다, 알겠다 (318회)

ὅλος ὅλη ὅλον

어간이 ρ 외의 자음으로 끝나는 형용사

전체, 내내 (109회)

ὄνομα ὀνόματος

곡용 과정에서 숨겨진 어간이 드러나는 중성명사

이름 (230회)

ὁράω 미래 이태중간 ὄψομαι 미래 이태수동 ὀφθήσομαι 부정과거 능동 εἶδον 부정과거 수동 ὤφθη 현재완료 능동 ἑώρακα 혹은 ἑόρακα 가정법 부정과거 능

동 ἴδω 명령법 현재 능동 ὅρα 명령법 부정과거 능동 ἴδε 부정사 현재완료 능동 ἑωρακέναι 혹은 εἰδέναι 분사 현재 능동 ὁρῶν 분사 부정과거 능동 ἰδών 분사 부정과거 수동 ὀφθείς 분사 현재완료 능동 ἑωρακώς
단축동사
보다, 살피다, 분별하다, 헤아리다, 헤아려 보다, 보이다, 뵈다, 뵙다, 와 만나다, 이르다 (454회)

ὅς ἥ ὅ
관계 대명사
것, 자 (접속사+대명사로 번역) (1421회)

ὅτι
원인절, 선언절, 보충절을 이끄는 종위 접속사
다시 말해서, 다음과 같이, 사실, 사실상, 실은, 다음 내용을, 때문이다, 한 것이다, 라며, 라면서, 한 것을, 한 바를 (1296회)

οὐ οὐκ οὐχ
부정 소사
아니다, 않다, 안 될 말이다 (1637회)

οὐαί
감탄사
아, 화, 화로다, 어떡하나? (47회)

οὐδείς οὐδεμία οὐδέν
수 형용사 혹은 부정 형용사
아무, 아무 짓, 아무 일, 아무 것, 어느 누구도 ~ 않다, 어느 누구도 없다 (227회)

οὖν
추론 접속 등위 접속사
그래서, 그러므로, 그러니, 그러니까 (499회)

οὐρανός οὐρανοῦ
단어가 ος로 끝나는 남성명사
하늘 (273회)

οὗτος αὕτη τοῦτο
근접 지시 대명사

이 사람, 이분, 이자, 이제, 이러, 간 (1387회)

οὕτως

부사

그런 까닭에, 과연, 정말, 그렇게, 이렇게 해서, 이렇게, 이처럼, 이와 같이, 그 상태로, 전과 같이, 그다음에 (208회)

οὐχί

부정 소사 및 의문 소사

결코 아니다; 아닌가, 않느냐, 않았느냐? (56회)

π

πάλιν

부사

다시, 또다시 (141회)

παρά

전치사

(+속격) 으로부터, 에게서, 에게; (+여격) 곁에; (+대격) (발)치, 문하, 가["경계에 가까운 바깥쪽 부분"], 거역하여, 비교할 때 (194회)

πᾶς πᾶσα πᾶν

곡용 과정에서 숨겨진 어간이 드러나는 형용사

온, 온갖 종류의, 매, 어떤 것이든, 마다, 모두, 많이들, 범사, 모든 일, 만물, 만유, 전부 (1243회)

πατήρ πατρός

단어가 ηρ로 끝나는 남성명사

아버지, 조상 (413회)

περί

전치사

(+속격) 과 관련하여, 와 관계하여, 에 관하여, 일행; (+대격) 으로 인해, 즈음하여 (333회)

πιστεύω 부록 2.4.3. 변화표 참조

비단축동사

믿다 (241회)

πίστις πίστεως
곡용 과정에서 숨겨진 어간이 드러나는 여성명사
믿음, 신실함, 충성 (243회)

πιστός πιστή πιστόν
어간이 ρ 외의 자음으로 끝나는 형용사
신실한, 믿는 (67회)

πληρόω 부록 2.4.4. 변화표 참조
단축동사
차다, 가득하게 되다, 끝마치다, 이루다; [수동태] 채우다, 충만하다, 가득 차다, 이뤄지다, 만료되다, 지나다 (90회)

πνεῦμα πνεύματος
곡용 과정에서 숨겨진 어간이 드러나는 중성명사
영, 성령, 바람, 숨 (379회)

ποιέω 부록 2.4.4. 변화표 참조
단축동사
만들다, 삼다, 짓다, 행하다, 실행하다, (일을) 하다, 시행하다, 이루다, 조치를 취하다, 선사하다, 게 하다, 계산하다, 이러하다, 지내다 (568회)

πόλις πόλεως
곡용 과정에서 숨겨진 어간이 드러나는 여성명사
성, 도시 (163회)

πολύς πόλλη πολύ
어간이 ρ 외의 자음으로 끝나는 형용사(남성 주격과 대격, 중성 주격과 대격에서 단축 형태가 쓰임)
많은, 많이, 여러, 다양한, 큰, 두루, 무척, 심한, 한참, 매우 (396회)

πονηρός πονηρά πονηρόν
어간이 ε, ι, ρ로 끝나는 형용사
나쁜, 악한 (78회)

πορεύομαι 미래 이태중간 πορεύσομαι 미완료과거 이태동사 ἐπορευόμην 부정

과거 이태수동 ἐπορεύθην 가정법 현재 이태동사 πορεύωμαι 가정법 부정과거 이태수동 πορευθῶ 명령법 현재 이태동사 πορεύου 명령법 부정과거 이태수동 πορεύθητι 분사 현재 이태동사 πορευόμενος 분사 부정과거 이태수동 πορευθείς 분사 현재완료 이태동사 πεπορευμένος
비단축동사 및 이태동사
가다, 나가다, 길을 떠나다, 가 있다, 진행하다, 진보하다 (153회)

πρεσβύτερος πρεσβυτέρα πρεσβύτερον
어간이 ε, ι, ρ로 끝나는 형용사, 비교급
장로, 늙은이, 노인장 (66회)

πρός
전치사
(+속격) 편에, 위한; (+여격) 편에, 쪽에; (+대격) 로, 에, 에게, 에게로 (700회)

πρῶτος πρώτη πρῶτον
어간이 ρ 외의 자음으로 끝나는 형용사
첫, 첫째, 첫째가는, 으뜸이 되는, 지도자, 지난번 (95회)

ρ

ῥῆμα ῥήματος
곡용 과정에서 숨겨진 어간이 드러나는 중성명사
이야기, 얘기, 한마디, 말 (70회)

σ

σημεῖον σημείου
단어가 ον으로 끝나는 중성명사
표적(表迹) (77회)

στόμα στόματος
곡용 과정에서 숨겨진 어간이 드러나는 중성명사
입 (78회)

σύ ὑμεῖς
2인칭 대명사
너, 네, 당신, 그대; 너희, 여러분 (2907회)

σύν

전치사

(+여격) 함께, 더불어, 같이한, 함께한 (128회)

σῶμα σώματος

곡용 과정에서 숨겨진 어간이 드러나는 중성명사

몸 (142회)

τ

τέ

상관 계합 접속 등위 접속사

결국, 마침내, 그 결과, 결과적으로, 그리하여, 그래서, 그러다가, 그러면, 그럼, 그 뿐 아니라, 뿐[만] 아니라, 뿐더러, 조차 (215회)

τέκνον τέκνου

단어가 ον으로 끝나는 중성명사

아이, 자녀 (99회)

τίς τίνος (남성과 여성) τί τίνος (중성)

의문 대명사

누구, 누구라고; 무엇, 어떤 일, 무엇을, 뭘, 무슨, 무슨 의미, 왜, 어떻게 (538회)

τις τινός (남성과 여성) τι τινός (중성)

부정 대명사

어느, 어떤 사람, 하나, 자, 누구든지, 누군가, 대단한 인물, 각각, 몇몇; 어떤, 한, 몇, 말, 짓, 거리 (542회)

τότε

부사

그때에, 그제야 (160회)

τρεῖς (남성과 여성) τρία (중성)

수 형용사

셋, 삼, 3 (69회)

υ

υἱός υἱοῦ

단어가 ος로 끝나는 남성명사

아들 (377회)

ὑπέρ

전치사

(+속격) 위하여, 위해; (+대격) 넘어서는, 위로 (149회)

ὑπό ὑπ' ὑφ'

전치사

(+속격) 의해, 의한, 의하면, 의하여; (+대격) 밑에, 아래에 (220회)

φ

φωνή φωνῆς

단어가 η로 끝나는 여성명사

소리, 목소리, 말소리 (141회)

χ

χείρ χειρός

단어가 ρ로 끝나는 여성명사

손 (177회)

Χριστός χριστοῦ

단어가 ος로 끝나는 남성명사

그리스도, 메시야, 기름 부음 받은 자 (529회)

ψ

ψυχή ψυχῆς

단어가 η로 끝나는 여성명사

속마음, 내면, 본성, 정신, 목숨, 사람, 명[사람을 세는 단위] (105회)

ω

ὧδε

부사

여기서, 여기에 (61회)

색인

마태복음

마가복음

사도행전

로마서

고린도전서

고린도후서

Memo

Memo